Dialog zwischen Didaktik und Psychologie
Einführung in die Theorie des Unterrichts

教授学と心理学との対話

これからの授業論入門

ハンナ・キーパー, 吉田成章【編】
Hanna KIPER / Nariakira YOSHIDA (Hrsg.)

渓水社

Dialogue between Teaching and Psychology
Introduction to the Theory of Teaching

序一 「教授学と心理学との対話」によせて

　研究室の吉田成章先生より本書の相談を受けたとき、「教授学と心理学との対話」というタイトルがすぐに浮かんだ。キーパー教授とミーシュケ博士の著作が、二人の共同研究の公的な成果であることは言うまでもない。だが、その共同研究は、二人の私的なパートナーとしての共同生活に支えられている。吉田先生と一緒に二人の自宅に招かれたとき、至る所に本棚が設置され美しく蔵書が並べられている建物のなかで、教授学者であるキーパー教授と心理学者であるミーシュケ博士の二人が、お互いの研究を尊敬しながらも、時に熱く論議を交わす学問的な「対話をする日常空間」を生きられていることを身をもって実感する機会であった。二人の姿そのものが「教授学と心理学との対話」であり、オルデンブルグ大学での在外研究の成果を二人への学恩という形であらわしたいという吉田先生の意向に添うのではないかと思って、タイトルを提案した次第である。

　「教授学と心理学との対話」というタイトルが浮かんだとき、私には別の著書がよみがえってきた。それは、研究室の先輩である岩垣攝氏が編著者の一人になっている『学級集団の理論と実践』（福村出版、1991 年）である。本書の副題は「教育学と心理学の統合的発展をめざして」である。教育方法学や教育社会学といった教育学の研究者と教育心理学や社会心理学といった心理学の研究者が、「お互いにそれぞれの知見を分かち合いながらも、学級集団の問題について、報告し、討論し合いつつ、知見を共有してきた」ことで生まれた著書である。この著書の終章において、「教育学と教育心理学との分離」や「教育学と教育心理学との教育現実からの遊離」が批判的に分析されるとともに、教育学と教育心理学とを統合する必要性と課題が述べられ、最後に「そして、本書が、こうした研究を指向する研究者をいささかでも勇気づけるものとなることを祈りたい」と結ばれている。

　それから 25 年、四半世紀が過ぎようとしている。この間、教育をめぐる状況は大きく変化した。とりわけ PISA をはじめとする教育のグローバル化やエビデンスに基づく教育改革の推進といった経済の論理を優先させる教育

論議のあり方は、教育学や心理学のありようにも大きな影響を与えている。一方で学習科学や脳科学の進展があり、他方で教育学を含め人文社会系の学問の存在意義が問われている。一方で先端的な学際的研究が強調されるが、他方で地道な個人の基礎研究がなおざりにされている。そうした状況にあるからこそ、本書が刊行されることは意義深い。

「教授学と心理学との対話」は、誰しもがその必要性を感じる魅力的なテーマであるが、実は困難な課題でもある。両者とも「教えることと学ぶこと」を共通の対象にしているので、比較的容易に「対話」できそうなものであるが、規範性を志向する教授学と実証性を重んじる心理学とでは研究における問題設定や分析方法が違うことから、両者の「対話」にとって共通コードを見つけることが難しいことも多く、お互い「無い物ねだり」の「対話」で終わりやすい。そうではなくて、規範性と実証性は、教育という営みそのものが有する二つの側面でもある。「教授学と心理学との対話」によって、それぞれの学問が他方を視野に入れた研究を進めることになり、両者の関係が問い直されるのである。そのことによって、教育学が示す理想的な規範性を押しつけられる教育でもなく、心理学が示す実証的なデータに安易に追随する教育でもない、教育研究と教育実践の本来のあり方を取り戻すことが、いまこそ求められる。本書は、その一助になるものと確信している。

ところで、本書の「まえがき」でキーパー教授が述べられているように、本書は、「教育学と心理学との対話」であるだけでなく、「ドイツと日本との対話」でもある。この点において本書のための「翻訳」作業は、「対話」そのものである。吉田先生の指導のもとで研究室の大学院生が取り組んだ「翻訳」は、たんにドイツ語を日本語に置き換えるという作業である以上に、教育学そのものとの「対話」を必要としており、その「対話」を通して教育学の見識を深める作業になったことだと思われる。また、研究室に現時点で所属している構成員の全員が何らかの形で本書の制作に関与できるように配慮されたことで、本書が研究室の「歴史づくり」の一頁を飾るものになったことを喜びたく思います。

広島大学教育方法学研究室にて
深澤　広明

まえがき

　『教授学と心理学との対話——これからの授業論入門——』と題した本書は、広島大学とオルデンブルク大学の研究者との協働から成り立っている。この協働は2011年12月から深められ、授業と学校に関わる学問的交流は今日にまで至っている。異なる理論的伝統を交流すること、異なる国（ここではドイツと日本）の学校と授業とを比較（Vergleich）することから何が得られるであろうか？比較することによって得られる知見は、以下のような可能性としてまとめられてもいる（vgl. Hörner 2014, 90）。

- 各国における学校と授業における特殊性の認識をねらいとすること

- 固有の学校制度と授業に関する思考を新鮮な視点から見ることによって、比較することでそれぞれの強みと弱みを評価し、場合によってはその改善をもたらすことができること

- その国だけではなく、多くの国において展開する傾向を捉えることができること

- 比較によって何らかの普遍妥当性を捉えることができること

　比較のための方法としては、重要な教育政策の資料を分析・評価することや、授業および学校への参与観察やその記述、さらに講義・演習・研究会への参加とその理論的評価などがあるだろう。関心の交流と相互交流による学びは、高等教育制度および学校制度、さらには様々な諸国の授業にも直接的に影響を与えているグローバル化という文脈においても生起する。

- 学校制度は国際学力調査によって比較されてもきており、またある種の競争にさらされてもいる。これによって、国家間の違いを明確にし

ながらその強みと弱みとが確認されてきている。

● 学校制度は比較のための道具によって統制されてもいる。すなわち、学校制度の違いだけではなく、それを統制する道具（例えばスタンダードの設定やコンピテンシー志向、修了証と認定試験との結合、質の検証・保証・開発の導入）によって検討されてもいる。

● 学校と授業に関わる教育学的考察の国家的伝統が、その強みに関する実証的教育研究（empirische Bildungsforschung）の強化によってますます確かなものとされ、他国の伝統から学ぶことを促してもいる。

　日本とドイツにおいては、PISA調査の結果が公表された2001年以降に、学校と授業に関わる徹底的な議論が巻き起こり、理論的伝統が批判的に検証され、理論的伝統と教育学・教授学・心理学というディシプリンの知見とを統合することが試みられてきた。

　したがって本書の意義は、他国の動向をつきあわせることによって、他国の伝統に光を当てつつ自らの視点・思考・経験を批判的に検証し、場合によっては「他者の視点（fremder Blick）」から見直すことができるという点にみることができよう。

　第一章では、ドイツにおける教師教育改革、すなわち教授学的伝統に取り組みながら授業に関わる行為理論的考察を思考しようとする教師教育改革の取り組みを取り上げた。

　第二章では、PISA後の教育改革と授業実践の授業実践の課題に論究している。ここでは特に、ドイツと日本において授業の改善のためになされている改革動向の本質的な重点を取り上げている。ドイツにおいては事物関連（Sachverhalt）の明確化と授業成果を得るためのコンピテンシー（Kompetenz）の発達が重点となっているのに対して、日本の授業においてはとりわけ表現する能力の向上のための「言語活動の充実」が求められてきた。生徒は内容

に関わって自らで思考・省察・評価をしたいと意欲する必要があり、また自分自身の立場に基づいて根拠を持ってそれを表現したいと意欲する必要がある。ドイツと日本のPISA後の展開過程は、授業の強みと弱みに関わる調査結果に基づいて、それぞれの目標に向けて構想される必要があることは想像に難くないだろう。

「教授学モデルと授業理論の展開」と題した第三章では、ドイツにおける教授学議論を決定的に方向づけてきた教授学モデルを取り上げている。ここでは、ドイツの教育大学および大学において展開されてきた多くの教授学モデルとそれぞれのモデルの意義に関わる諸議論を、日本における授業研究において展開されてきた視点と重ねて描き出すことを試みている。ドイツの教授学モデルの展開と日本の授業研究の展開とは、どの程度パラレルなものとして捉えることができるのであろうか？　キーパーとミーシュケは2004年にさまざまな教授学モデルの論点をそれぞれの授業を統合する形で一つの構造モデル（Strukturmodell）へと束ね、授業の目標主導的な計画と分析を可能とし、授業における行為を導きうる授業の過程理論（Prozesstheorie）に基づいてそのモデルを展開することを提案した（Kiper & Mischke 2004, 2006, 2009参照）。授業に関わる日本の議論にとってこの統合的教授学（die Integrative Didaktik）のモデルがどのような意義を有しうるのかは、その批判的な検討とともに「あとがき」におさめられている。

それでは、統合的教授学に基づいた授業プランニング（Unterrichtsplanung）とはどのようなものであろうか？　第四章では、統合的教授学に基づく授業プランニングを取り上げている。知識の媒介（Vermittlung）あるいは獲得（Erwerb）とコンピテンシーの構築（Aufbau）にとって求められることは、授業をその最終地点から思考し、コンピテンシー獲得の過程を計画しておくことである。その際には、教師と生徒による共同構成過程（Ko-Konstruktionsprozess）として授業を成立させるために、教授行為（Lehrhandlung）だけではなく学習行為（Lernhandlung）についても考慮しておく必要がある。

授業に関わる確かな知識は、いかに獲得されうるのであろうか？　研究者、

とりわけ教師(と教師になろうとする者)による新たな知の創造は、いかにしてなされるのであろうか? 授業に取り組むことは必然的に、研究的な視点からの観察を伴う。この授業の観察は、専門職化という目標を持って同僚による授業参観(kollegiale Hospitation)の枠組みでなされる。授業への取り組みは、授業のビデオ記録による検討や授業の発話記録(Transkription)によってなされる。授業の観察と分析は、それぞれの観点(例えば、教師-生徒の相互作用、生徒-生徒の相互作用、教師による説明の質)に方向づけられている。焦点づけられるべきは、授業展開の明瞭性および教授行為と学習行為との相互関係であろう。「授業づくりと学校づくりにとっての『授業分析』の意義」と題した第五章では、授業の分析によってどのような認識が得られるのかについて論究した。その際に、『授業プランニング』(Kiper & Mischke 2009)に収められているカテゴリーを授業分析に用い、事例とともに分析の仕方を範例的に提示した。

　授業研究は決して閉じられたものではなく、開かれたものである。エスノグラフィー研究の視点のもとで問われることは、授業において何が起こっているのかである。ただしこのアプローチの場合、教授学カテゴリーは断念されることが多い。すなわち、その重点は相互作用的な現象にのみ向けられるのである。学習されるべき事物関連は、ここではたいてい等閑視されてしまっている。相互作用の文脈から教授行為と学習行為を捉えようとする授業研究は、このアプローチとは異なったねらいを持っている。事物事象との取り組みがいかにうまくいったのかどうかが観察され、分析されるのである。第六章では、授業の観察と記録によって授業に理論主導的に取り組むアプローチを提示している。さらにここでは、診断的視点から個々の生徒を観察することに重点を置くことの意味が示されることになる。その上で、授業に取り組むこと全体をどのように意味づけ、また授業の改善にとってどのような示唆を与えうるものであるのかが検討の対象となっている。以上の考察を通して、教授学と心理学との協働と対話が目標主導的な授業研究を構成するためにどのような意味を持つのかに言及する。

　「あとがき」では、ドイツと日本との対話の成果がまとめられ、今後の研

究の展望と課題が示されている。

　本書の刊行に携わった者が期待することは、本書がドイツにおける教授学議論へのアプローチを可能にするというだけではなく、むしろ日本における授業研究とその伝統に根ざした授業に関わる議論を見直し、新たに価値づけることである。様々な研究の方向性やその重点を見直し、メタ理論的な視点からそれらをまとめていくために、本書で示した統合的な思考が日本の議論にとっても意味があるものであるのかどうか、ご批正いただければ幸いである。

オルデンブルクにて
ハンナ・キーパー
Hanna Kiper

教授学と心理学との対話

目　次

序－「教授学と心理学との対話」によせて……………………………………… i
まえがき ……………………………………………………………………………… iii
Einführung und Inhalt ……………………………………………………………… x
Introduction and Content ………………………………………………………… xii

第1章　PISA後の教授学的思考
　1　教員養成改革と学校改革 ……………………………………………… 1
　2　教授学的思考を巡る論点と課題 ……………………………………… 4
　3　教育的知識と教育的行為 ……………………………………………… 10

第2章　PISA後のカリキュラム改革と教育実践の課題
　1　日本とドイツにおける「PISAショック」と教育政策の展開 … 17
　2　「PISAショック」後のカリキュラム改革の焦点と課題 …… 23
　3　PISA後の授業理論と授業実践の課題 ………………………… 26

第3章　教授学モデルと授業理論の展開
　1　ドイツにおける教授学モデル ………………………………… 33
　2　日本における授業研究の展開：「日本版教授学モデル」として … 47
　3　教授学モデルと統合的教授学 ………………………………… 57

第4章　統合的教授学に基づく授業プランニング
　1　授業における行為 ……………………………………………… 63
　2　指導案の構想 …………………………………………………… 69
　3　学習と学習の基礎モデル ……………………………………… 78
　4　学習アレンジメント、足場かけ、モニタリング …………… 92
　5　授業計画の事例：4年数学「立方体の展開図」 …………… 99

第5章　授業づくりと学校づくりにとっての授業分析の意義
　　1　授業研究と授業分析 …………………………………………… 111
　　2　同僚による授業参観と研修による授業分析と授業改善 … 127
　　3　教師の専門性と学校開発の一部としての授業づくり …… 136

第6章　教授学と心理学の接点としての授業研究
　　1　授業の観察、記録と解釈：論点と課題 …………………… 139
　　2　授業研究における心理学的アプローチの動向と課題 …… 149
　　3　個々の子どもの学びの「見とり」と授業分析：
　　　　　　　　個別的診断の意義と課題 ………………… 163

あとがき：やや長い解説と開かれた展望と課題について ……………… 173
参考文献一覧 …………………………………………………………… 191
索引 ……………………………………………………………………… 205
編者・執筆者・訳者紹介 ……………………………………………… 212

Einführung und Inhalt

Der vorliegende Band unter dem Titel „Deutsch-japanischer Dialog zwischen Didaktik und Psychologie: Einführung in die Theorie des Unterrichts" wurde in einem dialogischen Verfahren erarbeitet. Er enthält Beiträge deutscher Autoren (Hanna Kiper, Wolfgang Mischke) und japanischer Autoren (Nariakia Yoshida, Hiroaki Fukazawa, Nami Matsuo, Mitsuru Matsuda, Yuichiro Sato). Er setzt sich zum Ziel, ausgewählte unterrichtsbezogene Überlegungen in Japan und in der Bundesrepublik Deutschland vorzustellen, nämlich solche, die sich mit Fragen Allgemeiner Didaktik und der Planung, Durchführung und Beobachtung und Analyse von Unterricht auseinandersetzen. Der Band präsentiert eine geeignete Form der Unterrichtsbeobachtung und Unterrichtsanalyse, die sich nicht nur auf Prozesse der Interaktion (zwischen Lehrkräften und Schüler/innen und Schüler/innen untereinander) im Unterricht konzentriert, sondern Gesichtspunkte der sachlichen Richtigkeit des Unterrichts und der geeigneten Lehrhandlungen und ermöglichten Lernhandlungen in den Blick nimmt. Zugleich verdeutlicht er die Notwendigkeit, dass Überlegungen aus der Allgemeinen Didaktik und der Pädagogischen Psychologie zusammengeführt werden, um angemessen über Unterricht nachzudenken. Aus der Gegenüberstellung der Diskurse in Japan und in der Bundesrepublik sollen zusätzliche Erkenntnisse gewonnen werden, u.a. über die Bedingungen, unter denen jeweils der Lehrerberuf ausgeübt wird, über didaktische Modelle und die in ihnen enthaltenen relevanten Kategorien, die ein Beobachten, Analysieren und Planen von Unterricht ermöglichen. Nicht zuletzt sollen Fragen der Unterrichtsforschung in Deutschland und Japan und ihre Weiterentwicklung durch didaktische und psychologische Anregungen diskutiert werden. Die Herausgeber und Autoren erhoffen sich, dass der Band zum Erkennen relevanter Faktoren im Unterricht führt, Denkimpulse gibt und zum weiteren Lesen, Fragen und Diskutieren anregt.

Inhalt

Einleitung *(Hiroaki Fukazawa)*
Vorwort *(Hanna Kiper)* iii
1. Didaktisches Denken nach PISA *(Hanna Kiper)* 1
    1.1 Reform der Lehrerausbildung und Schulreform
    1.2 Tendenz und Aufgaben des didaktischen Denkens
    1.3 Pädagogisches Wissen und pädagogisches Handeln

2. Bildungsreform und Aufgaben der Unterrichtspraxis nach PISA
    (Nariakira Yoshida, Hanna Kiper, Wolfgang Mischke) 17
    2.1 „PISA-Schock" und Bildungspolitik in Deutschland und Japan
    2.2 Curriculumreform nach PISA in Deutschland und Japan
    2.3 Unterrichtstheorie und -praxis nach PISA in Deutschland und Japan

3. Entwickelung der „Didaktischen Modelle" als Unterrichtstheorie 33

3.1 Didaktische Modelle in Deutschland *(Hanna Kiper, Wolfgang Mischke)*

3.2 Entwicklung der Unterrichtsforschung in Japan: Didaktische Modelle in Japan *(Yuichiro Sato, Mitsuru Matsuda, Nami Matsuo)*

3.3 „Didaktische Modelle" und die Integrative Didaktik *(Hanna Kiper, Wolfgang Mischke)*

4. Unterrichtsplanung auf der Grundlage der Integrativen Didaktik *(Wofgang Mischke, Hanna Kiper)* 63

4.1 „Handlung" im Unterricht

4.2 Die Konzeption des Unterrichtsentwurfs

4.3 Lernen und Basismodelle des Lernens

4.4 Lernarrangement, Scaffolding und Monitoring

4.5 Beispiel für eine Unterrichtsplanung zum Thema Würfelnetze in Klasse (Primarstufe)

5. Die Bedeutung der Unterrichtsanalyse für Unterrichts- und Schulentwicklung 111

5.1 Unterrichtsforschung und Unterrichtsanalyse *(Wofgang Mischke)*

5.2 Unterrichtsanalyse und die Unterrichtsverbesserung des Unterrichts durch Kollegiale Hospitation und Weiterbildung *(Hanna Kiper, Wofgang Mischke)*

5.3 Lehrerprofessionalität und Unterrichtsentwicklung als Teil von Schulentwicklung *(Hanna Kiper, Wofgang Mischke)*

6. Unterichtsforschung zwischen Didaktik und Psychologie 139

6.1 Unterrichtsbeobachtung und Interpretation von Unterricht – Diskussion und Aufgaben *(Mitsuru Matsuda)*

6.2 Tendenzen und Aufgaben der Unterrichtsforschung – Anregungen aus der Psychologie *(Yuichiro Sato)*

6.3 Beobachten einzelner Schülerinnen und Schüler: Individualdiagnostik und Unterrichtsanalyse *(Nami Matsuo)*

Nachwort *(Nariakira Yoshida)* 173
Literatur 191
Sach- und Namenverzeichnis 213

Introduction and Content

This volume, entitled "German-Japanese dialogue between teaching and psycholo-gy: Introduction to the Theory of Teaching" was drafted in a process of dialogue. It contains essays by German authors (Hanna Kiper, Wolfgang Mischke) and Japa-nese authors (Nariakia Yoshida, Hiroaki Fukazawa, Nami Matsuo, Mitsuru Matsuda, Yuichiro Sato). It has the aim to present selected teaching-related considerations in Japan and in the Federal Republic of Germany, namely those that deal with questions of general didactics and planning, carrying out, observing and analyzing lessons. This volume presents an appropriate form of classroom observation and teaching analysis, which does not set focus only on processes of interaction (between teachers and students and students among themselves) in the classroom, but pays attention to the accuracy of facts in instruction, appropriate instructional actions and realized learning activities of students. At the same time it highlights the need to connect considerations of general didactics and educational psychology in order to reflect adequately on teaching processes. From the juxtaposition of discourses in Japan and in the Federal Republic of Germany additional findings are to be obtained, especially about the conditions under which each of the teaching profes-sions is exercised, about didactic models and their relevant categories that permit observing, analyzing and planning lessons. Finally, issues of educational research in Germany and Japan and their development through educational and psychologi-cal ideas will be discussed. The editors and authors hope that the volume leads to identify relevant factors in teaching, suggesting thoughts and stimulating further reading, inquiry and discussion.

Content

Preface *(Hiroaki Fukazawa)*
Introduction *(Hanna Kiper)* iii
1. Thinking about didactical questions after the PISA 2000-Report *(Hanna Kiper)* 1
    1.1. Reform oft teacher education and school reform
    1.2. Trends and tasks of didactic thinking
    1.3. Paedagogical knowledge and paedagogical acting

2. Education reform and tasks of teaching practice
    (Nariakira Yoshida, Hanna Kiper, Wolfgang Mischke) 17
    2.1 PISA-Results and educational policy in Germany and Japan
    2.2 Curriculum reform after PISA in Germany and Japan
    2.3 Teaching theory and teaching practice after PISA 2000 in Germany and Japan

3. Development of didactic models for teaching theory 33
    3.1 Didactic models in Germany *(Hanna Kiper, Wolfgang Mischke)*
    3.2 Development of educational research in Japan: Didactic models in Japan *(Yuichiro Sato, Mitsuru Matsuda, Nami Matsuo)*

3.3 Didactic models and the Integrative didactic *(Hanna Kiper, Wolfgang Mischke)*

4. Lesson planning based on the Integrative Didactic *(Wofgang Mischke, Hanna Kiper)*... 63

4.1 Action in the classroom

4.2 The conception of lesson plan

4.3 Learning and basic models of learning

4.4 Learning arrangement, Scaffolding and Monitoring

4.5 Exemple of a lesson plan about Dice networks in form 4 (primary level)

5. The importance of teaching analysis for instructional development and school improvement 111

5.1 Education research and teaching analysis *(Wofgang Mischke)*

5.2 Teaching analysis and teaching improvement by peer visitation of lessons and teacher training on the job *(Hanna Kiper, Wofgang Mischke)*

5.3 Teacher professionalism and educational development as part of school improvement *(Hanna Kiper, Wofgang Mischke)*

6. Education Research between didactics and psychology 139

6.1 Classroom observation and interpretation of teaching-discussion and tasks *(Mitsuru Matsuda)*

6.2 Trends and challenges of teaching research – contribution from psychology *(Yuichiro Sato)*

6.3 Observing individual pupil: individual diagnostic and teaching analysis *(Nami Matsuo)*

Epilogue *(Nariakira Yoshida)* 173
References 191
Subject index and author index 213

教授学と心理学との対話
──これからの授業論入門──

第1章

PISA後の教授学的思考

　学校と高等教育を取り巻く状況の変化は——PISA2000の結果公表以降（Deutsches PISA-Konsortium 2001）——広範に及んできており、まずこうした転換過程の諸側面へと言及し、学士制度と修士制度における教員養成にも言及せざるをえない。これらと関連しつつ、これらの議論状況およびその論者たちを素描する。その上で、行為科学（Handlungswissenschaft）としてあるべき教育科学（Erziehungswissenschaft）のあり方を強調し、行為するために求められる教育的知識（das pädagosiche Wissen）を強調することを問うてみたい。さらに古い伝統への固執と学問活動における社会権力の強化によっては、教育科学はその危機を克服しえないことを指摘する。最後に、いくつかの教授学における取り組みを取り上げつつ、統合的教授学（die Integrative Didaktik）における思考アプローチから帰結される取組プログラムを紹介したい。

1　教員養成改革と学校改革

PISA後の転換過程
　ドイツにおいては2001年12月にPISA2000の結果が公表（Deutsches PISA-Konsortium 2001）されて以降、その結果は多くの関心を持って受けとめられた。というのも、多様な教育課程・学校形態で学ぶ15歳の生徒たちの知識と技能に関する言明が、実証的な（empirisch）根拠を持って、各専門領域へと波紋を広げたからである。その結果によって、ドイツの15歳の生徒たちの知識・技能の欠落、コンピテンシー獲得の大きな格差、知識・技能の家庭の社会的背景への依存、および就学前あるいは基礎学校段階においてすでに知識が欠乏しているというリスクのある生徒（Risikoschüler/innen）の多さが示

された。その結果は、各連邦州における多くの教育課程・学校形態が十分な効果を有していないことを示したのである。こうした結果が、教育政策における新たな方針への根拠となってきた。2001年12月のPISA2000の結果公表からの14年間がもたらした変化としては、以下のものを指摘することができるだろう。

- 定期的な国家レベルの報告システムの構築。それぞれの教育制度における調査対象はそのつど選択される（Autorengruppe Bildungsberichterstattung 2006, 2008, 2010, 2012, 2014）
- 実証的教育研究（empirische Bildungsforschung）の強化、およびコンピテンシー測定の新しい方法に基づいた数多くの実証研究のイニシアティブの獲得
- 教育スタンダード（Bidungsstandards）およびコアカリキュラム（Kerncurricula）による学校管理（Steuerung）の新たな方針；試験に基づく修了資格の授与、学校活動の基準の定式化（例えば、ニーダーザクセン州における2014年の学校の質を方向づける枠組み）
- 基礎学校（第3学年）および前期中等教育学校（第8学年）における学習状況調査（VERA: Vergleichsarbeiten）による学業成績の測定；学業成績のテストによる生徒たちのコンピテンシー測定への関与
- シンクタンクの構築（例えば、ベアテルスマン研究財団）；決定と管理のための情報を教育行政に提供するための、科学と教育政策との摺り合わせ
- 新たな目標（インクルーシブ学校の実現）の承認と、全ての学校におけるインクルーシブ実現の義務化

　教育政策によって掲げられた基準を検討してみると、その焦点となっているものは、生徒たちの学習結果や成績を視野に入れた各学校のシステムモニタリングの強化と、効果と効率へ向けた学校の方向づけである（Kiper 2013参照）。そのために、特別な機関（教育の質開発研究所）や国家レベルでの教育状況報告のための科学者のネットワーク、および政策助言のための科学者委員会が設立されてきた。政策的裏付けを持った実証的な教育研究は、学校と授業のシステムモニタリングへとその関心を寄せている。定期的なコンピ

テンシー測定の確立のもとで、教科教授学と心理学との協働によって教科関連的なコンピテンシーモデルのモデル化（測定のための根拠として）がなされ、それが教科教授学および教授学における議論にも遡及してきている。

　授業と関連した学校における学習文化・成績文化を強化しようとする試みは現在では、それと並行しつつパラドックスに求められるインクルーシブ学校実現への要求によって補完されてきている。このことによって、生徒による教育スタンダードの達成への方向づけと、特別な教育的ニーズのある生徒に対して個々の促進学校の教育課程上の基準を考慮することおよび目標を分化させた授業の構成が求められることとなってきている。

　近年では、高等教育システムおよび学校システムの転換過程が生じてきている（これも同様にOECDの影響のもとで）。そこでは、教育学と教授学の定義圏（Definitionsmacht）の最後の余地（学校と授業）がいわゆる実証的教育研究に取って代わられようとしているのである。「エビデンス」をキーワードに、陶冶・訓育・教授-学習の目標と目的に関する議論を許されるのはどの学問ディシプリンなのか、またどのディシプリンの誰が許されるのかをめぐる論争が進行してきている（Forster 2014参照）。その際——勘違いをしてはならないのだが——、「エビデンス」というキーワードのもとで重要視されるべきは、新たな概念と古いパラダイムとの争いの進展だけではなく、「社会的な知の生産における根本的な転換」（Forster 2014, 905頁）でもあるのである。PISA2000の調査結果の公表後の転換過程は、——学問体系における手つかずのままであった世代間交代にも直面しつつ——しばしば学校教育学と教授学を専門とした教授職が実証的教育研究あるいは社会学の研究者に取って代わられつつあるということにも帰結している。この結果は、それぞれの代表的なパラダイムに目を向けると、かなり異質なものとなってきている。

学士制度と修士制度における教員養成

　教師教育の分野においても、ここ約10年来こうした動向に対応した転換過程が見られる。ドイツの他の多くの州と同様にニーダーザクセン州においては、大学における教員養成はさしあたり学士制度および修士制度の枠組みへと移行してきている。学生は、二つの選択教科を学修する。その二つの教科は、後に学生が学校において授業を行うことを予定している教科であり、さ

らにそれを媒介として「教育諸科学（Bildungswissenschaften）」（専門職化の領域）へと学修を進めることになる教科である。この教育諸科学には、教育科学、心理学、社会学、政治学、哲学が属し、教育諸科学の知識群を——各州文部大臣会議の言い分に従えば（Sekretariat der KMK 2004）——教職における行為にとって必須となるそうした専門分野へと媒介することが求められる。少なくとも「良」の成績を取る必要がある三年間の学士課程に続いて、二年間の修士課程によって「教職修士（Master of Education）」の学位が授与される。その後、国家の責任の下で学校と試補学生研修所（Studienseminar）における18ヶ月の試補勤務へと接続し、国家試験によって終了する。修士課程においては、ニーダーザクセンの大学における2014/15冬学期以降には学校における「実習セメスター」という学修が実施されることになっており、現職の教員と大学の教科教授学者とが共同でこれにあたることとなっている。学生が学ぶべきものは、教科の授業を計画し、実施し、評価することであり、プロジェクト型の研究を実施する。教員養成改革の枠組みの中では、教職修士においては三つの異なった修了資格の獲得が可能となっている。すなわち、(a) 教職修士（基礎学校）、(b) 教職修士（基幹学校・実家学校）、(c) 教職修士（ギムナジウム）、である。修士課程における実践段階は、ニーダーザクセン州においては教職修士（ギムナジウム）には妥当しない。大学における学修はアクレディテーション（認証評価）された学修過程の枠組みにおいてなされることとなっており、それは教師教育スタンダード：教育諸科学（Sekretariat der KMK 2004）を志向し、かつ各州文部大臣会議の教科教授学スタンダードを志向したものである必要がある。

■ 2　教授学的思考を巡る論点と課題 ■

様々な学習状況調査は、新たな研究領域を確立することへと帰結しただけではなく、これまで授業および学校のあり方に取り組んできた学問ディシプリン（教育科学、心理学、社会学、教科教授学）を危機へと追いやることへとつながった。こうした学問ディシプリンは目下——いわゆる実証的教育研究の興隆に直面し——、他のディシプリン（ルーマン、ブルデュー、フーコー、バーンスタイン）からの理論構築への立ち戻りのもとで、その自己理解を新たに

示そうとしている。学校と授業をめぐる現在の議論を整理する試みを、ひとまず以下のような問題設定のもとで行ってみたい。

(1) どのようなディシプリン上の認識関心のもとで、学校と授業への取組はなされるのであろうか？（ディシプリン上のパースペクティブ）
(2) 教育政策のパースペクティブから明確化されるのは、学校と授業への取組に対するどのような目標のイメージであろうか？それらは堅固なものであろうか、あるいは異質なもの、そして／また逆説的なものであろうか？（価値と関連したパースペクティブ）
(3) 学校と授業はどれほど効果のあるものなのであろうか？どのような要素・要素群・過程によって学校と授業は（とりわけ）効果のあるものとなるのであろうか？（経験論的な問い）
(4) 生徒の学習成果・成績およびコンピテンシーをどのように測定することができるのであろうか？（測定論的な問題設定）
(5) 学校と授業が効果のあるものとなり、またその効果を最善のものとするために、我々はいかに思考し、いかに取り組むべきであろうか？（技術的——操作的な問い）
(6) 専門的に行為することができるようになるためには、どのような知識群が求められるのであろうか？（知識関連的・専門職関連的な問い）

こうした問題設定に対して、学校教育学および教授学議論に目を向けて、その議論を端的に素描してみたい。

（1）どのようなディシプリン上の認識関心のもとで、学校と授業への取組はなされるのであろうか？（ディシプリン上のパースペクティブ）

学校と授業への取組は、様々な学問ディシプリンにおいてなされてきた。教育科学においては、「学問外への期待」には結びつかないような、「学校実践・教員養成実践という実用的-実践的な期待」や教員自身による「行為関連的な問題定義」（Proske 2011, 10頁）には従わないような、理論を定式化するという要求がなされてきた。授業論は、「逆方向のリフレクション（gegenläufige Reflexionen）」（Proske 2011, 13頁）を可能とするものである必要がある。教育科学の諸分野の中には、「実践的な構成上の問いを考慮することなしに」（Terhart 2014, 813頁）学校と授業について研究することへと関心

をむけるものもある。実証的なデータによる新たな理論構想の形成をも目的として（Kalthoff 2008, 2014参照）、学校と授業は社会学的パースペクティブあるいはエスノグラフィックなパースペクティブ（例えば、相互作用という現象への着目や権力論的なパースペクティブ）のもとで論究されてきた。他のアプローチは、陶冶を媒体とした主体化過程を議論してきた。教育科学は様々な大綱理論（ルーマン、フーコー、バーンスタイン）に手を出してきている。こうした研究パースペクティブに共通していることは、実践的な教育的挑戦からは切り離されているということである。授業の持つ学習効果という問いもまた、授業理論のモデル化からは考慮の外に置かれてきた。こうした問いを度外視して――（授業における）教育的行為の構成的メルクマールとしての「偶然性（Kontingenz）」を強調することを発端として（Meseth/ Proske/ Radtke 2011, 223頁）――予想外の現象が指摘されたり、効果豊かな目標に方向づけられた行為の可能性に対して疑問が投げかけられたりしてきたのである。

　それに対して哲学的なパースペクティブからは、（授業における）教育的行為は効果のあるものとなりうることが示唆されてきた。ギージンガーGiesingerは、人間は「自身の行為と思考において根拠を持って自らを導きうる」能力があることを述べている（Giesinger 2014, 818-819頁）。それは、人間は「自らの注意を他者との共同の中で世界における事物へと向け、――相互の意識の中で――自身の注意の方向とは反対のものをも同様に事物へと向ける」（Giesinger 2014, 819頁）ことを示唆している。授業における共同の行為が「インターパーソナルな能力」や「共通のルール認識」へと包括されることが可能であるならば、教師による学習提供（Lernangebot）の利用（Nutzung）が可能となってくる。ヘルマン・ギーゼッケ（Hermann Giesecke）もまた、社会的行為としての教育的行為は、言語によって開かれる諸経験の相互交流と結びつき、また意思の疎通とコンフリクト解消へと結びつくことを明確に述べている（Giesecke 2007, 15-16頁参照）。

（2）教育政策のパースペクティブから明確化されるのは、学校と授業への取組に対するどのような目標のイメージであろうか？それらは堅固なものであろうか、あるいは異質なもの、そして／また逆説的なものであろうか？

　学校が社会に対して有する機能（陶冶と資格付与）を引き受け、学習効果のある授業を提供し、そのために適切な制御可能性を探究することへと教育政策上の関心が向いている一方で、教育科学においては、どのような目標イメージが学校制度および高等教育制度を統制すべきであり、また主導理念（「陶冶」vs「コンピテンシー」„Bildung" versus „Kompetenz"）を相互に対置しうるのかをめぐる議論がなされてきた。コンピテンシーという主導理念は、行為能力のある人間、すなわち獲得した知識を問題解決のために用いることができ、そのために必要な人格特性および諸能力を備えている人間をねらいとしている。主導理念としての陶冶は、陶冶を媒体とした解放過程を義務づけられたリフレクティブな人格の形成を主眼に据えている。両者をめぐる論争は、教授・学習というマクロな過程とミクロな過程とを視野に入れた教授学と教科教授学の志向性へと遡及している。

（3）学校と授業はどれほど効果のあるものなのであろうか？どのような要素・要素群・過程によって学校と授業は（とりわけ）効果のあるものとなるのであろうか？（経験論的な問い）

　心理学者たちは、学校の多層モデル（Mehrebenenmodelle）（Fend 2008参照）を基盤として授業に取り組んできた（Helmke 2003; Kunter/ Trautwein 2013; Seidel 2014参照）。そこで取り組まれてきたことは、授業における学習効果のある要素とプロセスを提供-利用イメージを背景としてモデル化することである。多くの研究成果に基づいて（例えば、Brophy/ Good 1986）、あるいはメタ研究の利用によって（Hattie 2009）、それにふさわしい諸要素が取り上げられてきている。Pant（2014, 92頁）では、学習成果に対する効果における授業の要素と学校での活動の枠組み条件を以下のように紹介している。

表1-1：学習成果に対する効果における授業の要素と学校での活動の枠組み条件

授業メルクマール	d	枠組み条件	d
授業の質	0.77	内的分化	0.28
互恵的学習	0.74	財政援助の拡大	0.23
教師-生徒関係	0.72	学級規模の縮小	0.21
フィードバック	0.72	分化した学校制度（外的分化）	0.12
自己表現方略のトレーニング	0.67	学年横断的な授業	0.04
メタ認知的方略	0.67	オープン授業	0.01
直接的教授	0.59	夏休みの学習提供	-0.09
挑戦的目標設定	0.57	留年	-0.16
中央値	0.68	中央値	0.08

（出典：Hattie 2009, 244頁; Köller 2012訳）

　ここで同定される諸要素（例えば、学級経営、要求の多い学習課題のための学習時間（＞タスクのための時間＜）、認知的能動化）は、数十年間にわたって教師の行為が志向してきたいくつかの諸原理、すなわち生徒志向の授業という原理、政策志向の授業という原理、方法論的に多様な授業という原理としばしば矛盾するものでもある。

（4）生徒の学習成果・成績およびコンピテンシーをどのように測定することができるのであろうか？（測定論的な問題設定）

　実証的教育研究は、個々の学校教科の教授学との協働のもとでコンピテンシーモデルのモデル化とコンピテンシーの測定に取り組んできた。その関心の焦点は、テスト課題の構成に向けられてきた。それに対して何人かの教授学者らは、コンピテンシーがいかに獲得されうるのかを示すコンピテンシー発展モデル（Kompetenzentwicklungsmodelle）の開発を求めてきた（Aebli 2001; Kiper/ Mischke 2004, 2009）。その場合にのみ、教授学は教授・学習にとっての手助けとなる指示を示しうるのではないだろうか。実証的な研究にとってこのコンピテンシー発展モデルと結びついた課題設定は総括的評価という形態をとるのではなく、形成的評価をねらうものとなるであろうし、この形成的評価から知識獲得およびコンピテンシー構築の過程が学習されうるのだ

といえよう（Maier 2014参照）。読解コンピテンシーを事例としたコンピテンシー構築の過程に関する熟考（Kiper/ Mischke 2006, 55頁以下参照）をある事例によって記述しようとするならば、すなわち形成的評価と結びつけた事例として記述しようとするならば、教師たちが評価成果物から学ぶことができたということをその根拠として示すことができよう（Kiper 2009参照）。

（5）学校と授業が効果のあるものとなり、またその効果を最善のものとするために、我々はいかに思考し、いかに*取り組む*べきであろうか？（技術的――操作的な問い）

　学校と授業によって知識・技能を体系的に形成することに関わる問いは、学校教育学者および教授学者の中でもわずかなグループによってしか取り組まれてこなかった。教授における操作（Operation）という側面を強調することによって（Prange 2005, Strobel-Eisele 2003, 2011）、教授行為としての（説明や伝達も含めた）ゆびさし（Zeigen）によって生徒の目標主導的な（zielführend）学習行為がいかに導き出されるのかを示してきた操作的教育学（operative Pädagogik）が前面に取り上げられてきた。その際に何人かの著者によって強調されてきたことが、知識の持つ事物構造（sachliche Struktur）を熟考しておくことの重要性である（Gruschka 2011参照）。ただし事物とはそう単純に解明されうるものではないがために、認知的操作による知識獲得の過程は学習構造の分析に基づいて考察されねばならないのである（Kiper/ Mischke 2009）。このことはさらにいえば、一時間の中だけで授業を考察することでは不十分であるともいえる。陶冶履歴（Bildungsgang）の枠組みにおいて、すなわちカリキュラムという考え方に基づいて知識・技能の構築について問うことが、とりわけ考察の対象となる必要がある（Kiper/ Mischke 2009, 154頁以下参照）。

（6）専門的に行為することができるようになるためには、どのような知識群が求められるのであろうか？（知識関連的・専門職関連的な問い）

　キーパーとミーシュケは、様々な教授学モデルが有している本質的な諸概念を一つの思考アプローチの中に統合すること（統合的教授学）が重要であるという認識を出発点としている（Kiper/ Mischke 2004）。教師と生徒は――

共同構成過程（Ko-Konstruktionsprozess）によって——事物を解明する必要がある。とりわけキーパーとミーシュケ（Kiper/ Mischke 2004, 2009）が強調するのが、組織されるべき教授行為と学習行為に関する熟考のあり方である。認知心理学における学習概念（情報の受け取り、情報処理、情報の蓄積、転移）（Klauer/ Leutner 2007）は、授業における事物内容の構造化に基づいて捉えられ、さらに学習構造の分析に基づいて捉えられる。事物の習得に向けた生徒たちのそのつどの認知的操作が考慮される必要がある（Aebli 2001; Kiper/ Mischke 2006, 2009; Kiper 2012）。

■ 3　教育的知識と教育的行為 ■

実証的教育研究の主張者の何人かはかなり早い時期から、いかにして「教育政策と教育行政の関係者に対して実証的な研究の解釈と利用を容易にし」うるかという問いを立ててきた（Bromme/ Prengel/ Jäger 2014, 5頁参照）。彼らが求めてきたのは、研究成果を評価しコメントをつけてもらうためのエビデンスの総合であり、それは教育政策および教育行政の決定と統制のために実証的な知識を用意するという目標をもともなうものであった。明白なことは、いかに教育学的に行為しうるかというヒントを与えることが不可欠だということである。

行為科学としての教育科学

教育的知識の多様な諸形態（価値に関する知識、観察知識、記述知識、説明の知識と根拠づける知識、行為の知識と介入の知識）を区別すること（von Spiegel 2004; Kiper/ Mischke 2009, 19頁以下参照）によって明確となることは、行為科学としての教育科学というディシプリンに特別な関心が寄せられているということである。それは他のディシプリンの理論や研究成果を認識し、教育的な行為領域・職業領域における関心に目を向ける必要がある。教育学は二つのコンピテンシーを開拓する必要がある。すなわち、理論モデルの理解と、そうしたモデルの個別ケースへの応用というトレーニングである。ここで求められる思考は、それぞれ固有の性質を有している。すなわち、体系的（systematisch）か、あるいは決議論的（kasuistisch）かである。教育実践

に対する意義を考慮に入れた科学的成果の翻訳は、教育科学に属する理論形成という形態をとる（Giesecke 1972, 205頁参照）。ギーゼッケが求めたものは、行為せざるをえない専門職を考慮に入れて、教育科学こそが諸問題を熟考すべきであるということである。

　こだわっておきたいことは、教育政策および教育行政の行為（決定・統制）のために諸成果を評価することを要求することは、専門職としての関係者のためにも諸成果を評価するという課題へと拡張しうるということである。教育科学が直面している問いは、行為のためのヒントを用意しようとするかどうか、あるいは価値関連的な原則の詳述に限定しておきたいかという問いである。ヘルマン・ギーゼッケによって挙げられた課題、すなわち行為に効果のある知識を準備し、授業と学校に関する誤ったイメージを退けるという課題を教育科学が拒絶するのであれば、そこには間隙が生じるだろう。その隙間をふさぐことは、教育心理学がよろこんで引き受けることになるであろうが。いまやすでに、インストラクション心理学や教育心理学による授業に関わる理論形成を見いだすことができるのである（Klauer/ Leutner 2007; Kunter/ Trautwein 2013）。

　専門職の要求を視野に入れた上で、行為に効果のある知識を準備することを教育科学が拒絶するのであれば、またとりわけ社会学的、エスノグラフィー的、文化論的、あるいは言語論的なパースペクティブから学校や授業を教育科学が記述するのであれば、全段階の教師教育に対して教育科学の重要性は消滅するであろうし、（それだけではなく）大学におけるその席も、教授ポストの削減や実証的教育研究による学校教育学や教授学の教授職の占有によって危機にさらされることになるであろう。したがって教育科学は、その認識には意義があり、専門職の行為の意味創造に関する価値関連的知識を用意しうるだけではないことを後継者へ手ほどきする必要がある。専門職という考え方をめぐる問いとしてインクルーシブ学校に関わる議論においても顕在化している幾重もの制限は、ディシプリンにとっての問題として長期間にわたって際だってくるであろう。

教育的知識は、行為されるためにはいかに頭の中で表現されるべきか？
　行動心理学者あるいは行為心理学者たちは様々な知識形態の区別を糸口

に、教育的知識は行為知識として、また介入知識（あるいは変容する知識）として用いられるために、教育的知識はある特別な形態において頭の中で表現されるべきことを示してきた。教育者は目標志向的に行為しうるようになる前には、メンタルなイメージを展開しておく必要がある。さらに指定された目標に基づいて、目標達成に至る経過を予見するための頭の中での表現が展開されねばならない。経過の予見は、来たるべき成果のイメージあるいは活動主導的な像（Abbild）として観念的に存在する。これなしには成果豊かな行為は不可能であるといってよい。経過の予見は教育的行為を始める前に描かれておく必要があり、思考における比較のための根拠として行為の終了まで保持されるか、あるいは文字で記録しておく必要がある。というのも、再度情報を取り出したり、「べき」と「である」の比較（SOLL-IST-Vergleich）のために引き合いに出すためである。様々な状況における行為についての活動主導的な像は、目標と部分目標の配列と並んで、原理的に可能な行為およびこの行為を可能にしかつ成果豊かなものにする諸条件を内包するものでなければならない。ヴィンフリート・ハッカー（Winfried Hacker）は活動主導的な像のためのミニマムな構造として、「目標−条件−措置」構造について言及している（Hacker 2009参照）。

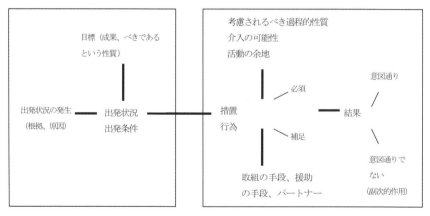

図1-1：活動主導的な図は何を含んでいるべきか？（「穴あきのシェーマ」）
（出典：Hacker 2009, 147頁）

事物に取り組みかつ教育的介入を行うために、教育的知識が用いられうるのかどうか、またいかに用いられうるのかという問いに向けられてきた。教育的行為の鍵は、論拠のある議論の中で根拠を説明することを通して、相手のアイデンティティーに敬意を払いつつ、同時に相手の思考・感情・行為に影響を与えているということにある。

教授学議論における ＞万事順調＜ と ＞これまで通り＜

　ドイツにおける議論に目を向けるならば、まず視野に入ってくることは、一般教授学はよい位置づけがなされていることであろう。学校教育学や教授学を概観した概説書が多く存在し、『一般教授学年報』も刊行されている。こうした出版物の興隆は確かに、モジュール構造をもつ教員養成における学士課程と修士課程に負うところが大きい。ただしそのことがかえって、危機的状況にはないと錯覚させてしまっているのではないだろうか？ここである現象に着目してみたい。

　PISA調査によって確認された生徒の学業成績の結果に対して、教授学には何の共同責任も課せられていない。教授学議論において授業についてどのような受け止め方が支配的であったのかは問われておらず、また場合によっては、教授学議論は不十分な学業成績の結果に対して責任を持ちうるのかどうかさえも問われていないのである。他方で、ドイツにおいて遅くとも1991年以降にドイツ語に翻訳され（Aurin 1991参照）、いまや教授学者によっても受容されてきている「よい授業」の諸成果にかかわる取り組みの後には、効果のある授業についての誤ったイメージや、適切な教育的思考を妨げるかあるいは妨害するような授業の諸原理がかなり早急に提起されてきた。しっかりとした根拠を持って実証的基盤のある思考アプローチを打ち立てようとする者（Wellenreuther 2004; Klauer/ Leutner 2007）との論争は試みられてこなかった。授業についての適切な思考へと力を注ぐのではなく、ネットワーク形成や出版のポリティクス、そして金銭的問題ないしは仲間外しによって、科学者集団における社会権力を行使しようとすることが試みられてきた。それによって、実証的根拠のある教授学的思考の再出発は実現しなかったのであり、論争的議論を介した真理追究の可能性も妨げられてきたのである。

伝統の保持

　上述してきた転換過程の枠組みの中では、教授学の未来はおそらく危険に満ちたものであろうと捉えるのであれば、Kiper & Mischkeによって展開されてきているアプローチでは様々なモデルの共存から一つの道筋を見いだすということはできないのはないだろうかという問いが立つであろう。そもそもどのような枠組みにおいて、私たちは教授学モデルを組み込むことができるのであろうか？精神科学的教育学から我々は教育的関係の意義を認識することができるのであり、その関係とは、根拠に基づいて人間に影響を及ぼす可能性に対する枠組みである。その際、教育的行為は、制度的構造と職能化と密接に関連したそのつどの課題（訓育、授業、助言、評価：刷新）から生起してくる。教育的行為は、領域・目標・方途の認識を主眼とし、それらは共通の行為によって達成されうるものである。したがって教育的行為とは計画志向的であり、価値志向的である。学習を実現するという教授の持つ課題に目を向ければ、（事物構造に取り組むことによる）事物の理解、事物の持つ陶冶内実（Bildungsgehalt）、そして事物の認知的習得および事物との取り組みへと至る方途（学習の基礎モデルに基づいて）が重要となってくる。学習者に目を向ければ、学習方略を含めた彼らの有している予備知識（Vorkenntnis）が考慮されねばならない。学習者は、学習アレンジメントによって実現される学習行為によって事物を明確にしていくだけではなく、自己統制や自己調整のための能力（学習の際だけではなく）をも獲得しているのである。教育的行為はここでは、一つの提供にすぎない。すなわち、学習者による利用の側面には条件的にしか影響が行使されないからである。学校においてテーマとして取り上げられる様々な事物に目を向ければ、カノン・規準（Kanon）との取り組みが重要となる。すなわち、ある教科によって世界と遭遇する一つのモードとの取り組みが重要であり、また教科における体系的知識構築、とりわけ教科における学習とのかみ合わせにおける体系的知識構築のための認識との取り組みが重要なのである。コンピテンシーとは、宣言的知識と手続き的知識とを包括したものである。習得の際に認知的能動性への助言がなされるためには、実証的根拠のあるコンピテンシー獲得モデルの開発がとりわけ必要不可欠となる。それに従って教科の授業における目標主導的な行為経過が展開されうるのである。ここでの行為経過とは、——もちろん異質な

生徒の有している前提条件にもしたがいつつ——蓄積されていくものであり、また追加の援助や学習時間によって効果的に進行しうるものであるかもしれない。学習が困難に直面した時には、教師は——学習上の問題をしっかり認識することに基づいて——援助豊かな介入を提供しなければならない。生徒たちに優れた学習成果をもたらしたいと教師が試みるのであれば、教授学は自らのモデルをいまいちど新たに表現するだけではなく、証拠のある介入のための問題状況と援助をしっかりとつかんだ上でその射程範囲を定めるよう試みる必要があるだろう（Kiper/ Mischke 2004, 2006, 2009参照）。

取組プログラムとしての統合的教授学

　統合的教授学（Kiper/ Mischke 2004）をその説明概念からみて取組プログラムだと捉えようとするならば、そこには特別な挑戦が関連づけられている。

　それは、目標と目標達成のために設定された条件の熟考、そして行為オプションの展開を視野に入れて作成された授業の計画のための計画理論だということである。計画理論においては、授業前の計画および計画ラスターへの包摂という認知過程と、授業の省察の際の認知過程とは区別される。計画の実施は、様々な行為プロット（例えば、学級経営、教授、相互作用の制御、モニタリング）を関連づけた上での行為の過程である。

　異質な学習グループに対する授業の計画のためには、コンピテンシーの構築へと至る目標主導的な過程経過に関する適切なイメージを持っておく必要がある。生徒たちの学習行為は、適切な学習材と課題設定によって支えられねばならない。そこで多くの生徒たちは、追加の援助あるいはより多くの時間を必要とするであろう。したがって異質なグループのためにも学習アレンジメントを構成するためのヒント（Kiper 2008）や学習材と課題設定の構成のためのヒント（Schmit 2014）、学級経営のためのヒント（Kiper 2003）、そして相互作用の構成のためのヒントが検討されることになる。自己統制学習・自己調整学習を展開するための方途も考察される必要がある。学習者はステップバイステップで学習過程やその制御・コントロール・監督に対する責任を引き受けるようにならなければならないからである（Kiper/ Mischke 2008）。

　成果豊かな学習行為にとっての重要な前提は、既有知識（Vorwissen）の

確認、とりわけ過程における診断（Diagnostizieren）である。診断的知識に基づく適切な授業を構成するためには、学習の出発状況、学習能力、コンピテンシー、そして授業および教授-学習実験における診断的コンピテンシーの開発に向けたプロジェクトにおける諸成果を確認するための可能性が吟味されておく必要がある。

生徒たちの学習行為を可能にする授業は、課題設定の選択あるいはそれへの自主的な取組（課題構成）に頼らざるをえない。生徒たちの学習前提を確認するための課題（診断のために重要な課題）と、教授と学習の過程においても意義のあるような課題（習得課題）、そして学習成果の検証のために意義のある課題（検証課題）とは、それぞれ区別される必要がある。学習課題についての考察に基づいて、学習材が検証され、課題の構成のためのヒントが見いだされるのである（Kiper/ Meints/ Peters/ Schlump/ Schmit 2010; Schmit 2014）。

授業づくりの次の段階のための様々なヒントは、授業の効果に関する研究の成果および生徒たちの認知的能動化により注意を向けることに鑑みて見いだされる必要があるだろう。例えば、教授行為を学習行為へと方向づけるための刺激や、診断的コンピテンシーの構築あるいは行為コンピテンシーの形成のための刺激がもたらされる必要があるだろう（Kiper 2012）。

望むべきことは、事物構造と学習の基礎モデルを含んだ学習構造にかかわる考察を、教科教授学者との協働においてそれぞれの教科教授学的なパースペクティブのもとで具体化していくということである。

今後、説明と理解の領域や、発話記録に基づく授業の分析にも取り組んでいくつもりである。

制度的条件がある中で教授と学習に取り組むことは、授業を越えて学校という文化に目を向ける必要性や、学校開発の過程に関与するためのヒントを提供する必要性を示唆してもいるだろう（Kiper 2013）。

（ハンナ・キーパー）

第2章

PISA後のカリキュラム改革と教育実践の課題

　2000年から実施されている経済協力開発機構（Organisation for Economic Co-operation and Development: OECD）による PISA調査（Programme for International Student Assessment）の結果は、ドイツにおいても日本においても「PISAショック」として2000年代以降の教育政策と教育学研究に大きな影響を与えてきた。1980年代後半からの昭和から平成への転換やベルリンの壁崩壊、さらに1990年代のドイツ統一と東西冷戦の終焉、1995年から実施されているTIMSS調査（Trends in International Mathematics and Science Study）や新自由主義教育改革とスタンダードに基づくカリキュラム改革など、今日の教育改革動向はここ20・30年来の社会・教育状況のめまぐるしい変化のなかで捉える必要がある。しかしながら本章では、特にPISA調査が実施された2000年以降の教育改革に焦点を絞り、日本とドイツにおける「PISAショック」とその後の教育政策を押さえた上で、カリキュラム改革がどのように議論され、またそれらが教育実践にとってどのような課題を突きつけているのかを明確にしていきたい。

1　日本とドイツにおける「PISAショック」と教育政策の展開

　今日の日本における教育政策においても多用され、着々と定着しつつある用語の一つが「コンピテンシー（competence, competency）」である。後述するように日本の場合は「資質・能力」という用語で時期学習指導要領改訂のキーワードの一つとして取り上げられてきているが、この用語が洋の東西を問わずに重要な教育用語として浮上するきっかけを与えたのは、なんといってもOECDが提起した「キー・コンピテンシー」であろう。1997年から「キー・コンピテンシーの定義と選択（DeSeCo）」プロジェクトが展開され、「思慮

深さ・反省性（Reflectiveness）」を中核としながら、①相互作用的に道具を用いる、②異質な集団で交流する、③自立的に活動する、という三つのキー・コンピテンシーが配置され、さらにそれぞれにA～Cの三つの要素が配置されるOECDのキー・コンピテンシー（ライチェン・サルガニク（2006）、200-224頁参照）はすでによく知られてきている。PISA調査は周知の通り、この「①相互作用的に道具を用いる」の「A言語、シンボル、テクストを相互作用的に用いる」に「読解リテラシー」と「数学的リテラシー」を、「B知識や情報を相互作用的に用いる」に「科学的リテラシー」を対応させ、おおむね各国において義務教育年限が終了する15歳を対象に実施されている調査である。PISA2000～2006は筆記型調査であり、2009年からコンピューターを使用した調査が実施され、PISA2015からはコンピューター使用型調査に完全に移行し、「協働問題解決能力」の調査も実施されている。各国のPISA2000～2012の調査結果をまとめたものが表2-1である。

表2-1：PISA調査結果の各国比較表

調査対象国	PISA2000 読解リテラシー	PISA2000 数学的リテラシー	PISA2000 科学的リテラシー	PISA2003 読解リテラシー	PISA2003 数学的リテラシー	PISA2003 科学的リテラシー	PISA2006 読解リテラシー	PISA2006 数学的リテラシー	PISA2006 科学的リテラシー	PISA2009 読解リテラシー	PISA2009 数学的リテラシー	PISA2009 科学的リテラシー	PISA2012 読解リテラシー	PISA2012 数学的リテラシー	PISA2012 科学的リテラシー
日本	8位 522	1位 557	2位 550	14位 498	6位 534	2位 548	15位 498	10位 523	5位 531	8位 520	9位 529	5位 539	4位 538	7位 536	4位 547
ドイツ	21位 484	20位 490	20位 487	21位 491	19位 503	18位 502	18位 495	20位 504	13位 516	20位 497	16位 513	13位 520	20位 508	16位 514	12位 524
フィンランド	1位 546	4位 536	3位 538	1位 543	2位 544	1位 548	2位 547	2位 548	1位 563	3位 536	6位 541	2位 554	6位 524	12位 519	5位 545
アメリカ	15位 504	19位 493	14位 499	18位 495	28位 483	22位 491	分析対象外	35位 474	29位 489	17位 500	31位 487	23位 502	24位 498	36位 481	28位 497
イギリス	7位 523	8位 529	4位 532	データなし			17位 495	24位 495	14位 515	25位 494	28位 492	16位 514	23位 499	26位 494	21位 514
韓国	6位 525	2位 547	1位 552	2位 534	3位 542	4位 538	1位 556	4位 547	11位 522	2位 539	4位 546	6位 538	5位 536	5位 554	7位 538
香港	データなし			10位 510	1位 550	3位 539	3位 536	3位 547	2位 542	4位 533	3位 555	3位 549	2位 545	3位 561	2位 580
オランダ	データなし			9位 513	4位 538	8位 524	11位 507	5位 531	9位 525	10位 508	11位 526	11位 522	15位 511	10位 523	14位 522
カナダ	2位 534	5位 533	5位 529	3位 528	7位 532	11位 519	4位 527	7位 527	3位 534	6位 524	10位 527	8位 529	9位 523	13位 518	10位 525
フランス	14位 505	10位 517	12位 500	17位 496	16位 511	13位 511	23位 488	23位 496	25位 495	22位 496	22位 497	27位 498	21位 505	25位 495	26位 499
ベルギー	11位 507	9位 520	15位 496	11位 507	8位 529	14位 509	12位 501	13位 520	19位 510	11位 506	14位 515	21位 507	16位 509	15位 515	24位 505

（出典：国立教育政策研究所2013、34-36頁を元に筆者が作成）

PISA調査は中央値が500点となるように調整されており、PISA2000を見れば日本は大きくこの国際平均を上回っており、他方ドイツでは三つのリテラシー分野すべてで国際平均を下回る結果となった。TIMSS調査は学校

カリキュラムの定着度を測定しようとする調査であったのに対して、後に「PISA型学力」や「PISA型読解力」といった用語が日本でもたびたび取り上げられたように、いわゆる学校で教えた教科内容が学習者にどれほど定着しているのかを測定する学力調査とはPISA調査の趣旨は異なっている。

　このPISA2000調査の結果が公表された2001年に、ドイツでは「PISAショック（PISA-Schock）」が盛んに議論されたことはすでに周知のとおりである（久田2013などを参照）。これを受けてドイツでは、各州文部大臣会議（Ständige Konferenz der Kultusminister der Länder in der Bundesrepublik Deutschland: KMK）にて「七つの行動領域」を2001年11月に決定した。言語能力の改善、教育スタンダードの導入、終日制学校の拡充、移民背景のある子どもへの支援などが包括的に盛り込まれた（KMK2001参照）。とりわけその中でも連邦レベルでの「教育スタンダード（Bildungsstandards）」の導入が決定され、その開発と検証のためにフンボルト大学に「教育の質開発研究所（Institut zur Qualitätsentwicklung im Bildungswesen: IQB）」が設置された。また、移民背景のある子どもに対する教育支援の在り方も重要項目として認識され、KMKでは「学力の低い子どもに対する促進戦略（Förderstrategie für leistungsschwächere Schülerinnen und Schüler）」を2010年3月に決定し（中山2013参照）、各州の取り組みの中間報告が2013年に出されている（KMK2013参照）。こうした連邦レベルでの取り組みもあり、PISA2012調査ではドイツは三つのリテラシー領域すべてにおいて国際平均を上回る水準にまでその得点を上げてきている。

　日本においてはPISA2000調査の結果はおおむね良好であり、ドイツほど大きく取り上げられることもなかった。しかし、PISA2003調査によって読解リテラシーが国際平均を下回るとともに、他の二つのリテラシー領域でも得点を下げたことが、「日本版PISAショック」へとつながった。2006年の教育基本法「改正」と教育関連三法の「改正」によって、いわゆる「学力の三要素」が学校教育法第30条第2項に定められた。1998年の「総合的な学習の時間」の導入において提起された「探究」と教科の授業における「習得」とをつなぐものとして「活用」が設定され、2007年から実施されている「全国学力・学習状況調査」のA問題に「習得」が、同じくB問題に「活用」が対応している。さらに、「PISA型学力」といった用語とともに「活用型学

力」や「活用型授業」といった用語まで生んできている。PISA2009調査の結果を受けて、日本の子どもたちの学力は「V字回復」していると報道され、PISA2012調査では、OECD加盟国のみの順位でいえば読解リテラシー１位、数学的リテラシー２位、科学的リテラシー１位という結果となっている。

　PISA調査は政策評価のための調査であったものの、その問題形式ゆえに学力調査や授業づくりにとっても大きなインパクトを与えることとなった。たびたび取り上げられてきているPISA2000調査の「落書きに関する問題」を例に、その典型を見ていこう（図2-1参照）。

2.4.3　落書きに関する問題

落書き

　学校の壁の落書きに頭に来ています。壁から落書きを消して塗り直すのは、今度が４度目だからです。創造力という点では見上げたものだけれど、社会に余分な損失を負担させないで、自分を表現する方法を探すべきです。

　禁じられている場所に落書きするという、若い人たちの評価を落とすようなことを、なぜするのでしょう。プロの芸術家は、通りに絵をつるしたりなんかしないで、正式な場所に展示して、金銭的援助を求め、名声を獲得するのではないでしょうか。

　わたしの考えでは、建物やフェンス、公園のベンチは、それ自体がすでに芸術作品です。落書きでそうした建築物を台なしにするというのは、ほんとに悲しいことです。それだけではなくて、落書きという手段は、オゾン層を破壊します。そうした「芸術作品」は、そのたびに消されてしまうのに、この犯罪的な芸術家たちはなぜ落書きをして困らせるのか、本当に私は理解できません。

ヘルガ

　十人十色。人の好みなんてさまざまです。世の中はコミュニケーションと広告であふれています。企業のロゴ、お店の看板、通りに面した大きくて目ざわりなポスター。こういうのは許されるでしょうか。そう、大抵は許されます。では、落書きは許されますか。許せるという人もいれば、許せないという人もいます。

　落書きのための代金はだれが払うのでしょう。だれが最後に広告の代金を払うのでしょう。その通り、消費者です。

　看板を立てた人は、あなたに許可を求めましたか。求めていません。それでは、落書きをする人は許可を求めなければいけませんか。これは単に、コミュニケーションの問題ではないでしょうか。あなた自身の名前も、非行少年グループの名前も、通りで見かける大きな製作物も、一種のコミュニケーションではないかしら。

　数年前に店で見かけた、しま模様やチェックの柄の洋服はどうでしょう。それにスキーウェアも。そうした洋服の模様や色は、花模様が描かれたコンクリートの壁をそっくりそのまま真似たものです。そうした模様や色は受け入れられ、高く評価されているのに、それと同じスタイルの落書きが不愉快とみなされているなんて、笑ってしまいます。

　芸術多難の時代です。

ソフィア

前ページの2通の手紙は、落書きについての手紙で、インターネットから送られてきたものです。落書きとは、壁など所かまわずに書かれる違法な絵や文章です。この手紙を読んで、問1～4に答えてください。

落書きに関する問1
この二つの手紙のそれぞれに共通する目的は、次のうちどれですか。
A　落書きとは何かを説明する。
B　落書きについて意見を述べる。
C　落書きの人気を説明する。
D　落書きを取り除くのにどれほどお金がかかるかを人びとに語る。

落書きに関する問2
ソフィアが広告を引き合いに出している理由は何ですか。

　　　　　　　　　　　　　　　　　　　　　　　　　　　　　　　　

落書きに関する問3
あなたは、この2通の手紙のどちらに賛成しますか。片方あるいは両方の手紙の内容にふれながら、自分なりの言葉を使ってあなたの答えを説明してください。

　　　　　　　　　　　　　　　　　　　　　　　　　　　　　　　　

落書きに関する問4
手紙に何が書かれているか、内容について考えてみましょう。
手紙がどのような書き方で書かれているか、スタイルについて考えてみましょう。
どちらの手紙に賛成するかは別として、あなたの意見では、どちらの手紙がよい手紙だと思いますか。片方あるいは両方の手紙の書き方にふれながら、あなたの答えを説明してください。

　　　　　　　　　　　　　　　　　　　　　　　　　　　　　　　　

図2-1：PISA2000の読解リテラシーの公開問題例「落書きに関する問題」
（出典：国立教育政策研究所編2002、67-72頁。）

この「落書きに関する問題」について注目されたのは、問3である。得点については、正答に1点が与えられ、誤答あるいは無答は0点である。採点基準は、「片方または両方の手紙の内容にふれながら意見をのべている。手紙の筆者の主張全般（落書きに賛成か反対か）や意見の詳細を説明していてもよい。手紙の筆者の意見に対して、説得力のある解釈をしていること。課題文の内容を言い換えて説明しているのはよいが、何の変更や追加をせずに課題文全部または大部分を引用するのは不可」（国立教育政策研究所2002、70頁、下線部は原文のママ）である。まずその正答率を見てみよう。国際平均の正答率は67.8％であり、日本は71.1％、ドイツは64.0％である。PISAで一躍脚光を浴びたフィンランドは72.1％である。フィンランドよりも1ポイント低いものの、国際平均正答率よりも3ポイント以上高いのである。実は注目されたのは正答率ではなく、無答率である。「無答」の国際平均は6.8％、フィンランドは3.0％、ドイツは10.7％であるのに対して、日本は15.2％であった。もちろんそうすると、誤答率は低くなる（日本13.7％──国際平均25.4％）。問1や問2のようなテクストの「解釈」ではなく、「熟考・評価」が問われた問3や問4のように、「自分なりの言葉を使って」＝根拠を持って説得的に、「あなたの答え」を説明することが問われたとたんに、日本の子どもたちの無答率が高くなったことが注目された。

　他方でドイツの報告書では、問1・2・4は前期中等教育修了証のレベルに相当する典型的な課題であり、問3はドイツ語授業で取り扱われる典型的な導入の課題（typische Einstiegsaufgabe）だと分析されている。その正答率や詳細な課題・回答分析というよりも、コンピテンシー段階と課題事例とをどう対応させ、その対応関係と学校カリキュラムとをどう関連づけていくかに分析の重点が置かれていることがわかる（Artelt u.a. 2001, 93-94頁参照）。

　PISA調査に参加する生徒の属性や、学力・学習調査に付随してなされる「学習の背景」などのデータの分析、政策調査としてのPISA調査そのものの性格規定など、PISA調査そのものをどう受けとめ、PISA2015やその先のPISA2018の結果等をどう捉えるかも重要ではあるが、以下ではこの「PISAショック」を受けて日本とドイツにおいてどのようなカリキュラム改革が展開されてきているのかに焦点を当てていきたい。

■ 2 「PISAショック」後のカリキュラム改革の焦点と課題 ■

「PISAショック」後のドイツにおけるカリキュラム改革の焦点は、なんといっても「コンピテンシー（Kompetenz）」志向のカリキュラムの構築と検証にあるといってよいだろう。日本では「リテラシー（Literacy）」という用語に注目が集まったが、ドイツでは「コンピテンシー」を鍵的な概念として連邦レベルでの「教育スタンダード」の導入と、各州における教育課程の基準＝学習指導要領の改訂が進められてきている。

「文化高権（Kulturhoheit）」をもつ各州で学習指導要領が作成される伝統にあるドイツにおいて、連邦レベルでの「教育スタンダード」の導入とその中での「コンピテンシー」概念の提起は大きな意味をもった。ドイツでは「コンピテンシー」は、OECDの「コンピテンシー」の定義を担当した教育心理学者・フランツ E. ヴァイネルト（Franz E. Weinert）の定義に依拠している。すなわちコンピテンシーとは、「ある特定の問題を解決するための、個々人の自由意志によって操作可能な、あるいは習得可能な認知的能力・技能であり、（中略）認知的能力・技能と結びついた動機的・意欲的・社会的構えや能力である」（Weinert 2001, 27-28頁）。こうした定義に依拠して、16州すべての州の学習指導要領において何らかの形で「コンピテンシー」概念が導入されてきている（樋口ほか2015、372-375頁参照および原田2016、47-89頁参照）。

ドイツにおける「コンピテンシー」概念の導入は、ハインリッヒ・ロート（Heinrich Roth）の提起を受けた1970年代の後期中等教育と職業教育との接点においてであり（吉田2016参照）、その意味では中野和光が明確に批判する「コンピテンシーに基づくカリキュラムは、（中略）本質的には労働力（workforce）教育である」（中野2016、117頁）との指摘とも符合する。「コンピテンシー」や「資質・能力」をどう捉えるかが重要な論点ではあるが、ある意味ではドイツは「コンピテンシー」概念を中心に据えたカリキュラム改革をPISA後に推し進めてきた国のひとつでもある。例えば、2016年に改訂されたバーデン＝ヴュルテンブルク州の学習指導要領（Bildungsplan）では、持続可能な発展のための教育、多様性への寛容と受容のための教育、予防とヘルスプロモーション、職業志向、メディア教育、消費者教育という六つの

主導的観点（Leitperspektive）に各教科がどのように寄与するのかが明記された上で、過程関連的コンピテンシー（prozessbezogene Kompetenz）と内容関連的コンピテンシー（inhaltsbezogene Kompetenz）とが構造的かつ段階的に示されている。教科固有性を担保しつつ、教科横断的な領域・テーマと教科とを関係づけながら、子どもたちが当該学年・教科でどのような内容にどのように取り組むことで、どのようなコンピテンシーの獲得が求められているのかが明記されているのである（Ministerium für Kultus, Jugend und Sport Baden-Würtenburg 2016参照）。

　ただし、各学校修了段階のコンピテンシーを定めた「教育スタンダード」では、各学年・各教科でどのようなコンピテンシーの発展が描かれるのかが明確ではなかった。これに対してIQBは2008年以降に「コンピテンシー段階モデル（Kompetenzstufenmodell）」を提起し（吉田2016参照）、また州単位での学習状況調査VERAを実施しつつ教育成果のモニタリングと検証を行ってきている（樋口2013、68頁以下参照）。各州の学習指導要領の改訂・実施とその検証も、このIQBによる学力調査と連動しながら展開されてきている。

　他方で日本では、「PISAショック」はドイツのような連邦レベル・州レベルのカリキュラム改革に直結したというよりも、「学力低下」批判と「ゆとり教育路線」への批判と連動しながら、1990年代までの教育政策の検証を欠いたままに教育政策へと具体化されていった側面が大きい。「教育課程実施状況調査」だけではなく、2007年には「全国学力・学習状況調査」の実施が開始された。ドイツでは構成主義的な学習観とともに「新しい学習課題文化（neue Lernaufgabenkultur）」が醸成され、授業における「学習課題（Lernaufgaben）」のあり方が議論されてきているが（吉田2015a参照）、「全国学力・学習状況調査」ではPISA調査で問われたような生活文脈を念頭に置いた「活用」型の調査問題が注目を集めてきた。

　2008年の中央教育審議会答申では、「『生きる力』は、その内容のみならず、社会において子どもたちに必要となる力をまず明確にし、そこから教育の在り方を改善するという考え方において、この主要能力（キーコンピテンシー）という考え方を先取りしていたと言ってもよい」（中央教育審議会2008、9-10頁）と指摘し、①言語活動の充実、②理数教育の充実、③伝統や文化に関する教育の充実、④道徳教育の充実、⑤体験活動の充実、⑥外国語活動、の六点を

重点事項として取り上げた（中央教育審議会2008、52-65頁参照）。この中でもとりわけ「①言語活動の充実」は、「PISAショック」を直接的に反映したものと捉えてよいだろう。このことは逆に、PISA調査が提起した「リテラシー」の側面が強調され、「コンピテンシー」の側面は強調されなかったといってもよい。

　ところが、次期学習指導要領改訂ではこの「コンピテンシー」の側面が強調されたカリキュラム改革が進められようとしている。「育成すべき資質・能力を踏まえた教育目標・内容と評価の在り方に関する検討会」の「論点整理」（2014年3月）を基盤として（育成すべき資質・能力を踏まえた……2014参照）、2014年11月20日の文部科学大臣による「諮問」では、「新しい時代を生きる上で必要な資質・能力」として「育成すべき資質・能力」の明確化が求められている。さらに、「『何を教えるか』という知識の質や量の改善はもちろんのこと、『どのように学ぶか』という、学びの質や深まりを重視することが必要であり、課題の発見と解決に向けて主体的・協働的に学ぶ学習（いわゆる『アクティブ・ラーニング』）や、そのための指導の方法等を充実させていく必要があり」、「教育目標・内容と学習・指導方法、学習評価の在り方を一体として捉え」た学習指導要領のあり方が問われている。カリキュラムと授業は、子どもたちの学力保証と人格の完成に向けた資質・能力の向上のために構想・実践されてしかるべきである。しかしながら、「育成すべき資質・能力」を日本社会に共通するものとして描くことができるのか、そもそも描くべきなのか、「資質」を含めてよいのかどうかが重要な論点であり、学習指導要領が「方法」と「評価」の側面にまで介入してよいのかどうかが重要な論点となってきている。

　他方で、学校教育法第30条第2項に示された「基礎的な知識及び技能」、これらを活用して課題を解決するために必要な「思考力、判断力、表現力その他の能力」及び「主体的に学習に取り組む態度」といういわゆる「学力の三要素」の高等学校における徹底および高等教育改革と、一点刻みの大学入試の改革とを連動させた「高大接続改革」も進行しつつある。こうした改革と連動しながら、高等教育に震源のある「アクティブ・ラーニング」が初等・中等教育にも求められてきている。この「諮問」以降、「コンピテンシー」や「アクティブ・ラーニング」に関する著作が多く刊行され（例えば、安彦

2014、石井2015、日本教育方法学会2016などを参照)、2015年8月に出された中央教育審議会教育課程特別部会の「論点整理」および2016年8月1日の「審議のまとめ（案）」とともに、今まで以上に次期学習指導要領改訂の動向が注視されてきているといえよう。

■ 3　PISA後の授業理論と授業実践の課題 ■

「PISAショック」は、ドイツでは「コンピテンシー」概念を導入した「教育スタンダード」の導入とその検証のための制度設計および学習指導要領の改訂へと、日本では「全国学力・学習状況調査」の実施と2008年版学習指導要領における「言語活動の充実」の提起および「育成すべき資質・能力」・「アクティブ・ラーニング」の提起と「目標－内容－方法－評価を一体として捉える」次期学習指導要領の改訂へとカリキュラム改革を推し進めてきたということができる。それではこうしたPISA後のカリキュラム改革は、授業理論および授業実践にどのような課題を提起しているのであろうか。

ドイツではさまざまな改革プロジェクトが進行しつつあるが、それらの特質をまとめると次のようになるだろう。

・コンピテンシーとして記述しうる授業目標の明確化
・子どもたちの既有知識の検証、子どもたちの認知的前提と領域固有な既有知識に見合った学習提供の開発、および授業過程における診断
・さまざまな要求水準に見合った理解を伴う学習とその水準の向上
・教授行為と学習行為との接合（共同構成）
・思考を促す学習課題と学習材の開発
・子どもたちの興味・関心に寄り添った授業における促進的手立て
・コンピテンシーの向上を実感させる経験：累積的学習（kumulatives Lernen）
・検証を通したコンピテンシー向上の把握とフィードバック
・学習促進的授業とその特質に関わる実証的な授業研究の成果（Kiper/ Meyer/ Mischke/ Wester 2003, Prenzel/ Friedrich/ Stadler 2009, 16;、KMK/ IQB 2010, 10、Kiper 2012）の考慮

まず問われていることは、「コンピテンシー」を学校カリキュラムと連

動させ、一つひとつの教科の授業づくりのなかに反映させていくことである。ドイツにおいては、「コンピテンシー志向の授業（kompetenzorientierter Unterricht）」のあり方が授業実践の中心的課題の一つとして認識されてきている（例えば、高橋2016および吉田2013参照）。先述した経緯をたどったドイツにおいては、授業の目標として獲得すべき「コンピテンシー」を明確にすることはすでに授業実践の課題として充分に認識されつつある。問われていることは、「コンピテンシー」と学校カリキュラムとの関係である。

具体的な学校教育実践を取り上げてみよう。例えばまず、ニーダーザクセン州オルデンブルクに位置するヘレーネ・ランゲ総合制学校（Helene-Lange-Schule）では、単元テスト（Klassenarbeit）の開発を学校内の教科会議で行い、コンピテンシー領域を対照させた評価シート（Bewertungsbogen）の開発を行ってきている。先述したとおり、教育スタンダードは学校修了段階のコンピテンシーを定義したものであり、各教科・各学年・各単元ごとのコンピテンシー段階のモデルはそれぞれの学校において開発される必要があるからである。図2-2と図2-3は、自然科学：化学領域の単元テストと評価シートである。

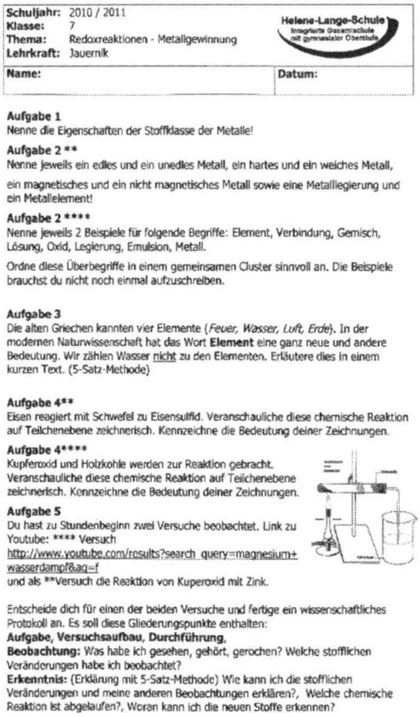

Schuljahr:	2010 / 2011
Klasse:	7
Thema:	Redoxreaktionen - Metallgewinnung
Lehrkraft:	Jauernik
Name:	**Datum:**

Helene-Lange-Schule
Integrierte Gesamtschule mit gymnasialer Oberstufe

Aufgabe 1
Nenne die Eigenschaften der Stoffklasse der Metalle!

Aufgabe 2 **
Nenne jeweils ein edles und ein unedles Metall, ein hartes und ein weiches Metall,

ein magnetisches und ein nicht magnetisches Metall sowie eine Metalllegierung und ein Metallelement!

Aufgabe 2 ****
Nenne jeweils 2 Beispiele für folgende Begriffe: Element, Verbindung, Gemisch, Lösung, Oxid, Legierung, Emulsion, Metall.

Ordne diese Überbegriffe in einem gemeinsamen Cluster sinnvoll an. Die Beispiele brauchst du nicht noch einmal aufzuschreiben.

Aufgabe 3
Die alten Griechen kannten vier Elemente (*Feuer, Wasser, Luft, Erde*). In der modernen Naturwissenschaft hat das Wort **Element** eine ganz neue und andere Bedeutung. Wir zählen Wasser nicht zu den Elementen. Erläutere dies in einem kurzen Text. (5-Satz-Methode)

Aufgabe 4**
Eisen reagiert mit Schwefel zu Eisensulfid. Veranschauliche diese chemische Reaktion auf Teilchenebene zeichnerisch. Kennzeichne die Bedeutung deiner Zeichnungen.

Aufgabe 4****
Kupferoxid und Holzkohle werden zur Reaktion gebracht. Veranschauliche diese chemische Reaktion auf Teilchenebene zeichnerisch. Kennzeichne die Bedeutung deiner Zeichnungen.

Aufgabe 5
Du hast zu Stundenbeginn zwei Versuche beobachtet. Link zu Youtube: **** Versuch
http://www.youtube.com/results?search_query=magnesium+wasserdampf&aq=f
und als **Versuch die Reaktion von Kuperoxid mit Zink.

Entscheide dich für einen der beiden Versuche und fertige ein wissenschaftliches Protokoll an. Es soll diese Gliederungspunkte enthalten:
Aufgabe, Versuchsaufbau, Durchführung,
Beobachtung: Was habe ich gesehen, gehört, gerochen? Welche stofflichen Veränderungen habe ich beobachtet?
Erkenntnis: (Erklärung mit 5-Satz-Methode) Wie kann ich die stofflichen Veränderungen und meine anderen Beobachtungen erklären?, Welche chemische Reaktion ist abgelaufen?, Woran kann ich die neuen Stoffe erkennen?

図2-2：化学の「単元テスト」

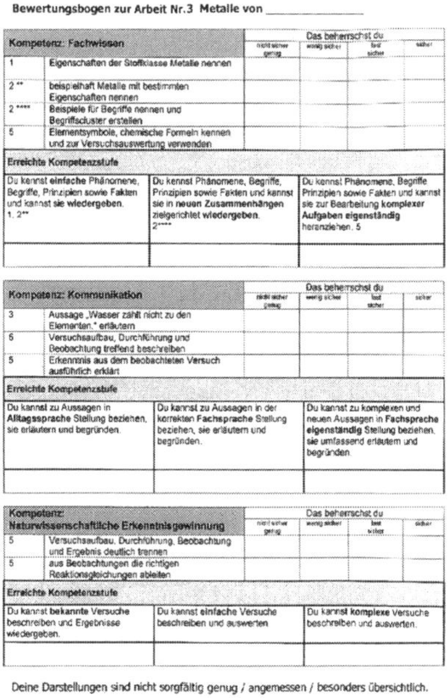

Bewertungsbogen zur Arbeit Nr.3 Metalle von ______________

Kompetenz: Fachwissen		Das beherrschst du: nicht sicher genug	wenig sicher	fast sicher	sicher
1	Eigenschaften der Stoffklasse Metalle nennen				
2 **	beispielhaft Metalle mit bestimmten Eigenschaften nennen				
2 ****	Beispiele für Begriffe nennen und Begriffscluster erstellen				
5	Elementsymbole, chemische Formeln kennen und zur Versuchsauswertung verwenden				

Erreichte Kompetenzstufe		
Du kennst **einfache** Phänomene, Begriffe, Prinzipien sowie Fakten und kannst **sie wiedergeben**. 1, 2**	Du kennst Phänomene, Begriffe, Prinzipien sowie Fakten und kannst sie in **neuen Zusammenhängen** zielgerichtet **wiedergeben**. 2****	Du kennst Phänomene, Begriffe Prinzipien sowie Fakten und kannst sie zur Bearbeitung **komplexer Aufgaben eigenständig** heranziehen. 5

Kompetenz: Kommunikation		Das beherrschst du: nicht sicher genug	wenig sicher	fast sicher	sicher
3	Aussage „Wasser zählt nicht zu den Elementen." erläutern				
5	Versuchsaufbau, Durchführung und Beobachtung treffend beschreiben				
5	Erkenntnis aus dem beobachteten Versuch ausführlich erklärt				

Erreichte Kompetenzstufe		
Du kannst zu Aussagen in **Alltagssprache** Stellung beziehen, sie erläutern und begründen.	Du kannst zu Aussagen in der korrekten **Fachsprache** Stellung beziehen, sie erläutern und begründen.	Du kannst zu komplexen und neuen Aussagen in **Fachsprache eigenständig** Stellung beziehen, sie umfassend erläutern und begründen.

Kompetenz: Naturwissenschaftliche Erkenntnisgewinnung		Das beherrschst du: nicht sicher genug	wenig sicher	fast sicher	sicher
5	Versuchsaufbau, Durchführung, Beobachtung und Ergebnis deutlich trennen				
5	aus Beobachtungen die richtigen Reaktionsgleichungen ableiten				

Erreichte Kompetenzstufe		
Du kannst **bekannte** Versuche beschreiben und Ergebnisse wiedergeben.	Du kannst **einfache** Versuche beschreiben und auswerten.	Du kannst **komplexe** Versuche beschreiben und auswerten.

Deine Darstellungen sind nicht sorgfältig genug / angemessen / besonders übersichtlich.

図2-3：化学の「評価シート」

同資料を提供してくれたヴォルフ（Dirk Wolf）教諭は、全学年の全ての単元テストの開発とそのための評価シートの作成、さらにはその実施を受けた改善のためのフィードバックにはかなりの労力を要したものの、学校カリキュラムの見直しとコンピテンシーを導入することによる教科内容の選択と配列の見直しを学校の教師集団で行うことには少なからぬ意義があることを語っている（2012年6月1日（金）に筆者が行った、ヴォルフ教諭の自宅でのインタビューによる）。

　コンピテンシー志向の授業づくりの例としては、ハンブルク中心地から南に位置する2つの就学前教育施設も併設する基礎学校・市区学校（Grund- und Stadtteilschule Maretstraße in Hamburg-Haburg）での、「週プラン（Wochenplan）」（生徒がそれぞれで一週間に取り組む課題を選択して学習を進める方法）を関連づけて開発された「コンピテンシー・ラスター（Kompetenz-Raster）」による授業づくりを挙げることができる。図2-4のように、それぞれの箱の中に単元毎に課題プリントが収められており、子どもたちは自分の学習進度・深度に応じて自分で課題プリントの学習に取り組んでいく。図2-5がコンピテンシー・ラスターであり、子どもたちはそれぞれの学習進度に合わせてこの表を埋めていくという、子どもそれぞれのコンピテンシー水準に合わせたコンピテンシー志向の授業づくりである。2016年5月30日（月）に筆者は同校を「健康教育」実践の調査を目的として訪問したのであるが、その時点では同校における移民背景のある子どもの割合は98％であり、母語をドイツ語としていない生徒の割合は約70％、約4分の1の生徒が教育環境の整っていない家庭か貧困の家庭から通っているとのことであった。

図2-4：第4-6学年の数学・ドイツ語のWochenplanの箱　　図2-5：第5学年数学のコンピテンシー・ラスター

ブレーメンの基礎学校（Grundschule an der Gete）では、数学の授業に特化しつつも、学校全体でコンピテンシー志向の評価表とポートフォリオの作成に取り組んだ実践を行ってきている。2016年3月8日（火）に同校を訪問した際に提供されたのが、図2-6のようなコンピテンシー評価表である。第三学年で学習する「長さ」の単元であり、習得されるべきコンピテンシーがA〜Iまで明示され、そのコンピテンシーを獲得するための具体的な学習材が指示され、教師による評価の前に、子どもによる「自己評価（So schätze ich mich ein）」をグラデーションで記入する欄が設けられている。同校の数学の授業では、新しいテーマに学級の全員で取り組む時間が週に2時間、教科書やワークに取り組む時間も週に2時間、自由学習（Freiarbeit）の時間が週に1時間設定され、おおむね5時間セットで一週間の数学の授業が構成されているとのことであった。子どもそれぞれのコンピテンシー水準に対応する学習材の開発、そのための同僚による授業参観も取り入れた校内研修・研究体制の構築、子どもの自己評価を取り入れつつ「評点（Noten）」はつけずにコンピテンシー段階をフィードバックするというポートフォリオを用いた評価方法の改革が、同校におけるコンピテンシー志向の授業づくりの特徴である。

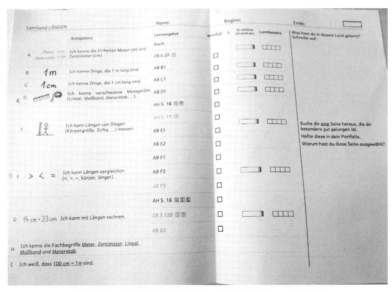

図2-6：基礎学校の数学のコンピテンシー評価表

こうした学校教育実践は一例に過ぎないが、子どもたちの既有知識や学習の前提となっている条件、あるいは子どもたちそれぞれの興味・関心と学習進度の診断に基づいて授業を構想し、授業における子どもたち一人ひとりに対する支援や追加的手立てをどれだけ構想・準備できるかが、ドイツにおける授業実践の課題として認識されている。しかしながら、子どもたち一人ひとりの学習進度・深度に対応した個別的支援を念頭に授業を構想すること＝授業における内的分化は、子どもたちが学校・学級において集団で学ぶことの意味を縮減させることにつながりかねない。さらに問われていることは、授業における個別的な学習成果と集団的な学習成果の「検証」であり、そのエビデンスを提供する実証的な授業研究のあり方と、そうした授業研究に対応した教授学理論の構想である。

　「エビデンス・ベース」の教育研究・教育政策といった場合にドイツでしばしば参照されるのが、ニュージーランドの教育学者ジョン・ハッティ（John Hattie）の『可視化された学習（Visible Learning）』である。同書は2014年にドイツ語で翻訳出版されたこともあり、ドイツ教授学においても大きなインパクトを与えてきている（原田・マイヤー2015参照）。わが国においても日本教育学会編集の『教育学研究』第82巻第2号において＜特集：教育研究にとってのエビデンス＞が取り上げられ、教育実践にとっての教育研究の提供するエビデンスとはどのような意味を持つのかが問われてきている（日本教育学会2015参照）。というのも、教育実践においては、「早寝・早起き・朝ご飯ができている子どもの学力テストの得点は高い」ことがエビデンスとともに示されたとしても、「早寝・早起き・朝ご飯に取り組むことが学力テストの得点の向上につながる」ことを保証するわけではないからである。

　エビデンス・ベースの教育研究が求められる背景の一端もPISA調査にあるともいえるが、日本の授業実践のレベルでいえば、「根拠」を持って「自分の考え」を言葉で表現する「言語活動の充実」の具体化が重要な課題として認識されてきた。さらに次期学習指導要領の作成・実施のプロセスの中ではさらに、次の点が授業実践の課題となると捉えることができるだろう。

・「目標－内容－方法－評価」の一体化のもとでの授業の計画・実施・評価
・単元レベルでのカリキュラム構想――発問と学習課題――
・授業における集団で学ぶことの意味と「アクティブ・ラーニング」

ここではあえて三点に分けて示したが、端的に言えば、「集団で学ぶことの意味を子どもたち自身が実感できるカリキュラム構想のもとでの授業づくり」が課題であると捉えられよう。具体的な学校教育実践とともに検討してみよう。

　「論理的思考力」の研究開発指定を受けている広島県立庄原格致高等学校は、2014年度からパフォーマンス課題とルーブリックの作成を研究テーマとしてカリキュラム・授業改革に取り組んできている。2015年度後期の公開研究授業となった保健体育科のフットサルの授業では、「フットサルの攻撃フォーメーションを各自で考え、チームのメンバーで共有し、ゲームで使ってゴールする。フォーメーションについては、チーム内で反省・改善を繰り返し、最終的には4～5人のメンバーが絡んだ1ゴールを目標とする。」という単元を通した課題が設定された。

　同授業を参観してまず気がついたことは、子どもたちがボールに群がらずにピッチを広く使ってプレーをしていることである。また、ローテーションでプレーを見守る子どもたちから大きな声が飛んでいるということである。それ以上に筆者の目を引いたのは、キックインからのプレーである。フットサルはスローインではなくキックでプレーを再開する。したがって、いつでもコーナーキックのようなチャンスをつくることもできる。ただし、ボールを静止させてキックするといったルールの他に、4秒以内にキックインしなければ相手ボールでの再開となるルールが設定されている。このルールは、サッカーとは異なる競技としてのフットサルにとっては重要なルールである。しかし、筆者が参観した授業場面では、なかなかキックインがされなかった。ゆうに10秒以上はたっている。よく見ていると、あるタイミングで、キックインのチームの一人がマークを振り切って中央に走り込んできた。キッカーはそのタイミングでようやくボールを蹴り入れたのである。シュートは惜しくも枠外となったが、フットサルの「ルール」を破ってまで重要視したいその学級における「ルール」があることに驚いたのである。サッカー経験者ではない生徒にとっては、シュートチャンスでボールを受けることはなかなか難しい。だからこそ、4秒ルールを破ってでも、チーム・学級全体がその生徒にシュートチャンスが与えられる「ルール」をつくって競技を実践しているのである。

　さらにルーブリックの改訂も授業過程に即して行われている。課題として与えられた「4～5人が絡んだ1ゴール」だけでなく、それを達成するため

に必要な作戦を守備にまで広げて、ルーブリックの改訂が行われた（図2-7参照）。この単元では、第1次終了後の生徒の感想に「評価について、攻撃面はもちろん、献身的な守備も見てほしいです。」という意見が出たことなどが丁寧に取り上げられ、第2次以降は自己評価表に「考察・考

	考察
	考える
	守備の評価
3	相手の作戦を予想して、ボールカットをすることができる。しようとしている。
2	献身的に守備に取り組んでいる。やろうとしている。
1	守備ができない。基本的な動きができない。

図2-7：追加された「守備」のルーブリック

える・守備の評価」が加えられた（吉田・松尾・佐藤2016、140頁参照）。

　こうした実践で問われていることは、「パフォーマンス課題」やルーブリックそのものの妥当性や有用性というよりも、学校カリキュラムとして「目標-内容-方法-評価」を一体的に捉えることができているかどうかである。すなわち同校の取り組みでいえば、同校が捉える「論理的思考力」の育成のために保健体育科の授業として何が問われているのかが明確となっているかどうか、である。さらに一授業時間に焦点を当てた場合には、子どもたちが取り組むべき学習課題とその意義が明確となっているのかどうかであり、とりわけその取り組みが学級や学習集団にとっての意義が明確となっているかどうか、である。同校のような教育実践の取り組みを行っていけば、「どうすれば高等学校においてアクティブ・ラーニングを実践できるのか」といった問いは学校カリキュラムを構想するための重要な課題としては認識されえないだろう。ただし、同校のような取り組みの意義を他の学校や学級にも広げていくためには、なんらかのエビデンスや意味のある授業論・カリキュラム論・学校論が示される必要がある。

　以上のことからいえるPISA後の授業理論と授業実践の課題は、集団で学ぶ子どもたち一人ひとりにとって学習効果のある授業を、学校カリキュラムの構想とともにどう具体化することができるかにあるといえる。こうした課題に応えるためには、教師教育や教員研修も視野に入れつつ、学際的な視点から教授学研究・授業理論のあり方を問うことが重要な営みとなる。

（吉田成章、ハンナ・キーパー、ヴォルフガング・ミーシュケ）

第3章

教授学モデルと授業理論の展開

■ 1　ドイツにおける教授学モデル ■

学校の創設と教授学

　公的な学校の設置と創設に伴って興隆してきたのが教授学的思考であった。家庭教師による教育の枠組みにおいて、自主的な学修のあり方によっても、個々の学習へと焦点が当てられるようになり、公が責任を持つ学校においては授業の中で意図的に引き起こされる教授-学習のあり方が重要視されることとなった。教授学的な思考に属するのは、ふさわしい目標の設定やレーアプランの設計（レーアプラン理論）、および授業の構成（授業の理論）に関わる考察である。学校制度の創設と細分化に伴って教授学もまた分化してきた。子どもと若者の学習年齢・発達年齢あるいは学校段階や学校形態の目標設定に応じて、初等段階（Primarstufe）・前期中等段階（SekundarstufeⅠ）・後期中等段階（SenkundarstufeⅡ）の教授学（さらにその後の成人教育における教授学や高等教育における教授学も同様に）が存在している。一般教授学と並んで、――教育大学（Pädagogische Hochschule）や大学および二つの専門教科の学修（ドイツにおける）での教員養成の創設という文脈において――成立したのが教科教授学（Fachdidaktik）である。教科内容の教授可能性と学習可能性を問うのが教科教授学である。教科教授学において議論とされるのは、教科における目標、世界に対する教科固有の見方、教科における諸概念、そして方法とその取り扱い方である。教科教授学は学校の教育過程に対して根拠のある重要な内容を示し、生徒がそれぞれの陶冶過程（Bildungsgang）において身につけるべき教科の知識と技能に対する要求水準を明確にしてきた。領域教授学（Bereichsdidaktik）（例えば、健康教育、交通安全教育）はディ

シプリンを超えた視点を有し、またこれらの領域が教科横断的にいかに構成されるのかに関わるヒントを提供してきた。

独立したディシプリンとしての教授学

　ヨーロッパ文化において教授・学習に関わる考察は比較的早期に見出されるのに対して、独立したディシプリンとして教授学が成立するのは17世紀であるとされる（von Martial 1996参照）。17世紀において試みられたことは、母語によって（もはやラテン語ではなく）授業を提供することであった。「富裕層や上流階級の子どもたちだけでなく」、「全ての都市、（中略）村、農場出身の貴族、非貴族、金持ち、貧しい人、少年、少女の全ての子どもたちが同じやり方で」（Comenius 1985, 55頁）就学を可能にするという考えを示したのはヨハン・アモス・コメニウス（Johann Amos Comenius）(1592-1670)であった。中心思想としての修道者教育がまだ長期に渡り支配的である一方で、科学と芸術教育により意義が見出されたのである（Comenius 1985, 59頁）。そこでは教材の配置や学習時間の構成、そして持続的な教授・学習の原則に関する思想が明確にされた。18世紀において学校創設者・レーアプラン開発者・教科書執筆者として活動し、多様な教材・学習材や教授法を提案したのは啓蒙主義者たちであった。

　ヨハン・フリードリッヒ・ヘルバルト（Johann Friedrich Herbart）(1776-1841) 以降、「一人の人間と世界の事物やシンボルとしての思想的対決を引き起こすのが授業であり」、授業は「芸術的な営みとして生徒を学習へと誘い、学習に生徒を留め、特定の学習目標へと至るために、（中略）学ぶ者の知的活動の過程を引き起こすもの」でなければならないとされてきた（Kron 1994, 73頁）。

　20世紀の幕開けとともに学習に対してこのように教授を関連づけるアプローチに覆い重なるように登場した考え方は、改革教育学的な方向性の枠組みにおける子どもや若者の発達を志向する考え方や、学ぶ者の興味の方向性に応じて知識と技能の体系的構築から距離をとろうとする考え方であった（Dolch 1965, 359頁参照）。それとともにより重要な位置を占めるようになったのは、「労働（Arbeit）」やプロジェクトにおける学び、問題解決的な思考であった（Oelkers 1989, 134-135頁参照）。

第二次世界大戦後、エーリッヒ・ヴェーニガー（Erich Weniger）(1894-1961)による『陶冶論としての教授学——陶冶内容（Bildungsinhalt）とレーアプランの理論——』(1952年)において、精神科学から見た教授-学習が論じられる。そこでは、レーアプランの課題は、陶冶目標を定め、教材やより良い陶冶内容の選択と集中を行うこととされた（Weniger 1963, 22頁）。ヴェーニガーによれば、レーアプランとは「まず第一に教師に向けて書かれたものであり、国家が教師に求める知的所有物を書き改めるもの」である（Weniger 1963, 62-63頁）。そこでは「精神世界（die geistige Welt)」が生き生きとしたものでなければならない(Weniger 1963, 70頁)。それにもかかわらず、教育学者によって支持されるべきは、教師の精神的な自由と教師自身の決定であった。

教授学モデル

　1950年代後半から教授学的思考を科学（Wissenschaft）として構成しようとする試みがなされるようになる。教育大学の創立と大学への統合は結果として、アカデミックレベルでの教員養成にたずさわる教授職や研究員（Mitarbeiter）職と関わって、一般教授学と教科教授学を創設するに至った。まず求められたのは、授業の構造化を支える教授学モデルの定式化による授業についての考察であった。ここで用いられるモデル概念によって示されたのは、「理論形成における非閉鎖性や開放性、視点性あるいは時代制約のある妥当性や暫定性」（von Martial 1996, 123頁）であった。それぞれのモデルはさまざまな機能を有しており、例えば授業の観察・記述・分析のためのカテゴリー、すなわち授業を認識するためのカテゴリーを提供するものや、授業のメンタルな予見、すなわち授業における決定場面や行為といった授業プランニングを可能にするものが挙げられる（Popp 1972, von Martial 1996参照）。統合的教授学を取り上げる前にまず、それぞれの教授学モデルを検討しておこう。

（1）陶冶理論的教授学（Die bildungstheoretische Didaktik）

　ヴォルフガング・クラフキー（Wolfgang Klafki）(1927年-)による陶冶理論的教授学（1958年）は精神科学的教育学の伝統において1950年代の終わりに定式化された。クラフキーが問うたことは、学校においてどの内容が教えられねばならないか、であった。クラフキーはこれを決定する責任は、国

家あるいは諸州における個々の学校経営が負うものではないと捉えた。彼が提起したことは、陶冶（Bildung）という主導的な方向性のもとで教師が選択決定を行うことであった。陶冶的教授（Bildender Unterricht）がねらいとするのは、文化財（Kulturgut）との出会いによって若者たちを原理志向的に思考し、価値（例えば、自由、平等、友愛、正義、民主主義）を志向して適切に行為するまごうことなき人格へと至らしめることであった（Kron 1994, 119参照）。そのための前提としてクラフキーが捉えたことは、「事物関連（Sachrerhalt）」や「内容」はそれ自体として陶冶的であるということではなく、精神的・歴史的時代状況を生きる学級の目の前の子どもや若者を視野に入れて教授対象の有する陶冶内実（Bildungsgehalt）を教師が開示することでなければならないということである。彼の著書『授業準備の核としての教授学的分析』（1958年）における根本思想は、教授対象の有する陶冶内実に関する考察を授業準備の重要な部分と捉えるところにある。教授学的分析を導く核心部は、補助的な問いと共に以下の五つの問いに集約される。

「1．この内容によって代表され開示されるのはどの程度の範囲のあるいはどの程度一般的な意味関連・事物関連であるのか？この内容との取り組みにおいて「範疇的に（exemplarisch）」捉えられるのは、どのような根源現象あるいは根本原理であるのか、またどのような法則・規準・問題とするのか、さらにどのような方法・技術・態度であるのか？（後略）
2．当該の内容あるいはこのテーマによって獲得されるべき経験・認識・能力・習熟は、学校の子どもの精神生活においてどのような意義を有しているか（後略）？（後略）
3．子どもの将来に対してそのテーマの意義はどこにあるのか？
4．（上の3つの問いによって教育学的視点へと引き込まれた）内容の構造はどのようになっているのか？（後略）
5．内容の構造が当該の学校段階あるいは学級の子どもたちにとって興味深く、問うに値し、アプローチ可能で、把握可能で、「直感的（anschaalich）」なものとなりうる特別なケース・現象・状況・試みとはどのようなものか？（後略）」（Klafki 1969, 15-17頁）。

クラフキーは明確に内容に強調点を置いている。彼にとって重要なことは、陶冶という主導的な方向性のもとで、文化と社会の有する精神的な内実へと若者を引き込むことであった。

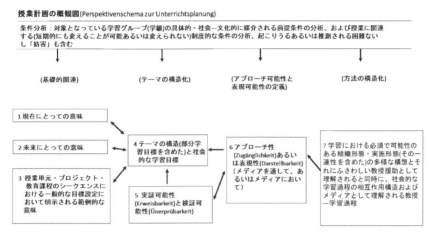

図3-1：クラフキーによる構造と経過計画モデル
（出典：Klafki 1987, 14頁）

（2）ベルリン教授学（Die Berliner Didaktik）

　陶冶概念への志向性に対峙したのが、1960年代のベルリン学派パウル・ハイマン（Paul Heimann）(1901-1967)、グンター・オットー（Gunther Otto）(1927-1999) そしてヴォルフガング・シュルツ（Wolfgang Schulz）(1929-1993)であった。ベルリン教授学は当時のベルリン教育大学での教員養成における組織改革（1962年）を背景に展開された。第3セメスターと第5セメスターの間の半年間の教育実習において、授業参観と授業分析、実習授業という学修によって理論と実践との統合が実現されねばならないとしたのである。そのために展開される教授学モデルは、学生の実習授業と授業分析を指導するという目的を有していた。したがって授業のモデルのねらいは、「範疇的な分析に基づいて授業を価値フリーに理論的に考察することを可能とすること」（Heimann 1968, 9頁）に置かれたのである。そのためこのモデルは授業において行為せねばならない教師の視点から構想された。そこでは条件の領

域 (Bedingungsfeld) と決定の領域 (Entscheidungsfeld) とが区別される。教師は行為がなされる諸条件（人間学的で社会・文化的な前提を含めた）を認識しておかなくてはならないためである。

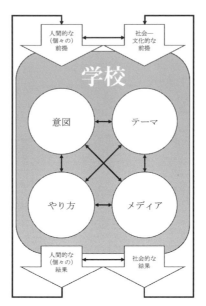

図3-2：授業の構造関連と授業計画のための構造モデル

（出典：Schulz 1970, 414頁, Kron 1994, 144頁参照）

　授業を簡略化して捉えた上記のモデルでは、本質的な構造要素が取り上げられている。すなわち、「教育学的な意図（見方）、その見方を伴う授業のテーマ（内容、対象）、意図やテーマを克服するための方法（やり方）、そして最後に、授業に関わる者によってその意図・対象・やり方を伝えるためのメディア（手段）」（Schulz 1968, 23頁）である。こうした構造要素を視野に決定がなされるのである。授業の意図は、認知的・感情的・実用主義的な次元において学習過程を活発にし、制御することへと向けられる（Schulz 1968, 27参照）。学習過程は、認知的取り組み・知識・体験の深度によって階段分けされている。

表3-1：授業の次元と質的段階

質的段階	認知的な次元	実用主義的な次元	感情的な次元
開拓	知識	能力	印象
発展	認識	習熟	体験
構成	確信	習慣	信念

（出典：Schulz 1968, 27頁参照）

　ベルリン教授学からハンブルク教授学（die Hamburger Didaktik）への発展によって、授業における意図とコミュニケーションがより明確に強調されることとなった。シュルツは授業を、理解する過程へと至る教授学的な行為領域と捉えた。そこではテーマの取り扱いと、教授-学習グループのメンバーの関係構成および個々人の発達との間のバランスをとることが可能となるとされた。授業においては事物との取り組み（事物経験）が引き起こされるとともにまた、社会的経験と感情的な経験もまた生み出される。シュルツは教授の基本形式（教育課程、ディスコース、プロジェクト）を挙げると共に、例えば「観察・質問・脱構築・構成・議論・調査、ロールプレイ・瞑想」（Schulz 1991, 76頁）といった重要な社会的形態も取り上げている。

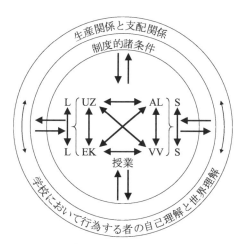

L ＝教師
S ＝授業の計画のパートナーとしての生徒
UZ ＝授業目標:意図とテーマ
AL ＝学ぶ者と教える者の出発点
VV ＝方法・メディア・学校組織上の支援といった媒介物
EK ＝結果の制御
　　生徒と教師による自己制御

図3-3：概略計画の例に沿ったそれらの内含関係における行為の瞬間の教授学計画
（出典：Schulz 1987, 32頁）

ベルリン教授学では授業における重要な要因が取り上げられたのに対して、ハンブルク教授学では新たに横断的な目標設定（解放、コンピテンシー、自律、連帯）が定式化され、人間心理学からの考察が授業の構成にとって重要なものとして引き合いに出されている（Schulz 1987参照）。

(3) コミュニケーション的教授学（Die kommunikative Didaktik）

　ライナー・ヴィンケル（Rainer Winkel）(1943年-)は自身の批判的-コミュニケーション的教授学を陶冶理論的モデルおよび教授-学習理論的モデルを補足・継承、修正するものとして捉えている。彼にとって重要なことは、「所与の現実性を批判的に省察するという目標をもったコミュニケーション過程としての学校における教授-学習の理論」である（Winkel 1987, 80頁）。彼は次の4つの観点のもとで授業の構造を分析する。すなわち、1．媒介の観点、2．内容の観点、3．関係の観点、4．妨害要因の観点、である（Winkel 1987, 80頁）。彼は次の10の主要な問いに自身の教授学的考察をまとめている。すなわちそれらの問いは、（1）授業の前提条件、（2）分析と計画としての教授学、（3）学習対象の現在・未来・範例的な意義、（4）授業妨害、（5）事物分析、（6）方法、（7）共同決定の可能性、（8）教授診断と学習診断、（9）関係・感情・身体性、（10）学校と社会との関係、にねらいを置いている。「関係の対称性（Symmetrie der Beziehung）」と関わって彼が問うていることは、生徒による「共同決定の可能性」である（Winkel 1986, 85頁）。ヴィンケルが強調することは、生徒が「授業の計画・構成・評価に」参加することの必要性であり、「教授-学習という現象の透明性を次第に共同決定し、最終的には自らの人生を自己決定する」ことを可能にすることの必要性である（Winkel 1986, 86頁）。授業はそもそも妨害されやすいものだということをヴィンケルは強調する。授業妨害（Unterrichtsstörung）が話題となるのは、「授業(つまり教授-学習)が妨害された時であり、学校-授業におけるコミュニケーション過程が中断・停止し、制御できなくなった時であり、授業が耐え難く非人間的で、意味を喪失し害的なものとなったときである」（Winkel 1986, 99頁）という。ヴィンケルがその著作『妨害された授業』の中で明確に示したことは、授業妨害は教師による解釈ではわざとらしい行為（manipulatives Gehabe）となり、生徒による解釈では管理への反発（Gegenherrschaft）とな

りうるということである。つまり教師と生徒がお互いに罪をなすりつける魔の循環（Teufelkreis）に陥ってしまうのである。ヴィンケルが主張するのは、生産的な解決を見出すためにはその授業から妨害が解釈されるべきだということである。その上で、授業妨害の理由（Warum）と目的（Wozu）が問われる必要があるとする（Winkel 1976, 30頁参照）。

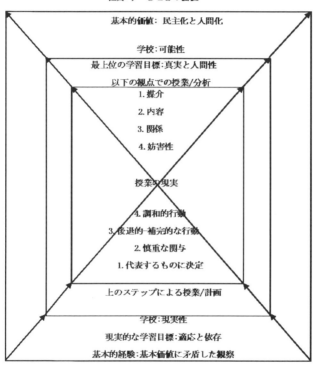

図3-4：コミュニケーション教授学の分析構想と計画構想

（出典：Winkel 1987, 84頁）

この図によってヴィンケルは、授業プランニングへの生徒による関与の可能性をテーマとする教授学を提示している。さらに彼は教師と生徒の経験、すなわち認識・明示・分析され、部分的には両者による共同によって処理され解決されている授業においてしばしば生じる妨害という経験を集めて取り上げて

いる。ここで注目されているのは「メタコミュニケーション」の必要性、つまり授業における相互作用過程に関するコミュニケーションの必要性である。

（4）学習目標志向の教授学あるいはカリキュラム的教授学
（Die lernzielorientierte oder curriculare Didaktik）

　学習目標志向の教授学あるいはカリキュラム的教授学においては、目標設定の明確さが求められている。このアプローチの代表者たち（例えばクリスティーネ・メラー（Christine Möller）（1934年-）やルドルフ・ケック（Rudolf Keck）（1935年-）あるいはフランツ・ショット（Franz Schott））は、学ぶ者がくぐりぬける学習過程・発達過程の全体を導き出すことにねらいを置いた授業単元（Unterrichtseinheit）を求めた。カリキュラムは、求められる行為ステップや学習統制を含めた学習目標および学習組織に言及するものでなくてはならないとされたのである。

　メラー（1986, 62-64頁）は、最初の活動ステップにおいては授業単元（学習すべきことの計画（Planung des Lern-Soll-Verhaltens））のための学習目標が計画され、第2ステップにおいては学習目標（学習すべきこと）に到達するための学習ストラテジー（Lernstrategie）が計画され、最終的には生徒たちによる学習目標へ到達しているかの検証や選択された学習ストラテジーおよび学習の検証に用いられる制御のあり方が構想されるとした。

　学習目標はしばしば、その抽象性・厳密性・一義性の程度、ないしはその一般性・教科関連性の程度に応じて区分されてきた。メラーは、一般的に求められる目標のイメージ（例えば学習指導要領の総則から導き出されるような）として、かなり抽象的に捉えられる方向目標（Richtziel）とオルターナティブな解釈を許容する大きな目標（Grobziel）、そして一授業時間の目標のように明確に示される小さな目標（Feinziel）を挙げている。その際、認知的学習目標（kognitive Lernziel）と情緒的学習目標（affective Lernziel）および心理動機的学習目標（psychomotorische Lernziel）とは区別されている。認知的学習目標は知識・思考・問題解決と関連し、心理動機的学習目標は動機的・操作的能力と関連し、情緒的学習目標は規範・価値・構え・興味に関連している（Meyer 1972, 80-82頁参照）。

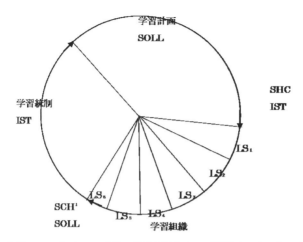

教師は最初の作業ステップにおいて生徒に学習目標を示し（学習すべきことの計画＝学習計画）、学習ステップの最善の配置によって学習をし（学習すべきことに到達しようとする企み＝学習組織）、SCHの生徒が学習の結果によってSCH'の生徒になったかどうかを制御する（計画された学習すべきことが実際の学習の現状に見合っているかの確認＝学習制御）。

　略記号：SCH＝学習過程の出発点の生徒
　　　　　SCH'＝学習過程の終着点の生徒
　　　　　LS　＝学習ステップ

図3-5：授業過程の図式化
（出典：Möller 1969, 20頁参照）

　学習目標のタキソノミーを描いた枠組みによって、学習目標が体系的に分類された。さまざまな研究グループの成果（Bloom. Engelhart, Furst, Hill, Krathwohl 1992参照）が示したことは、学習目標に求められる水準は多様にありうるということであった。認知の領域では、学習目標は、取り上げられる行動の複雑性の程度に応じて段階分けされた。ここで区別されたのは、1.知識と認識、2.理解、3.応用、4.分析、5.総合、6.評価と判断、である。情緒的学習目標では内面化（Internalisierung）（内化（Verinnerlichung））の程度に応じて区別された。すなわち、1.受容（Aufnehmen）と注意（Beachten）、2.反応と応答、3.価値、4.価値ヒエラルキーの構築と組織化、5.価値や価値の複合体による行動の特徴づけ、が区別された。心理動機的学習目標では心理動機的行

動の際の調整（Koordination）の程度が視野に入れられた。ここでは、1.模倣（不完全な行為の模倣）、2.操作（Manipulation）（細分化された行為の模倣）、3.明確化（管理され変わりうる行為の実行）、4.構造化（行為の実行の調和）、5.自動化（Naturalisierung）（機械的に統制された行為の習熟）、という段階が想定されている（Keck 1975, 102頁, 108頁参照）。教授目標と学習目標の定式化を支持する者が主張したのは、このようにして授業における目標の明瞭性が増し、学習過程の分析と計画を構造化する示唆が得られ、学習成果が把握可能となり、さらにこのことによって生徒の学習成果が向上し、その確認が継続的に保証されるとしたのである。授業成果が評価されるとともに、求められるより高次の目標設定に基づいて改善されうるということであった。タキソノミーは学習目標の発見と学習水準の確定のための「発見的-構成的援助」（Keck 1975, 115頁）と捉えられた。さらに教授学における学習目標志向的なアプローチは、授業の目標を取り上げることだけでなく、それらの操作方法を明確に形式化することによって、生徒たちが示す行動や行為に基づいてその目標に到達しえたかを示しうることをも求めたのである。授業の経過は、素材の論理的な区別とその適切な構造化、さらに課題に対する適当な習得活動の提起によって生起するとされた。

（5）心理学的教授学（Die Psychologische Didaktik）

　生徒の学習行為とその際求められる認知的活動を導くためには、授業における目標の明瞭性と教科に即した構造化は心理学者による見解から見出すだけでは十分とはいえない。ハンス・エブリ（Hans Aebli）（1923-1990年）は『心理学的教授学』（1963年）において教授学の伝統に精緻に取り組み、授業についてのさまざまな言及が学習に関わる十分な考察には基づいていないことを提示した。エブリは思考の発達に向かう授業、例えば子どもの探究・研究過程を導く課題の設定による授業のあり方、あるいは問題解決志向の活動のあり方、継続的な内化過程の構成、そして「操作による練習」（Aebli 1963, 110頁）を追究してきた。エブリは専門的な事物関連を手にするために求められる認知的操作を視野に入れ、自身の教授学的考察を基礎づけてきた。したがって彼の関心は、生徒の学習行為を教師がいかに呼び起こしうるのかだけに向けられていたのではない。彼は内容の専門的構造の分析の下で、生徒たちが知っておくべき知識領域を示そうとしたのである。さらに、生徒が自らを内容へ

と開示するためには、どのような学習行為が必要となるのかを教師自身が検討しなければならない。エブリは知識を習得するために欠かせない個々の認知的活動を問い、概念形成過程を経た知識の獲得に関する考察や行為、特に知的行為（操作）に関する考察、さらに問題解決に関する考察を明示している。

　心理学者のヴァイネルト（1930-2001）もまた、学校においては長期的かつ、複雑で、教授学的には統制された事象としての学習が問われることを指摘した（Weinert 1974, 660頁）。授業の理論は、個人における学習の前提となる経験を確定せねばならない。したがって授業の理論はより広い知識領域がいかに構造化されるかを明確にし、最も効果的に知識材が学習され、かつ学習を裏づける方法と条件が明確となる個々のステップを定義するものでなければならないであろう。ヴァイネルトが強調することは、学習という複雑な形態（例えば、概念形成や問題解決）に取り組むことの必要性であり、情報の記録・処理・適用という能動的なやり方でなされる学ぶ者による認知構造の構築と解体に取り組むことの必要性である（Weinert 1974, 661頁）。ヴァイネルトは教授学と学習心理学との間の複雑な相互関係を指摘している。彼は、「教授とはある見方をすれば常に学習されるべき対象の構造と学ぶ者や学習の構造との間を媒介しようとするものとして描かれる」（Weinert 1974, 800頁）とする。制度的な条件下にある教授・学習を彼は、特定の内容に関心を持ち、その学習が支援される個人による個別的な学習からは区別している。確固とした知識状況が獲得されねばならない学級における教授・学習はより複雑である。というのも、知識領域は教科に即して構造化されねばならず、この教科に即した構造化を経て知識の習得へと至る効果的な学習の方法が考慮されねばならないからである。学習に関する心理学的な知識（例えばモデルに即した学習や強化による学習）は、学校における学習にとって実りあるものとならなければならない。ヴァイネルトは求められる学習の形態（概念形成過程や問題解決）を指摘した。彼は授業改善のためのモデルを構想している。望ましい授業のための前提は、学習目標の厳密な記述と個々人の学習前提の考慮、そして授業方法から引き起こされる学習成果の評価だという。授業の計画・実施提案された八つのステップ（学習目標の提示──個々人の学習前提の特定──実際の学習過程開始前の学習前提の均一化──学習課題の分析──学ぶ者の動機づけ──適切な指導による学習の統制と支援──学習目標志向のテストによる学習成果の把握──学習時間の追加余

地——学習目標に到達しなかった際の補足的な学習援助）においてヴァイネルトが強調することは、外的な学習条件と援助は求められる学習過程の性質に応じて区別されなければならないということである（Weinert 1974, 812頁）。

　ヴァイネルトにとって生徒の（個々の）学習前提の診断（Diagnose）と並んで重要なことは、学習課題の分析と生徒の動機づけであった。学習目標に対する教師の取り組みは、自身の授業の見方を明確にする助けとなる。学習目標のタキソノミーは、可能となる学習目標の開示・体系化・階層化の助けとなる。教師は学習内容とそこに潜在的にひそむ陶冶作用に取り組まなければならない。学習内容は、基礎カリキュラム（Basiscurricula）と分化カリキュラム（Differenzierungscurricula）においては区別される必要がある。ヴァイネルトはまず生徒の学習前提（知能・課題にとって重要な既有知識と能力・授業内容と授業様式に対する好み）を診断によって把握し、実際の授業が始まる前の生徒の学習前提における個人間の差異を個別化（Individualisierung）することによる追加の教授と対応によって解体しようとした。そのために彼が重視したことは、学習課題の分析であった。学習課題は内容に即して把握され、そこに含まれる学習目標の構成要素に関わって細分化して規定される必要があり、知識・能力および課題の解決に至る典型的な学習過程が記述される必要がある。個々の学習過程は生徒の動機づけとともに支援されねばならない。すなわち学習条件と援助は個々の学習過程に合わせる必要があることを意味している。個々人の学習ステップを継続的かつできるだけインフォーマルに検証することによって学習成果を診断する意義をヴァイネルトは強調する。困難さのある生徒たちのためには、補足的な授業や追加的な学習支援が提供されねばならない。指導を最適化するための手段として彼が取り上げるのが、学習課題に対する学ぶ者の構え（先行オーガナイザー（advance organizer））、受容的な学習と発見的な学習との結合、課題に関わる活動の維持と援助、意味の発見、練習と学習成果に対する刻々のフィードバック、である。

　エブリとヴァイネルトによる提案によって、学習指導の心理学（Instruktionspsychologie）と認知心理学（kognitive Psychologie）の知見が教授学的思考に開かれたといえよう。

　　　　　　　　　　　　　　（ハンナ・キーパー、ヴォルフガング・ミーシュケ）

■ 2 日本における授業研究の展開:「日本版教授学モデル」として ■

ドイツにおける「教授学モデル」と比して日本の教授学研究に目を向けた場合に着目されるのは、1962年から1985年にかけて展開された「五大学共同授業研究」である。そこでは、五つの大学（北海道大学、東京大学、名古屋大学、神戸大学、広島大学）が拠点となる学校との共同研究を通して、独自の授業の分析方法を開発・展開するとともに、その後のわが国における「授業」観の形成に対して研究・実践報告や「運動」を通して大きなインパクトを与えてきた。本節では、この「五大学共同授業研究」において展開された大学と学校との共同研究としての授業研究の運動論的インパクトを整理し、それぞれのグループにおいてどのような授業分析や授業づくりがなされてきたのかを端的に指摘し、そこで醸成されてきた「授業」観を明確にする。その上で、授業のどこに着目し、授業にどのように向き合ってきたのかを「日本版教授学モデル」として描き出すことを試み、その統合的な視点を日本における授業研究において蓄積されてきたキーワードとともに整理してみたい。

北海道大学

　砂沢喜代次を筆頭とする北海道大学グループ（他に阿部文男、小田切正、鈴木秀一）が授業研究に取り組む上で重視していたのは、研究者と実践者が「手をつなぐ」ことであった。それは砂沢によれば、「理論は実践によって吟味検証され、また実践をきびしく批判する。実践は理論によって吟味是正され、また理論をきびしく批判する。実践の一般化と理論の具体化とが、それぞれの主体性を堅持する方向で、同時に進められていく」（砂沢1959、11-12頁）関係を結ぶことであった。

　北海道常呂小学校との授業研究は、まさにそうした関係の共同研究であった。研究主題は、「各教科の指導における子どもの認識過程について」であり、そこでは、子どもの生活経験を背景とする思考と、教材が持つ科学性や法則性との矛盾を解消することが目指された。こうした研究会は、1958年10月〜1959年7月までに全体集会3回、部分集会5回が開催され、1959年8月には12日間にわたる合宿集会がもたれ、そこでの討論、特設授業、執筆の連続の成

果が『学習過程の実践的研究』(1959年、明治図書)として刊行されている。

　北海道大学グループの授業研究は、教授・学習過程(教師と子ども、教師と教材、教材と子ども)との矛盾関係の解消を目指すこと(砂沢1962、181-182頁参照)、教材の質の研究と教材構成に関する実証的データ化、子どもの思考をのばす要因を分析するための教材研究と学習過程研究の結合(砂沢1962、224-225頁参照)、の三点であった。

　そのため授業分析には大きく二つの視点が設けられた。一つには、授業の全体像をとらえるために授業を三過程、三側面、三段階から捉えることである。すなわち、①授業における三過程(教授過程、学習過程、認識過程)、②子どもの学習過程を支える三側面(心理的側面、論理的側面、社会的側面)、③授業における認識過程の三段階(つまずきや間違いを含む「認識」段階、妥当な考えが自分自身のものとして身につく「技術的認識」段階、こうできる・こうやれるという子どもなりの「技術的実践」の段階)である。これら「授業の条件分析の全体的な方式」が明らかにされなければならないとした(砂沢1959、42頁参照)。もう一つには、「授業のなかでの思考の深まり」を明らかにするために、授業過程(教材の機能と性質)と認識過程(教授＝学習活動やコミュニケーションの認識的機能の全体的連関)を統一的に研究することである(砂沢1962、196-197頁参照)。

　そうした視点のもとに、実際の授業分析は、①必要な資料の収集、②授業の観察と記録、③「発言関連表」と「授業のプロフィール」の作成、④授業におけるコミュニケーション類型の分析と教師の発問や子どもの発言の分類とその量的分析、⑤授業研究の中心課題に照らした考察、という方法で行われた(砂沢1962、202-224頁参照)。

　北海道大学グループにおいて、授業とは教材を通した教科の科学性や法則性を子ども一人ひとりが認識する過程であると同時に、それが「集団思考」を通して集団的に取り組まれる過程であり、そうした科学性や法則性によって子どもたちの「思考」を変え自己変革を促していく過程としてとらえられている。

　砂沢が著作のなかで東井義雄の「教科の論理」と「生活の論理」を何度も参照するように、こうした授業研究の前提には、授業とはもともと矛盾的な構造(教師と子ども、教師と教材、教材と子ども)を有しているという見方が

ある（砂沢1959、18-24頁参照）。その諸矛盾にどのように向き合い、子どもをどのように教育するか、という判断は極めて価値的な領域であり、その価値判断は授業において子どもの認識過程と集団過程を組織するあり方に表れる。砂沢はその価値判断に教師の指導性における主体性を求める（砂沢1962、188-189頁参照）。

　他方で、そうした教師の価値判断をも規定しているのは教材そのものの教育的価値である。そのため、北海道大学グループの授業研究は、教材の質量や構成といった教育内容編成研究へと接続し、教授・学習過程の矛盾を解消する教材論へと向かう（鈴木1975、222-223頁参照）。そうした研究成果は、より良い「授業案」の構想と実践の研究として行われた。さらに1966年に着任した高村泰雄は、学生時代から交流のある板倉聖宣が主宰する仮説実験授業研究会（略称：仮実研）において行われていたカリキュラム改造をめざす「授業書」方式の授業研究を導入し、特に数学や理科の分野で成果を上げていくことになる（鈴木2015、8頁参照）。

東京大学

　東京大学では、全国授業研究協議会の会長を務めていた細谷俊夫のグループ、生活指導に軸足をおきながら東京教育大学の岩浅農也とともに研究を行った宮坂哲文、心理学から授業理論の探究をおこなった吉田章宏のグループなど、いくつかのグループや研究者が授業研究を行っていた。ここでは、柴田義松や斎藤喜博が主導した「教授学研究の会」による授業研究を取りあげる。

　「教授学研究の会」とは、第二次大戦前に結成され、戦後、憲法・教育基本法の理念を実現するべく、実践・研究運動を進める教育科学研究会の一つの部会として1965年に設立された教授学部会を前身としている。そして1973年に教育科学研究会から独立するかたちで、新たに発足された民間教育団体である（稲垣1974、380-384頁参照）。柴田を含め「教授学研究の会」は、その世話人であった斎藤喜博が校長を勤めていた群馬県の島小学校や境小学校を授業研究の拠点とした。柴田は、この「教授学研究の会」などの民間教育団体によって、心理学者、教育学者、科学、芸術の専門家、教師等の集団的共同研究の中で授業研究が行われることについて、1960年代当時ブームとなっ

ていた授業研究に対して、次の二つの大きな意義が存在しているという。

　一つは、「教科の体系をつくり出すこと、つまり科学の基本的諸概念を教授する体系をつくり出すこと」（柴田2010a、8頁）である。当時の授業研究が「何を教えるか」を科学的に基礎づけることなしに、「どう教えるか」に注力していたことに批判的視座が置かれたのである。教育内容の現代化の世界的動向の中で、わが国の授業方法への傾斜の状況に対するために、教科の基礎となる諸科学の学者の協力を得ながら、子どもにどのような知識が必要かを考えることによって、単なる科学の体系とは異なる科学の基本的諸概念を教授する体系が必要であるとした。「教科内容の現代化」として、このような科学と教育の結合のし方が探究される中で、民間の教育研究所諸団体は、様々な教材・教具を開発していった。数学教育における「水道方式」や量概念の形成を中核とした教科書や世界的にも普及した「タイル」、あるいは国語教育における『にっぽんご』の教科書などがその代表である。

　もう一つは、「授業研究そのものを科学的なものにすることである」（柴田2010a、8頁）。授業とは、様々な要素や側面が複雑に絡み合っている。それらの要素を究明し、その相互関係を取り扱うという分析的な研究を経ることなしには、授業の科学的な研究とは言えない。そのような授業研究はあくまで、経験的、感覚的に授業を改善するにとどまる。授業研究を科学化するためにはまず、授業が綿密な計画の下で進められる必要がある。そして、そのような指導案の下で実施された授業について、その目標、内容、方法といった授業を規定する基本的要因を分析することで、実際の授業の中で諸要因がどのように機能したのか、指導案からいかに変化したのかが明らかにされる必要がある。柴田は、このような授業分析・検討を行う授業研究の一連を「教授学的実験」と称し、「実践的には典型的授業の創造を目ざし、理論的にはそのような授業が成立するための基本的条件や授業の法則性を明らかにする」（柴田2010b、70頁）ことを目指した。とりわけ「教授学研究の会」においては、斉藤喜博の提案に拠りながら「展開のある授業」を典型的な授業のキーワードとして、その中での授業のやま場をつくり方や、生徒の学ぶ欲求を引き起こす生きた学習課題のあり方を、教師の技術として探究した。

　以上から、「教授学研究の会」の授業観とは、科学と教育を結合という「教科内容の現代化」のもとで、「展開のある授業」といったよい授業を創りだ

す技術を解明するための過程である。

名古屋大学

　名古屋大学では、教育社会学研究室および教育方法学研究室が設立されて以来、その中心的な研究者が、学校との共同研究体制を築き、精力的に授業研究を行っていった。

　教育社会学研究室の先導的研究者は、木原健太郎である。教育社会学研究室は、新川小学校などと共同研究を行い、数年間にわたる地域・保護者への意識調査も含めた、授業研究の「社会学的アプローチ」を展開させた（木原1964 参照）。

　一方、教育方法学研究室は、重松鷹泰と上田薫を中心に、長年にわたり多くの学校に携わり、彼らは、授業の逐語記録(以下、授業記録とする)を基に、理論的な教育研究者と現場の教師とが具体的な授業の事実を媒介として、協働的な研究をおこなう「授業分析」という方法を提案した（重松1961参照）。なかでも、彼らがそれぞれ20年以上に亘って共同研究を行った堀川小学校・安東小学校の授業は全国から注目され、研究者・実践者に影響を与えた。

　教育社会学研究室では、旧来の教育学が観念と技術とを遊離させてきたことを批判し、客観的な事実にもとづいた実証的研究が目指されてきた（木原1958、1-6頁参照）。まず彼らは、その学校・地域ごとに、目指される教育上の<価値><目標>を明確にするため、地域・保護者・子どもたちの意識調査を行うことによって、授業でその<価値><目標>がどれほど達成されたかを明らかにする「教育診断」の在り方を提案した（木原 1958、12-17頁参照）。そして彼らは、その<価値><目標>への教師のアプローチを、授業の中での様々な人間関係に則して多角的・構造的に把握する「授業のコミュニケーション分析」を行っている（木原1958、108-110頁参照）。ここでは、生活や学習の様子から子どもの特性やソシオグラムが把握され、授業においてもビデオやアナライザーを設置することによって個々の子どもの観察が行われた。

　教育方法学研究室では、どの子が発言したのかが識別できる固有名詞入りの授業記録を用いて、研究者、授業者、実践者たちによる授業分析が行われた。子どもの思考や判断には、様々な要素や経験が影響を与えており、その思考を規定する基盤を総括して彼らは「思考体制」と呼ぶ。彼らは、教育の

根源的な機能は、子どもの思考の基盤すなわち「思考体制」をさせることにあるとし（重松ら1963、29頁）、授業分析では、授業を分節わけするなど構造的に把握するとともに、子どもたち一人ひとりの思考の根底にある「思考体制」の動きを解明することが目指されていった。さらに、子どもたちの中から「注目して観察する対象」あるいは「よく知った手がかり」として「抽出児」が設定され、授業とその分析・改善の視点となっていった。また、教師がその授業を構想するなかで把握してきたそれぞれの子どもの特徴は、参観者、授業分析者にも「座席表」「カルテ」として共有された。

名古屋大学では、教社会学研究室・教方法学研究室ともに客観的な事実に基づいた授業分析が行われた。教師の意図と反する子どもの反応についても検討され、個々の子どもに着目することで学級全体が授業をどう受けているかが分析されたのである。

木原らは、そこで求められる<価値><目標>を基にしながらも、教師の設定した目標や学級の人間関係によって子どもの思考が固定されないよう、その影響に注目して分析を行い、子どもたちが自由に考えを深められるような教師の手立てを見出そうとしてきた。また、教育方法学研究室では、「子どもたちが事実に正対して問題をもち、それを追及して行動し、その過程で感じとったもの、気づいたもの、考えたこと、想像したことなどにもとづいて話しあったり、書いたり、作ったり、描いたりして、より深く、より豊かに自己を表現し、それを理解し合っていく」という授業が常に求められてきた（日比1985、8頁参照）。授業の中での子どもたちの学習が表面上に留まらず、思考や判断の基盤としての「思考体制」に組み込まれていけるような深い学びが目指され、問題解決学習が提案されてきた。こうした授業の中で、教師は、子ども一人ひとりの特徴を生かしながら、教科の本質・問題を子どもたちが追究していけるよう手立てを打っている。

研究者との共同研究をとおして、教師たち自身の子ども・教材の研究の技術と授業観が確立されていき、子どもたちが生活のなかの問題を主体的に追究することを中心に、授業が進められていった。

神戸大学

神戸大学では、小川太郎と杉山明男が中心となって、菅野小学校など主に

被差別部落を抱えた学校と共同した授業研究が行われた。被差別部落の多くは、貧困やインフラの未整備など種々の社会的課題を抱えており、それが子どもの低学力へとつながり貧困が再生産されていた。この状況に抗するため、授業の中で社会的課題を顕在化させ、それに取り組むことで、子どもたちの低学力の問題を克服しようとした。つまり、授業研究をまさに社会批判の運動として展開しようとした。

小川が部落差別に立ち向かったのは、「国民教育」という自身の思想からであった。彼は「人間に差別をつくる階級的な教育に反対し、貧富にかかわらずすべての子どもが、その人間的な能力を最大限に発達させられることを求める教育」を「国民教育」と称し、その実現を目指した（小川1980b、46頁）。「同和教育はまさに国民教育そのものなのである」（小川1980b、47頁）と強調されるように、国民教育を実現する上で避けることのできない重要な課題が、部落差別という階級的な差別とその被害者である部落の子どもの存在であった。

同和教育の理論と実践が探究される中で、「子どもの学習意欲と学力が、教師の教授技術への改善や子どもの努力への期待をこえて、生活そのものによって規定されているという事実」（小川980b、104頁）が発見された。そのため、同和教育に取り組む授業研究においても、生活と教育の結合のあり方が問題となり、生活綴方的教育方法が用いられていた。すなわち、子どもたちは、自身の生活を綴ることで、自身の生活を認識し生活に働きかけるという活動に向かうのであり、さらに、その活動を通して人間的な連帯が形成されていく。

同和教育に取り組む授業研究は、教育方法から教育内容への取り組みに向かっていく。つまり、「学力と能力の構造発達のために、もっと根本的な意味を担うのが教育内容の問題である」（小川1980a、209頁）と認識されるようになり、教育内容の独自編成が行われた。この取り組みは、国民が教育課程の編成主体になるという国民教育の思想に裏打ちされ、文学読本『はぐるま』（1972年）などに結実していく。『はぐるま』には、人間の権利と尊厳を奪う差別に抗するため、「社会に対する科学的な認識とならんで、人間そのものに対する正しい認識を身につけ、『人間の尊厳に対する自覚』という『土台』をゆたかに構築する」（文学読本『はぐるま』編集委員会1982、6頁）ことに向け、底辺の視線から書かれた文学が収載された。すなわち、文学とは「人間とはなにか」を探究するものであり、文学を通して「人間」への科学的認識を高

めることが、差別を許さぬ人間の形成だと考えられた。

『はぐるま』を用いた授業では、「部落の子どもをはじめ、もっともしいたげられた子どもたちとその親たちの教育要求・生活要求を軸としながら、子どもたち全員がたがいに協力し援助し合いながら可能性を最大限に伸ばすことのできる教室」（文学読本『はぐるま』編集委員会1982、6頁）が目指された。そこで重視されたのが、教材研究である。目の前の子どもにとっての教材の意味を研究すること以上に、とりわけ、『はぐるま』を用いる教師自身がそれを通して「人間について、人間の尊厳について、人権について学習する」（杉山1984、52頁）ことが期待された。杉山らの授業研究においても、教師が『はぐるま』に感動するため、この教材研究の段階に深く関与し、その認識を高めることが目指された。

その授業過程においては、文学にせまっていくための三つのよみの段階が設定された（杉山1984、161-235頁参照）。第一次のよみは、子どもたちの生活経験が多彩に盛り込まれた初読の感想を書く、という導入的なよみである。授業分析においては、この感想文を分類するなどして、差別の矛盾や不合理になっている、ないしは、なってきた子どもの感想文が取り上げられる。第二次のよみは、書かれている「ことがら」を、子どもの中に正しく認識させていく形象のよみである。ここでは発問や集団思考を経て、すべての子どもが文学への科学的認識を深めていくために、発言の回数や発言の相関図などを用いて、授業を通しての質と量の高まりが分析される。第三次のよみでは、教材の本質的で最も難しいところにせまっていこうとする。このまとめのよみでは、教材研究に基づきながら文学の登場人物の抑圧の構造への科学的認識へと収斂していく。

以上のように、神戸大学は被差別部落を抱えた学校と共同しながら、『はるぐま』を用いた授業研究を行った。授業で目指されていたのは、生徒個人の生活への着目によって呼び込まれた集団を介して、底辺の子どもが文学への科学的認識を高めることである。

広島大学

広島大学グループは、特に授業における集団過程に着目して授業研究を行った。しかし、そこには、一つに末吉悌二・片岡徳雄を中心とする教育社

会学研究室における授業研究と、もう一つに佐藤正夫と吉本均を中心とする広島大学教育方法学研究室における授業研究という二つの流れが存在した。

　教育社会学研究室は、米国のグループ・ダイナミクス研究を背景に、一斉授業において学習に参加する者としない者が出るという授業における子どもの学習参加の偏りに問題意識を置き、授業において小集団を用いた協同的な学習を徹底していた広島県・加茂川中学校との共同研究を行った（末吉・信川1965、122-125頁参照）。他方、旧東ドイツ教授学の「陶冶と訓育の統一」という思想的基盤を持つ教育方法学研究室は、地域として同和教育の伝統を持ち、子どもたちの学習権を全員に保障する「集団の教育」をテーマとする広島県庄原市・山内中学校学校や比婆郡・森小学校との授業研究を行った（深澤・黒谷2003、26-27頁および吉本ら1966、3-4頁参照）。

　教育社会学研究室における授業研究の中心課題は、授業におけるコミュニケーションのあり方を解明することであった。授業分析の視点には、教師と生徒の発言量とその種類に視点が置かれた。授業研究の方法としては、テープレコーダーによる授業の記録がなされ、文字化された授業記録が作成された。それをもとに、授業のコミュニケーション過程の分析と類型化がなされる他、複数の授業を対象に実験的な取り組みを行うなかで、生徒の発言回数や小集団における相互作用指数の変化、小集団学習の効果性などが調査された（末吉・信川1965、218-227頁および322-330頁参照）。

　他方、教育方法学研究室は、授業研究によって授業づくりと集団づくりを統一的に進める「学習集団づくり」を中心課題に設定した（深澤・黒谷2003、26-27頁参照）。授業の分析に際しては、全員の子どもが自由に発言して授業に参加できているか、そうした子どもたちの参加が教科教材の真理・真実に開かれているか、子どもたちが授業に主体的に参加しているかに視点が置かれた（吉本ら1966、244248頁参照）。授業の分析に際しては、授業はテープレコーダーで録音され、逐語記録が作成された。その逐語記録は、教師と生徒の相互作用を分析できるように教師の教授行為（T）と子どもの学習行為（C）とを分けて作成された（T-C記録）。その逐語記録に基づいて、教師の指示・説明・発問・評価といった教授行為と、子どもの発言や学習活動の様子などの学習行為との相互作用のあり方が中心的な分析の対象とされ、のちに「教材研究」「発問構成」「集団思考」「学習規律」という観点で分析されるよう

になっていく。

　教育社会学研究室がこのような授業研究の方法を採ることには、授業は教師の一方的な教授活動としてあるのではなくて、子どもの自由で主体的な学習としてなければならない、という授業観が反映されている（末吉・信川1965、218頁参照）。それは、一斉授業における競争的人間関係を否定し「自主協同学習」の授業を唱えた教育社会学研究室が、授業を学習＝指導過程と表現することにも表れている。

　また教育方法学研究室の授業研究が教師と子どもの相互作用を分析することには、学習集団「づくり」との関係において、授業とは教科内容の真理・真実を学習する場ではあるけれども、そもそも授業の質を規定しているのは、授業に臨む「学習集団」がどれほど民主的で自治的で共同的かにかかっているという授業観が表れている（吉本ら1966、35-36頁参照）。そうした授業研究において、教師と子どもの相互作用やそこに示される学習集団の性質の分析から、いかに「応答し合う関係」を学級につくり出し、授業において子どもたちが「主体として立ち上がる」ための筋道が検討されるのである（吉本1979、5頁参照）。こうした研究関心は、子どもたちを学習主体へと育てるという共通認識のもとで、教授学キーワードの創出、子どもたちに「呼びかける」ための「一枚の指導案」の構想や、あるいは人間学的な子ども理解に支えられた集団指導といったその後の学習集団の授業づくりの展開へと結実していく。

　「五大学共同授業研究」で展開された授業分析や授業づくり、あるいは授業をめぐる大学の研究者と学校の実践者との間の授業を巡る議論や取り組みは、同和教育を背景とした社会批判にもつながる教育・授業のあり方、あるいは科学性を思考する教育学研究の動向、さらには授業を捉える視点・キーワード・教材の開発・解明などにつながってきた。この取り組みの成果については、より具体的な史・資料にもとづく詳細な検討を加えたいところであるが、ここでは「日本版教授学モデル」という意味での五大学共同授業研究の意義を指摘するにとどめたい。すなわちその意義とは、五大学共同授業研究において開発・実践された授業の分析やその解釈の方法論は、授業における「認識過程」と「集団過程」との関係、教育と科学との結合の原理と教育

と生活との結合の原理との関係、授業における個への着目と集団指導との関係という、今日にも通底する授業づくり・授業研究の視点を明確にしたことにあるといえるだろう。授業における「認識過程──集団過程」・「教育と科学との結合──教育と生活との結合」・「個と集団との関係」という視点が、「五大学共同授業研究」を「日本版教授学モデル」として見た場合の統合的な視点となるのではないだろうか。

(佐藤雄一郎・松田　充・松尾奈美)

■　3　教授学モデルと統合的教授学　■

　授業に関する知識は十分に包括的で適切に構造化される必要がある。というのも、授業に関するカテゴリーはいわば「フィルター (Filter)」として作用し、その後の生涯に渡る学習が経過するにつれて、知識状況はそのカテゴリーに当てはめながら蓄積されることになるからである。授業の理論は、a) 構造理論 (Strukturtheorie) として、授業の本質的な要因を取り上げ、その要因を相互作用関係において捉えることを助けるものである必要がある。また、授業の理論は、b) 過程理論 (Prozesstheorie) として、教授-学習という現象において個々の状況・エピソード・契機を捉えることを助けるだけではなく、目標主導的な経過を考察・構成することを助けるものである必要がある。授業の理論は、c) 行為理論 (Handlungstheorie) として、教師および生徒の視点から構想され、目標主導的な教授行為・学習行為に関する考察を可能とするものである必要がある。授業の理論は、d) 授業における成果を観察・省察することを可能とするものである必要がある。ここで用いられるカテゴリーは、構造理論のカテゴリーにも過程理論のカテゴリーにも合致したものである必要がある。授業の統合理論としては、一般教授学および教授-学習研究 (Lehr-Lernforschung) の本質的認識が取り入れられ、また日常世界のカテゴリーへの接合がなされなければならない。Kiper/ Mischke (2004) では、さまざまな教授学モデルおよび心理学的考察における構想を取り入れ、それらを一つのアプローチへと統合した (統合的教授学 (die Integrative

Didaktik))。この構想は授業の構造理論としてまとめられているといえる（Kiper/ Mischke 2004、77頁およびKiper/ Mischke 2006、21頁、Kiper/ Mischke 2009、33頁参照）。

　授業の構造理論がねらいとするのは、授業に関するふさわしいメンタルモデル（mentales Modell）である。これによって重要な諸要因間の関連が明確となり、個々の要因を——ズームのように——より厳密に考慮し、あるいはまたそれらを——縮減する過程によって——文脈の中に組み込むことを助けることとなる。Kiper/ Mischke（2006, 2009）においては、様々な理論状況から取り出した個々の諸要因をより厳密に考慮して図3-6のように描いている。

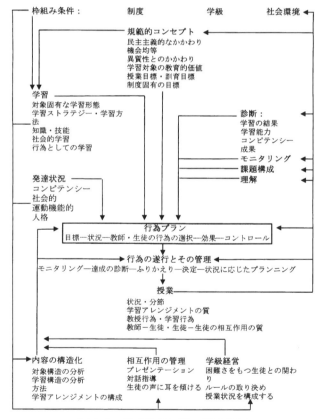

図3-6：統合的教授学の概念地図

（出典：Kiper/ Mischke 2004, 77頁）

社会学および社会化理論の理論状況から取り出したのは、授業の枠組み条件（学校論、学校段階の理論、教育課程の理論あるいは学校形態の理論）を明確にしうるための要素（Element）である。この考察の基盤にあるのは、社会的事実として生み出される構造が及ぼす作用である。行為領域としての学級は、学校という社会環境（soziales Umfeld）および生徒たちという所与の構成体によって規定されているからである。

　学級は、行為領域としての教師の行為によって共同で構成される（mit gestaltet）場である。意味のある期待や相互作用とコミュニケーションの形態、さらに——討議によって決められるか、あらかじめ設定されるかは別として——学級の規則（Regel）を共同で検討することによって、学級という場は共同で構成される。そこで生じるのは、とりわけ体験（Erleben）を伴って共同で検討されるという出来事（Ereignis）であり現象（Widerfahrnis）である。したがって教師は学級における相互作用を共同で構成する存在でなければならない。

　授業は、学校法（Schulgesetz）あるいは学習指導要領において定められる目標設定（Zielsetzung）とともに行われる。さらに、教育課程と関連した目標設定や、学校教育目標を明確にしている学校であればその学校における目標も存在している。こうした目標設定は、教科の知識（Wissen）・技能（Können）と教科横断的な知識・技能や構え（Einstellung）と態度（Haltung）、そして規範（Norm）と価値（Wert）とも関係している。目標設定は一授業時間や授業単元を視野に構想される必要があるが、とりわけコンピテンシーの構築に向けた体系的な教育課程を視野に構想される必要がある。

　授業は学習を成果豊かなものに向けて促進しようとするものであるとするならば、教授提供（Lehrangebot）は生徒および彼らの発達状況に合わせたものでなければならないし、彼らの発達（Entwicklung）と学習こそが促進されなければならない。したがって教師には、生徒の成熟と発達の過程に関する学問的知識や学習の様々な形態（意図的学習、付随的学習、認知的学習、感情的学習、動機的学習、社会的学習）に関する学問的知識、さらにコンピテンシーの様々な段階に対応する学習のあり方に関する学問的知識が求められるのである。

　教師は——利用者を視野に入れた提供に関わって——学習と発達に関する知

第3章　教授学モデルと授業理論の展開　　59

識とともに具体的な学習の開始状況（Lernausgangslage）、すなわち特定の部分領域における知識と技能を視野に入れた既有知識の状況および教科における学習・達成能力と教科横断的なコンピテンシーを視野に入れた学習・達成能力とを診断できなければならないのである。

　授業準備に属するのは、授業単元に沿って学習行為を成果豊かに構成しうる課題設定（Aufgabenstellung）の選択と定式化（課題構成）である。その際には、生徒の学習前提を把握するための課題（診断の上で重要な課題）と、教授・学習の過程において意味のある課題（学習課題・習得課題）、学習成果の検証にとって意味のある課題（検証課題）とは区別される必要がある（vgl. Bromme/ Seeger 1979; Seel 1981）。

　Kiper & Mischke（2004, 2006, 2009）において取り上げた授業における重要な諸要因に関する概念地図では、理解すること（Verstehen）のもつ重要な意義が際立つことがねらいとされている。授業は利用者の学習と理解を視野に構成される必要がある。理解がねらいとしていることは、授業提供が学習者の興味・能力・既有知識・学習過程を目指したものとなるところにある。さらに自己統制学習（selbstgesteuertes Lernen）や自己調整学習（selbstreguliertes Lernen）が可能となる方途も考慮される必要がある。というのも、ステップバイステップで学習過程に責任を持ち、学習過程を統制・制御・監視しうるのは学習者自身だからである。理解というカテゴリーによって、知識とコンピテンシー、そして効果的な学習過程のための資源が教師の提供によって拡張されることが目指されている。さらに考慮されるべきことは、どのような知識・技能・学習能力・学習ストラテジーが学習者の側に存在しているのかであり、またそれらはいかに発達させうるのかである。

　この授業の理論は陶冶理論的考察・倫理的考察・道徳的考察から、――授業内容・テーマ・問題設定の選択を視野に入れた――授業において重要となる価値に関する示唆を得ている。さらにこのことは、教師と生徒による授業における価値統制的行為の際にも重要となる。授業は、教科の対象やさまざまな教科領域における事物関連を視野に入れて営まれる。したがって常に授業は教科の授業であり、教科に即して規定された事物への取り組みとそこで重要となる知識、選択された一連の検証課題による知識の構造化とその表現（事物分析（Sachanalyse））に基づいている。

授業の過程理論は授業における個々の要因にのみ注意を向けるのではなく、時間における経過（Verläufen）を問うものである。教科内容の習得に際して組織されるべき学習行為に目を向けた学習法の考察は、学ぶ人間に目を向けると同時に教科の知識・技能を習得する際の学習過程にも目を向ける学習構造の分析（Lernstrukturanalyse）という形態によって具体化される。
　この経過は学級における秩序の保持（学級マネージメント）や相互作用およびコミュニケーションの構成と関わっている。ここでは生徒同士の関係や自己調整、協働（Kooperation）や社会的共同を問うことが重要である（vgl. Kiper/ Mischke 2008）。教授・学習に目を向けた場合にとりわけ重要となるのは、目標主導的な教授行為と学習行為の構成である。ここで問われることは、当為＝べきこと（Soll）（学習の目標あるいは獲得されコンピテンシー）と存在＝であること（Ist）との間の差異はどのような教授行為と学習行為によって克服されうるのか、である。目標主導的な過程は、教科の知識の媒介／習得に至る教授行為と学習行為に関係づけられ、とりわけ諸教科横断的なコンピテンシー（自己調整・自己統制・コミュニケーション・協働・社会的コンピテンシー）に関係づけられる（vgl. Kiper/ Mischke 2008）。こうした知識は、特定の状態（Zustand）を生み出すために何がなされうるのかを示し、またAという状況・状態がいかにBという状況・状態へと移行しうるのかに対して示唆的である必要がある。その際に諸過程は単に「方法的に」思考されるのでも、授業の表層構造（Oberflächenstruktur）（すなわち目に見える構造）にのみ関係づけられるのでもなく、認知過程の解決へと至る求められる学習行為と関係づけられるものでなければならない。その学習行為は、知識を習得するために生徒に期待される認知的活動（kognitive Aktivität）との取り組みに基づいてより厳密に規定されうることになるだろう。この認知的活動は、情報の受け取り（Informationsaufnahme）・情報の処理（Informationsverarbeitung）・情報の蓄積（Informationsspeicherung）・情報の応用（Informationsanwendung）（Klauer/ Leutner 2007）を可能とするものでなければならない。その際に考慮されるべきは、人間の記憶における機能（短期記憶と長期記憶）に示唆を与えてきた認知負荷理論（Cognitive Load Theory）における考察（Plaa/ Moreno/ Brünken 2010）である。学習の基礎モデル（Basismodell des Lernens）の理論（Oser/ Baeriswyl 2001; Kiper/

Mischke 2004, 115 ff）を支える示唆は、授業内容への認知的取り組みやその習得、さらにその理解あるいは「体験」にとって意味のある求められる認知的活動（経験からの学習、知識獲得、行為、操作、論証、省察、表現）から導き出されている。こうした考察は、学習課題や認知的能動性のある課題設定を構成する際にも用いられるとよいだろう。

（ハンナ・キーパー、ヴォルフガング・ミーシュケ）

第4章

統合的教授学に基づく授業プランニング

■ 1 授業における行為 ■

　学校における授業は、他からの強制に従属することなく学習対象との取り組みが第一に重要である特殊な場として、制度的な枠組みが作られることによって生活の他の領域から切り離されている現象である。学校以外の他の世界も確かに背景に存在しているものの、学校における生活と学習は未来の生活に備えるべきものでなければならない。この特別な状況が正しくよく役立てられるために、つまり学習が可能な限り大きな成果をあげ、そこで獲得された認識と能力を実生活の中で有意義かつ有益にするために、何が制度的な枠組みの中で行われねばならないかについて明らかにされる必要がある。

　学校と授業は、教師と生徒の社会的な行為および構成的規則の遵守を通して生み出され維持される社会的な事実である。それゆえ授業の中で、構成的規則の維持と遵守に役立つ行為（例えば、規則の取り決め、生徒の点呼、達成したことの評価、学級経営）と、とりわけ内容的な学習過程を目標に持つ行為が遂行される。両方の観点は別々に遂行されるものであるが、なかんずく一つの行為の中で相互に関連しあって発生するものである。

　行動を中核的な構想とする理論と一線を画し、社会学と心理学の中で発展してきたのが行為理論（Handlungstheorie）である。行為理論の中で代表的な見解によれば、人間とはある物事や他者との関わりにおいて、単に刺激に反応して学習した通りに行動するだけではなく、ある状況において目標に向けて意識的に行為できる存在なのである。したがって行為理論が明らかにしなければならないことは、人間が状況をいかに知覚し、目標を選択し、行為の計画や遂行、監視を行い、その成果を評価することができるのかである。（こ

の時、与えられた状況に素早く自動的に行動することを可能にする刺激──反応の結合が存在することも見落としてはならない。同様に、意識的な行為の観点に影響を及ぼす無意識的な過程があることも見逃されてはならない。）ふさわしい行為のために欠かせないのが、知識の存在である。

　以下に我々が論究しようとしているのは、知識を何かの目標を目指した行為に役立たせるためには、知識はどのような性質をもっていなければならないのか、ということである。そのためにまず我々は、知識を個々の事物関連にあてはめて、どのように上位構造にその事物関連を埋め込めばよいのかを説明する。そのうえで、この抽象的な熟慮を授業に即して具体的に述べるとともに、授業を計画する際に現れる諸問題にいかに適用するのかについて指摘する。

　人間が目標に従って行為しようとしたときに必要となるのは、世界における物事の経過に関わる知識である。日常の多くの状況にとって用いられるのは、経験知（Erfahrungswissen）である。人間は、自身で行為しようとするなら、何か進行するもの、例えば何かを作ることや容積を測ることなどを体験してきている。その体験に基づいて、似たような状況の中での行為を選択可能とするがゆえに、しばしば必要性や意味の理解を欠いたままいくつかの行為のステップを繰り返すことが見受けられる。

　さまざまな状況において、とりわけまだ体験されていないが構造的に類似した状況において行為できるようになるために、人間は、ある出来事の（その過程の中での）有意味な観点についての主観的な理論（subjektive Theorie）、およびその出来事の一つ一つの要素の意味についての主観的な理論を形成する。体験から抽象化された「〜ならば〇〇という関係（Wenn-Dann Beziehungen）」が、主観的で行為主導的な理論として新たな状況において適用されることで、新たな行為が形作られていく。固有な経験や、状況や過程に関する主観的な理論の形成は、科学的な理論の媒介を通して、科学的な形成（Ausbildung）によって補われる。ここで説明概念が探求される。つまり、ある与えられた状況Aから状況Bはどのようにかつどの手段によって発展させられるかという命題に関する理論が探求される。これに伴って工学的規則への変換が行われる。探求されることは以下の問いへの答えである：Bが目標でありAが与えられたときに何がなされる必要があるか？科学的な理論お

よび主観的な理論に即せば、抽象化と簡略化が同じように区別され、等価性の検証の問題が考慮されねばならない。

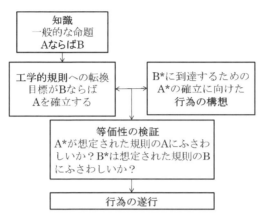

図4-1：工学的規則への転換と等価性の検証

（出典：Kiper/ Mischke 2009, 22頁参照）

　世界の性質に関する命題が適切に表現されているのであれば、その世界は二重化して捉えられるものではない。わずかな法則で、世界におけるできる限り多くの事物関連を言い当てるものでなければならない。それがうまくいくためには、抽象化の道を歩むことになる。すなわち、より多くの出来事をその同質性において把握する概念が形成されるということである。概念と出来事の間で取り上げられるのは、適切かつ十分に複雑な現実のモデルを形成するという目標との構造的な関連づけである。このことは簡略化と取り違えられてはならない。簡略化といった場合、その思考手段は異なっている。つまり簡略化の場合には、出来事の多様性を概念に導くのではなく、その代わりに出来事の一コマが取り出され、意味のある関連性の一部分しか考慮されないのである。そこで生じてくる簡略化の構造は、事物関連における部分的な観点しかかろうじて映し出すことのできない、複雑さが最大限縮減された構造になってしまうだろう。

　複雑な状況の中で行為できるようになるためには、個々の過程に関する知識だけでは十分ではない。というのも個々の過程を構成すること、あるいは

この過程に行為的に介入することだけが重要なのではないからである。すなわち、何が並行して経過しているのか、どの行為に優先性が置かれているかをも明確にする必要がある。目標志向的な行為がこのような複雑な過程から構成されるというのであれば、そしてこの過程は特定の状況が生じた場合にのみ把握されるものであるならば、これらの状況の変化を知覚することを学習する必要がある。このようにして一連の行為に対する制御過程が展開される。このような制御過程に関する熟考が明らかにするのは、科学的な理論を適用する場合であっても経験からの学習が関わらざるを得ないということである。というのも、それを適用する者の体験との関連なしには、事物あるいは人間に関する状況の記述は行為には組み替えることができないからである。

授業の目標は生徒の学習である。学習とは、無意識に人間の中で進行する過程である。個人は、何かを学んだかどうかや、いつ学んだのかを感知しない。（学習者自身あるいは他者による）検証によってのみ、学習の努力の成果に関する説明が得られる。学習行為とその作用を観察することによって、我々はどの行為が学習の成果に至ったのかに関する認識を手に入れることができる。これは学習行為を計画し実施するための十分条件である。授業においてそのつど学ばれる内容とは別に、ふさわしい学習行為および学習成果の検証の可能性に関する知識も授業において獲得されねばならない（生徒や教師によって利用されうる学習過程および学習ストラテジーに関する包括的知識を提供するのが心理学である）。

授業における教師の行為によって、生徒による学習は実現されねばならない。そのために、ふさわしい学習行為についての知識、および（学習をとりまく理論の意味における）学習成果の検証に必要な形式に関する知識が用いられることになる。そこで学習のさまざまな形式について以下に詳細に描いておこう。

われわれの見方では、学習のさまざまな形式に関する知識が、授業における内容の媒介過程の中核であり、成果豊かな共同構成過程の基盤である。この知識はどの教科の教師にとっても同じように重要である。教科固有に解決されるべき問題は、ふさわしい学習形式を教科における学習材のそのつどの観点に組み込むことである。それ以外にも学級内のグループの構成や生徒の多様性が考慮されねばならない。

授業をする際に教師は、明確な目標を追求し続けなければならない。このことが可能になるのは、目標それだけで教材の構造やそこで達成されるべき学習成果が明らかになっているときのみである。教師は目標のために欠かすことのできない学習過程を検討し、生徒の所与の前提を考慮したうえで授業にとってふさわしい方法を選択し、ふさわしい学習アレンジメント（Lernarrangement）を構成することができる。

　授業時間の進行では、教科の構造および生徒による知識・技能の構築の論理を考慮しなければならない。学級における社会的な雰囲気や個々の生徒の発達を視野に入れ、望ましくない発達を予防しなければならない。

　教師と生徒の間の相互作用や、それによって引き起こされる授業内容との取り組みから最適化された学習状況がひき起こされるのは、教師の行為計画と生徒の行為計画とが相互に合致した場合のみである。教授の提供とその利用は、学習アレンジメントの共同構成を必要とするのである。

　統合的教授学が分類枠組みを提供しているのは、授業の諸要因の構造を認識するためであり、また実際に適用可能で科学的信頼性の担保された知識状況を授業の諸要因に分類するためである。

　それに関連して、授業プランニングにとって重要な背景をとりあげよう。授業をするためにはこれまで述べてきたことのほかに、例えば対話の指導や内容の提示、課題の構成といったいくつかの習熟すべき点が教師に必要となる。ここで考慮されるべきことは、教員養成の段階でこれらの習熟すべき点をいかに鍛えるかである。

　我々の解釈では授業プランニングとは、メンタルな行為（mentale Handlung）である。メンタルな行為からその行為の所産として一つの計画が生じるのであり、またここで導き出された知識状況を適用したり質の高い行為のルーティンの経験と知識を利用したりする中で生じてくるのである。

将来教師になる者は、いつどこで授業プランニングを学ぶのか？
——ドイツにおける教員養成の枠組み構造について

　授業を計画するための能力は、教員養成の枠組みにおける二つの異なった施設の責任の下で媒介され獲得される。大学が責任をもつ教員養成は、ほとんどの州でバチェラー（学士）——マスター（修士）制度において行われてい

る。ドイツでの教職課程の学修は、学校の教科に対応し、いずれ学校で授業をすることになる二つの学問ディシプリンでの学修を網羅することになる。それに加え、教育諸科学（教育学、心理学、社会学、政治科学あるいは哲学）を学修しなければならない。16のそれぞれの州で異なり、また州内でも大学によって固有のプロフィールを持つ教職課程の枠組み構造は、文部大臣会議（KMK）の「教師教育スタンダード：教育諸科学」および教科教授学スタンダードによって規定されている。それぞれの州は、このKMKによる州の方向づけを検証条例によって具体化することになる。例えば、修士課程の修了者が何を知り何ができなければならないかを州が定めた検証条例がある。この規準の運用は大学に委ねられている。この運用が規準にかなったものであるかに責任を持つのが州である。アクレディテーションを担う団体によって、大学が責任を持つモジュールの中で身に付けるべきコンピテンシーや重要な内容が適切に記述され、また教えられているのかが保障される。

　大学におけるバチェラー（学士）課程は6セメスターである。教育学・心理学の学修の枠組みにおいては通常、大学での2時間の事前指導（しばしば評価も伴う）を含めた5－6週間の学校実習を修めることになる。ここで学生が学ぶべきことは、授業がいかに観察され、計画され、評価されるのかである。このモジュールは、一般教育学および学校教育学の責任の下にある。多くの場合このモジュールは現職教員の「非常勤講師」によって実施される。

　マスター（修士）課程ではいくつかの州で、大学と学校が共同で責任をもつ学校実習が行われる。ここでは多くの場合、教科教授学の責任の下で、また試補学生を教えている教員研修所の教科の教師の責任の下で、教科の授業のプランニングが教えられる。大学の学修の枠組みにおいて学生は、学校と教員たちとのやりとりのもとで短期間の「研究プロジェクト」を実施することになる（Jürgens 2016参照）。

　マスター試験の修了ののちに、試補学生は16州のうちのいずれか一つの州の学校の責任下に置かれる教員養成の第二段階を修めることとなる。試補学生は担当となった教科の教師（メンター教員）の授業を参観し、自分の責任の下での10時間の授業実施が課される。試補学生は教育学の教員研修所の教員にわりふられた教員研修所を2週間に一度訪問する。さらに試補学生は2週間に一度、交代で教科の研修所教員によって指導される教科教授学の研修

所を訪問する。教育学の教員研修所の教員および教科の教員研修所の教員は試補学生の授業を観察し、助言を与え、所定の時間で試験を行う。およそ18か月にわたる試補期間は、専攻した二つの教科の試験（国家試験）によって修了する。

　修了ののちに、試験に合格した者のみが学校で勤務することができる。採用は、学校において必要とされる教科や評点、さらに学校のプロフィールに適合するかどうかに基づいて判断される。採用ののちに新任教員は雇員（Angestellte）としてしばらくの間働き、一定の勤務を経たのちに「州雇用の公務員」に任用される。教職に就いて以降は、教師は自立して仕事をすることになる。すなわち、共同での授業プランニングや同僚による授業参観は、個々の教師の個人的なイニシアティブや管理職の援助に依存せざるをえないのである。つまりそれらは通常の学校の日常に位置づけられてはいない（Richter/ Pant 2016参照）。

　したがって教員養成はおよそ７年続き、責任ある仕事を始めるころには新任教員は、次の段階（バチェラー課程、マスター課程、試補勤務あるいは入職）の待ち時間がそのつどどの程度あるかにもよるが、たいてい26-28歳かあるいはより年長となる。養成ののちに教師は40年間勤務する。この時間の中で彼らは――学校法が示すように――継続教育（weiterbildung）を受けねばならない。しかしこの継続教育はしばしば個人的なイニシアティブに委ねられている。

■　2　指導案の構想　■

授業プランニング――ドイツと日本における実践

　ここで求められていることは、ドイツと日本における授業プランニングと授業の反省に関する考慮を示すことである。日本では、学校のカリキュラムは厳密に定められ、教科書やその指導書および生徒のための学習材によって授業は指導されるのに対して、ドイツでは、教育スタンダードや州のコアカリキュラムによる授業の大綱規準が存在するのみである。ふさわしい教材や学習材の選択は通常いくつかの教科書（学校監督（Schulaufsicht）による検定を受けた教科書）の中から一つを選択できる学校の教科会議（Fachkonferenz）によってなされる。追加の教材を使用することも可能であり、それは個々の

教師の責任の下でなされる。教師は、——州、学校種、学校段階に応じて——毎週24〜28時間（一時間は45分）の授業を行う。たとえ一つ一つの授業を細かく計画することが教師に期待されていたとしても、毎授業時間ごとに授業プランニングを提示できるはずがない。すなわち授業のプランニングの範囲と質は、個々の教師に委ねられているのである。授業の共同計画や同僚による授業参観を行うことや授業に関わる協議や省察は、養成段階終了後は個々の教師による自由意志にのみ基づいている。したがって体系的な協働は起こらない（Richter/ Pant 2016参照）。

　生徒の学習成果と成績も体系的には把握されず、教師に割り当てられたそのつどの授業に関わるのみである。確かに教師は生徒を学習状況調査（VERA）に参加させ、その成果を評価している。自らが授業を行った生徒の学習成果を学校の他の学級の生徒の学習成果と比較するかどうか、あるいはある都市あるいはある州の他の学級の生徒の学習成果と体系的に比較するかどうかは、教師に委ねられたままである。したがって評価のそうした過程は、時として授業改善のための努力の基盤とはならない。授業改善へのアプローチは個別的に選択されるといってよい。この任意性は「よい」授業についての主観的な理論や実証的に保障されていない言明がさまざまに述べられ、受け入れられていることによって強化されてもいる。

　したがって授業のプランニングを日本の教師に要求することとドイツの教師に要求することには大きな違いがある。日本の教科書や生徒の学習材の背景には授業の中で実現されるべきカリキュラムが横たわっているのに対して、ドイツの諸州においてはスタンダード、コアカリキュラム、教科書、そして授業において考慮されるべきこととの間の関連づけが欠けているのである。教師に大きな責任が与えられているということは、本質的には学校運営に信頼がおかれているということでもあるのだが。

　日本ではもし生徒が授業の中で何かを理解できなかった場合、解説や課題事例、ひな型となる解答によって部分的には自分で成果のある学習ステップを切り開くことができる。ドイツの教材には、解答事例のある学習のアプローチが欠けている（Stark 1999, Wellenreuther 2009参照）。

　ドイツの教師に対する授業プランニングの要求については、カリキュラム上の規準が明らかにオープンである（自由余地が大きい）という理由に鑑み

れば、ひょっとすると違う描き方ができるのかもしれない。すなわち、カリキュラムについても、そしてまた個々の時間における教授・学習過程についても熟考すべき点があるということである。

授業の計画、実行、省察の基盤としての知識

　目下学校で観察されうる多くの授業時間には、アンドレアス・グルーシュカ（Andreas Gruschka）が彼の調査によって印象的に示したように、重大な欠陥が見られる。この問題の解決をグルーシュカ（2011）は「生徒を現象の認識の中に巻き込むための」教育学的な課題を顧みる意識に見出している。彼が主張するのは「もし『理解することの教授』として訓育が組織されるとき、授業は本当の意味で良いといえる」ということである（Gruschka 2011, 22頁）。ヒルベルト・マイヤー（2004）とアンドレアス・ヘルムケ（2003）の授業の質に関するテキストは、グルーシュカからはほぼ役に立たないものとして批判された。メタ分析に関する著作（Hattie 2009）は、授業の結果を最適化するために必要な授業の要因を示すという形で授業研究の成果をまとめている。そこから生徒による理解がいかに可能であるのかは読み取れるのであろうか？グルーシュカの指摘も直接に応用可能ではない。というのも、理解することの教授を組織するために何をあらかじめ行っておくべきかを厳密には描いていないからである。ハッティの指摘は、確かにあるオルタナティブを示すという意味では際立っている。しかしその著作の中には全体的に、授業における教育学的な行為のためのヒント、例えば授業時間の構造化のためのヒントは示されていない。

　教育的な行為コンピテンシーの中核として把握され、研究成果によってそのつど強化・修正されるような、基礎的な要素（知識と技能）はあるのだろうか？

　授業は目標に方向づけられた相互作用における行為として把握される。ある人が状況の中であるいはその状況のために目標を立て、この目標達成にふさわしい行動の形態を選択し、この行動を制御して実行する場合、ここで問題となっているのは人間の活動の中で最もハードルが高い形態としての行為のことである。これがうまくいくのは、与えられた状況を知覚あるいは分析するための知識を有し、その状況にふさわしい目標と行為可能性を見出すこ

とができた時だけである。熟考の末に行為によって応えられるべき要求が多く存在するからこそ、授業は行為の中でも難しい形態だといえるのである。
- 第一に、生徒が取り組む授業の対象がある。
- 次にこの取り組みにとっての相互作用にふさわしい形態が見い出される必要がある。
- さらに、成果豊かな学習行為を援助し、規律葛藤を回避するのにふさわしい状況構成が考慮されねばならない。

こうした要求に応えるには、さまざまな行為の形態が前提になければならない。共同構成過程における授業対象へのふさわしい取り組みに対しては例えば、行為計画（Handlungsplan）を持つことが必須である。相互作用の制御にとって重要なことは、相互作用的な行為を、それぞれの価値を認めながら実現すること、すなわち理解を示すこと、耳を傾け敬意を持って対すること、などである。規律葛藤を回避するためには、学級経営の技術が求められる。

授業するうえでのこうした複雑な課題がよりよく克服されうるのは、実際の行為状況の中でそのつど求められる全てのことに決定を下すという場合ではなく、前もって考慮されている適切な行為計画に基づいて行為する場合である。

授業を計画するというメンタルな行為はしたがって、専門的な教育学的行為の本質的な要素である。媒介されるべき素材の分析、ふさわしい学習方法の検討、そのためにふさわしい学習アレンジメントの展開や選択は、（一人であるいはパートナーとともに）机のうえで展開される。授業後には授業分析という必要なメンタルな行為のみが、為された経験を評価し将来の行為のために実り豊かにすることができる。

授業を計画し分析することが効果的になされうるのは、あるケースxy（例えば概念形成、学習課題、内的分化）によって具体的な事物関連を認識し取り扱いうる助けとなる諸概念が教師の知識としてストックされている時のみである。大学での学修の課題は、そのためにふさわしい概念ネットワークを媒介するところにある。

教授学の課題は、持っている知識の配列を可能にするためのカテゴリーを分類することにある。ここでは持っている知識の関連構造が見てとれなければならない。統合的教授学は、このような枠組みの構造化をこの教授学の持

つ構造理論によって可能にしようと試みている。ここで目標とされていることは従来のモデルの一面性を統合することによって克服することである。概念図という形態をとる構造理論は、授業のさまざまな要素を構造の中のある場所に位置づける。すなわち全体像の中で一つの場所を得ることを意味する。授業がうまくいくために一定の役割を果たしたものすべてに光を当てるのが教授学理論である。ただし、計画の進展には何ら意味していないがために、教授学理論はいまだに授業プランニングを導くものではないのである。

　計画することはここではメンタルな行為として、概念的に組織された知識状況を用いるという意味において示される。計画する際に何が重要となるのかを明確にするために必要なのは、この計画行為の部分的なプロセスと中心的な知識状況を描いておくことである。これを知ることだけで事足りるのではもちろんなく、専門化の過程を通して、習熟としての計画コンピテンシーが獲得されなければならない。

　そのさい練習は二つの観点から必要だといえる。ここではメンタルな行為（授業の計画の枠組みにおける）としての練習と授業の現実化の枠組み（あるいはさしあたり授業における一つ一つの段階）における相互作用的な行為としての練習とは区別される。メンタルな行為としての練習がねらいとしているのは、さまざまな内容に対して求められる操作を適用することである。メンタルな行為によって生み出された成果を実際の授業に適用するためには、授業の中で社会的相互作用が習熟に向けて練習されねばならないのである（授業における実際の行為のための練習）。練習のこの二つの形態に対して求められるのが、宣言的知識と手続き的知識、そしてメタ認知的知識である。

　（社会的相互作用の練習は実習中の学生にも、生徒に直接関われることができるという意味で、ぜひともやってもらいたいことである。彼らは正規の教員のようにふるまうことができるので、ここでの練習は意味ある実践となるだろう。多くの模倣的な実践の試みは計画と分析というメンタルな行為に求められる練習と結びつくことはめったにないため、想定されているよりも専門化に果たす役割は少なく授業の日常的な構想を強化するのみとなる。）相互作用における行為の練習にふさわしい準備については、計画することと分析することというメンタルな行為を徹底的に取り入れることが意義あることとなるだろう。その行為に属する操作と結びついた概念ネットワークが構築されることになる。直観が

適切に満たされるために気にかけるべきことは、授業のビデオ撮影や授業の発話記録を用いることがここでは意味を持つということである。将来教員となる者の学習方法はうまくいった授業における行為を概念的に厳密に分析することから始まり、さまざまな内容とともに構造的に適切な経過を計画することへと至るものでなくてはならないだろう。すなわち生徒との相互作用の中での検証的な計画実行の形式化とその分析がなされる必要があるだろう。メンタルな行為の練習は相互作用的な行為を前提とし、それに従うものである。だからこそ教育的なコンピテンシーが後に自立的に拡大していくことにもなりうるのである。もしもビデオを用いたトレーニング（マイクロティーチング）に必要なリソースがあるならば、そのトレーニングによる教育的な練習は意味のある仲立ちとなる。

　授業という現象は、生徒の学習成果の到達を援助する一連の出来事から成っている。目標主導的に生徒による授業内容との取り組みを構造化する一連のプロセスを、学習アレンジメント（Lernarrangement）と呼ぶ。学習を可能にするために重要となるのは内容であり、その内容は素材とメディアを手がかりとして、方法的に根拠づけられた事物との取り組みをふさわしい社会的形態において可能にする課題設定の下で取り上げられることが重要である。

　計画課題は、以上のような学習アレンジメントを思考の中で先取りすること、および（授業行為の制御という獲得された能力によって計画通りに授業が展開される）行為計画を構想することの中にその本質がある。授業という現象において計画を実現する際に欠けているものがあると思われるのであれば、自分で補足することを選びとって修正がなされる必要がある。計画化の段階で必要なバリエーションが検討されていれば、こうした修正はよりうまくいくだろう。

　計画することで生まれるのは、教師の行為の一つ一つのステップを記述する経過計画（Verlaufsplan）である。ただし経過計画とは、状況にうまく適応するための具体的な部分的行為を記述しようとするものではない。そうではなく、実際の授業での具体的な部分的行為の中で（実際に語ってみたり、動いてみたりする中で）はじめて現実のものとなる抽象的な記述の型を選び取っていくのである。

有効な学習アレンジメントを設計するために、理論に導かれた計画の助けを借りることによって、計画をする人がどのステップで実行すればよいのかの言明が得られる。ここで求められるのは、その際にどの知識状況が行為にとって重要であるのかである。
　まずさしあたりそのための課題を概観し、続けてその詳細に言及する。その際、特殊な内容に関しては専門的あるいは教科教授学的な考察による補足が必要とはなるものの、全ての教科で同じように考えるべきことを視野に入れている。
　教員養成においては、授業内容や授業を行う学級の分析および教授学的な行動の基礎づけとともに、経過計画を文章で書き記すことが教えられ、またそのことが求められる。それぞれの養成機関（例えば大学あるいは教員研修所）はそれに加えて通例文字による指導案（Unterrichtsentwurf）の作成のための構成枠組みをあらかじめ示している。プランニングという取り扱われるべき部分的課題を概観するために、次のような構造は示唆的である。

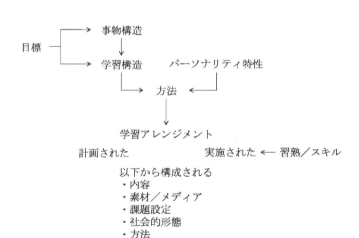

図4-2：授業プランニングに必要な要素

（出典：Kiper/ Mischke 2009, 30頁参照）

　ある内容を生徒たちに効果的に授業を行うためには、以下のことが明らかにされなければならない。

第４章　統合的教授学に基づく授業プランニング　　75

- どの目標が追求されるべきであるか。
- 内容／事物が構造上どのような性質であるか。
- この内容を目標をもって学習するためにはどのような学習構造を必要とするのか。
- 生徒たちは自らのパーソナリティ特性（既有知識の状況、動機、学級における位置など）をもって授業にやってくる。
- 必要な学習過程を構成するための方法は生徒の前提条件を考慮し、そのために適切な学習アレンジメントを構成する必要がある。方法といった場合、生徒たちの成果豊かな学習を可能とするような意識的に選択される方途として理解される必要がある。
- 学習アレンジメントは、内容の学習を可能とする助けとなる方途から成り立っている。学校において生徒は学級という集団の中で学ぶため、どのようなやり方で社会的関係が取り扱われるのかということも学習アレンジメントに属する。
- 内容は直接的には授業において取り扱われえないため、その内容をどの素材やメディアの助けをかりて授業の中で示すべきかが明らかにされる必要がある。
- ある社会的形態において方法的に素材を手がかりに内容を取り扱うためには、学習を可能にするためになされるべきことを決める課題設定が取り上げられる必要がある。
- この意味における課題は、特定の目標を視野に入れながら素材に取り組む認知過程を生徒に要求するような作業指示、学習課題、検証課題である。

創造的な計画ステップとしての授業構想がうまくいくのは、開始時点での条件分析が徹底的になされ、教師自身が開始時点の状況を望ましい目標状況へと転化するために必要な変更のための知識を有しているときのみである。原理的にありうる学習アレンジメントの選択に影響を与える規範的あるいはイデオロギー的な枠組みを考慮することが重要視された場合には、これらの諸関連はより複雑なものとなる。アクチュアルで政治的に主導されたイメージや流行の教育的トレンドが特定の授業形態、例えば生徒志向の授業や、自己統制学習、授業における行為志向といった授業形態を引き起こすことがある。それと同時に、追加的な教科内容の獲得や他の目標の下で具体化される

べき付随的な目標が設定されることもある。社会的学習や人格発達の場所としての学校が、こうした諸教科横断的な学習目標や学習過程を必要で意味あるものとして根拠づけるのである（Kiper/ Mischke 2008参照）。

十分に徹底的に検討された決定が経過計画の基礎となるために、計画しておくべきすべての点でどこが欠けているのかを知りうる計画枠組み（Planungsraster）を提案したい。

授業目標	授業内容	学習の基礎モデル	教授学習ステップの提示のもとでの教授-学習アレンジメント	足場かけ	モニタリング	時間

図4-3：授業展開における計画枠組み

（出典：Kiper/ Mischke 2009, 75頁参照）

足場かけ（Scaffolding, Gerüst bauen）のためには、困難を抱える学習者のために計画される学習ステップが示される必要がある。モニタリングによって、過程の質や学習成果を監督するための考慮が想定される。

この枠組みの個々のすき間にさらなる情報を与える前に、この計画枠組みは時間の計画（ミクロの計画）を想定していることを指摘したい。より大きな領域に関わる知識の体系的な構造を計画するために必要とされるカリキュラム計画（マクロ計画）も、授業プランニングに属するのである。そのために提案されるのが次の枠組みである。

コンピテンシー	目標	内容	学習の基礎モデル	検証課題	時間

図4-4：カリキュラム構成のための計画枠組み

（出典：Kiper/ Mischke 2009, 157頁参照）

重要なことは、内容の量や配列が挙げられねばならないということだけではない。意図される学習過程を視野に入れたうえで、獲得されるべきコンピテンシーやふさわしい検証課題を考慮することによってここでの内容は検討される必要がある。学習アレンジメントがこの図から抜け落ちているのは、学習者のことを配慮したり、提供された学習材を彼らが利用できるかを配慮

したりする必要が生まれるカリキュラムの転換過程において初めて具体化されうるものだからである。したがって一つ一つの内容に取り組む学習過程に対しては、知識と技能の複雑な構造の意味ある構築を可能にする学習方途への熟慮がさらに必要とされるのである。

■ 3　学習と学習の基礎モデル ■

3-1　知識の形式、学習ストラテジー、メタ認知、付随的学習

　我々の計画モデルでは、計画化に際してある特別なやり方で生徒の学習過程を考慮することが強く求められる。そこでまずは、学習の基礎モデルの構想を紹介する前に、知識、学習、学習ストラテジー、メタ認知について考察しておこう。

　認知志向的な学習構想から始めよう。学習とは、一個人の達成能力の継続的な変容をめざす過程の集合体のことである。そのさい、記憶内容の構築が重要になる場合と（意味論的な知識あるいはエピソード的知識）、諸経過の変容、例えば習熟、ストラテジー、発見といった諸経過の変容を志向する場合とがある。学習の過程とはここでは、義務意識なく変容へと至るプログラムのセットである。我々は通常、我々の記憶が何を溜め込んでいるのかを探し出すことはできない。ただし自己観察を手がかりとして、目標をもって学ぶための技術とストラテジーを組むことによって、学習の諸条件を認識することや、メタ認知的知識を有益に用いることができることになる。

知識

　認知心理学者（Seel 2000）は我々の知識体系を情報のネットワークとして紹介している。そこには以下のような知識の下位体系が区別されている。

- ● 宣言的知識において重要なのは、事物関連の知識である。これは言語的に、あるいはたとえば形式的に表現されるものであって、そのさい、応用的再生産が可能な独立した要素だけが重要なのではなく、意味ありげな、そして網目のように広げられる世界についての情報も重要なのである。（例えば、電子回路の構成要素を言えるかどうか。）

- 手続き的知識が意味するのは習熟である。この知識は行為の順序の形式を有しており、この種の知識は実際に目で見えるものである。個人がこれについて語ることができるのは、これに付随する宣言的知識だけである。（例えば、文字に書いてわり算を示すことが出来るかどうか。）
- 構想的知識は、(A) 概念と (B) シェーマとスクリプトの二つの下位形式に分けられる。概念の構築に関しては、たとえば「哺乳類」という概念のように、その概念の下で整理がつけられるような一つひとつの例の中に共通の特徴を認識することのできるような抽象機能を必要としている。シェーマは知識を、空白部分を伴った構造に結びつけることである。「歴史のシェーマ」を例に挙げれば、ある歴史の構成原理に関する知識を保有していることを意味し、任意の歴史について聞いたり語ったりする際に用いられうるものである。スクリプトはレストランのお客に対して行うような、抽象的で台本的な行為計画のことと理解しうる。
- 論理的知識は、原因──結果や根拠──結論という形式のような、二つの要素間で考えられうる結合やその関係づけの体系を包括している。
- エピソード的知識は、ある出来事や状況をエピソード的に蓄積したものを参照することである。もともとの状況の有する意味に関する印象を繰り返し呼び起こし、また再びそれを知覚することができる。
- メンタルモデル：複雑な事象やその関連性についてのイメージが、具体的な経験や概念構造に基づいて一つの内的モデルの中に反映される。我々はこの内的モデルを思考の中で動的に展開することができ、そうすることでシミュレーションというやり方で変容の効果をイメージしてみることができる。我々は車やビデオレコーダー、太陽系などの機能についてのメンタルモデルのようなものをもっており、このモデルによって、我々はその原型との関わりのなかでどう行為するかの計画を立てることができ、そうすることで盲目的な試行を避けることができる。

知識の獲得と蓄積の過程、知識の利用とは区別されねばならない。ある知識領域あるいは習熟における初心者と専門家の比較から、我々は、専門家が高い能力を有していることを知っている。なぜなら彼らはよく構造化された知識体系を構築しており、効果的に知識を扱うストラテジーを立てることができるからである。知識の適用と問題解決は柔軟に利用可能ではあるが、それは良く構造化された知識体系と処理のストラテジーを前提としている。知識の構造化にむけた道具というのは、階層化された知識の構築を下支えする概念と論理的構造なのである。概念整理なき経験はそれを利用するときに限界がある。概念処理が施された状況というのは、表面的に似た状況へと転移されうるのみならず、構造的に似た状況へも転移されうるのである。

　知識に関わる心理学的見解によれば、学習は知識構造の変容にその本質があるという。知識は散り散りに蓄積された要素の中にはなく、構造のなかに整理されているのである。そのさい知識構造の拡大、訂正、再構成が重要となるのである。

　ガニェの研究以来、互いに階層的な関係の中にある単純な学習形式と複雑な学習形式が区別されうるという想定が妥当であるとされている。問題解決の過程は規則を前提としており、この規則は概念を前提としており、概念は区別を前提としている。そのつどの学習過程は、特定の条件が与えられたときにのみ達成されうる。この学習階層の構想は、学習構造の分析において利用されうるものであり、この分析によって学習に必要な条件を特定し、学習効果のある学習過程を構築することができる。

学習ストラテジー

　学習ストラテジーの中には、学習目標を達成するのにふさわしいあらゆる行為が包括されている（Mandl/ Friedrichs 1992・2006）。ストラテジーのレベルの下で人は技術あるいは手続きを取り扱う。すなわちここでは、部分的な目標を達成するために状況と課題に応じてあるストラテジーの中で用いられる部分的な行為が想定されている。もし多くの学習ストラテジーを一つ一つ整理しようと試みるのであれば、まず優先的なストラテジー（Primärstrategie）と補助的なストラテジー（Stützstrategie）とが区別されよう。

　優先的なストラテジーは獲得されるべき学習対象へと直接的に方向づけら

れている。文献の読みや、マッピングのような図示技術（例えば知識を整理したり理解を確実なものにしたりするための概念ネットワークの発展）、応用学習のための技術、仮説の定立と検証に関わるストラテジーがここでは挙げられる。例えば言語の学習や数的操作の学習といった専門的な学習内容には、それに応じたふさわしいストラテジーというものがある。ここで意義があるのは、以下のような一般的なストラテジーである。

　洗練ストラテジー（Elaborationsstrategie）において重要なのは、すでに有している構造に新しい情報を活動的に結びつけることであり、適用事例や類推を活動的に構成していくことである。

　組織化ストラテジー（Organisationsstrategie）は、複雑な情報を処理しうる一助となる整頓操作のことである。例えば細かい情報は、より上位の意味の体系にグルーピングされるか、一つの進行ダイアグラムのなかで結合される。

　制御ストラテジー（Kontrollstrategie）は自身の学習過程および思考過程を監督する過程を意味する。例えば学習結果が応用的な暗唱によって検証されたり、理解しているかどうかが聞き手に対する説明によって検証されたりする。

　補助的なストラテジー（しばしばセルフマネジメントとも言われる）は情報処理過程の開始と維持を目指している。ここでは自己動機づけ、妨害や競争的行為計画の除去、関心制御、時間計画が挙げられる。

メタ認知

　メタ認知は自分の認知体系についてのあらゆる知識（メタ認知的知識）を包括している。認知体系の変容につながるあらゆるやり方はメタ認知的ストラテジー（metakognitive Strategie）と特徴づけられる。子ども期初期に付随的に進む学習過程は、発達過程の中で自己観察の過程や適切な指導を通して意識的に行われるようになる。学習は知識と技能レベルで外界との関連においてのみ耕されるのではなく、内的過程とその操作可能性についての知識との関連においても耕されるものである。

　とりわけ興味深いのは、状況による所与性の問題あるいは利用可能なストラテジーの抽象性である。メタ認知体系を構築する基礎は、内容に取り組む

学習過程において生起する具体的で固有な経験である。構造的類似性の認識を通して、一定の適用の幅を有するプロトタイプあるいはシェーマが構築される。このような具体的な諸経験に基づくときのみ、一つのストラテジーの直接的・抽象的な媒介を考えることができる。それゆえ誰かに何かをしろと言っても、具体的な練習なしにはその人には不可能である。ストラテジーの適用についての考察から示唆されることは、生徒は質問という形で一貫してストラテジーの適用を試みていることを知らせてくれているということである。ただし具体的な課題に取り組むことしかしなかった場合、指定されたストラテジーは質の高いものには全くなっていないということが見えてくるだろう。例えば文章で何か知らない単語に出くわしたときに何をしたらよいかという問題に直面したとしたら、生徒たちはそれでは辞書を使おうと提案するであろう。しかし辞書を使わないあるいは使うことができない生徒たちでもこのことを表明することができるということが、観察する中で見えてくる。

行為としての学習

　行為としての学習の構想（Dulisch 1994）は（古典的学習理論のように）学習は実際にいかになされているかの過程を研究するのではなく、むしろ学習するために学習者はいかに行為するかを研究するものである。

　学習者が学習問題の前に立たされたとき、すなわち彼らが持ち合わせている知識状況を変容させたり、あるいは料理や運転といった関連する行為と結びつけて自身の行為性向（Handlungsdisposition）を改善させたりすることを試みるときに、学習者は行為することができるのであり、その行為は意識的なやり方で目標に基づいて固有の知識と習熟に影響を与えるのである。これを学習行為と呼ぶ。適切な学習行為を遂行するために学習者は、いかに行為が知識と習熟に作用するかについてのイメージを扱えるようでなければならないし、目標を設定し、学習行為の遂行を計画し、計画を実現するとともに、監視（überwachen）しなければならない。こうして見ると学習とは二つの次元において行為することであり、行為体系の改善が重要となってくる。行為についてのあるそれまでの熟考もまた学習にとって意味がある。中心的な問いとはすなわち、生徒がある状況を学習状況として認識することができるのか？生徒は学習目標を立て、あるいは立てられた学習目標を受け入れること

ができるのか？生徒は学習状況にふさわしい行為計画を構想することができるのか？生徒はそのために必須となる動機をもっているのか？生徒は計画を実施することができ、その実施と行為の結果を適切な制御プロセスを通して監視することができるのか？である。このような学習構想においては、学習結果を引き出すために方法（Methode）という考え方が用いられることとなり、期待される結果をもたらしうる方法が必要となるのである。

付随的学習（Beiläufiges Lernen）

　学習それ自体が意図されることなく起きたときに、我々はそれを付随的学習と呼んでいる（Oerter 1997参照）。学習者が行為する中で別の目的を目指そうとしている間にも学習はおのずと発生している。一つの例を取り上げよう。あなたがスキープレーヤーとして滑走を楽しむという目標をもって山肌をすべるとき、学習しようという意図がないにもかかわらず、よりよい位置調整をするといったようにスキーをするための制御プログラムを最適化しようとするだろう。子どもの遊びにおける学習はこうしたひな型に従って意味づけられる。子どもは遊びの中で状況に応じた行為目標に従っているものの、他者との相互作用や対象との取り組みの中で付随的に学習過程が引き起こされているのである。例えば、そのこと自体は目標とされていなかったにもかかわらず、社会的な習熟や対象との取り組みの手腕を獲得するといった具合にである。このことは、学習が意識せずとも行なわれる自動制御装置（Servomechanismus）であるという命題の証明でもある。付随的知識のメルクマールとして挙げられるのは、学習者が学習過程を意識していないということである。このことはある学習意図をもって学習対象に意識を向けることがないということを意味している。付随的に学ばれたものはたしかに行為の中でも用いられうるものであるが、たいてい意識的な知識と呼べるものではないだろう（例えば、用いられている規則を挙げることができなくても、子どもは自分の発話の文法を正確に用いているといったように）。学習と学習されたものは文脈の中に埋め込まれており、しばしば――それを習得した状況に似た――文脈の中でのみ引き出すことが可能である。小さな子どもの場合は、学習はもっぱら状況的であるとともに付随的であるため、意図的な学習というものがまず展開されうるようにしなければならない。他方で年数を重ねた子どもにとっても、引き続き付随的な

学習過程は重要な役割を果たしているととらえておく必要がある。

　付随的学習の構想は、授業における反復的な行動様式が何の直接的な教授意図なしでも学習成果をもたらすことがいかに起こりうるのかを明らかにしている。このとき、提示された取り組みのし方がスタンダードな手続きとして受け入れられ、ほかの行動が選ばれなくなることがよくある。教員が手本として提示する意味のある思考・活動のひな型がストラテジーとして付随的に受け入れられるのであれば、ポジティブな効果をもたらすと捉えてよいだろう。しかし付随的学習によって選ばれなかった行動様式は、「不適切」あるいは「禁じられた」ものとして体験されることもありうるのである。そこでは創造的な解決の探究は妨げられてしまうことになる。観察の中で、学習は付随的かつ学習行為としてあらわれるのである。

3－2　学習の基礎モデル

　知識と学習に関わる考察に続いて示すのは、生徒たちが状況、内容あるいは問題と取り組むときに取り扱わねばならない認知プロセスについて考えるために、いかにこれらの知識が用いられるのかである。「事実」が自明のものではなく、むしろ、そのつどの認知過程が状況との取り組みにおいて必要であるということについて教師は考えておかなければならないということから始めよう。我々の学習の基礎モデルの構想はハンス・エブリとフリッツ・オーザー（Fritz Oser）、フランツ・ベリスヴィル（Franz Baeriswyl）の考察に連なるものである。

　教授と学習を共同構成だと捉えるならば、両者間の対話的なやり取りのための前提が既に存在しているか、あるいはこの前提が生み出されねばならない。このことから、既に用意された教授提供（Lehrangebote）（説明、教材、課題設定）はその利用可能性に目を向けることで学習者によってじっくり検討されねばならない。知識を構造化することのみでは、知識がいかに獲得されうるかというステップは依然として生じてこない。そのために必要となるのは学習構造の分析（Lernstrukturanalyse）であり、それによって知識獲得に必要不可欠なステップが検討される。授業の表層構造（可視的な構造）と授業の深層構造（Tiefenstruktur）の区別に基づくのは、ドラマ論的に興味深い授業を重視するだけではなく学習効果の高い授業を構成することを重視す

るスタンスに立つからである。それゆえ重要となるのは、知識の獲得あるいは事物関連への取り組みのために心理学的に必要不可欠な部分的ステップをよく考えることである。学習の基礎モデルは、組織化されかつ目標に向けた学習活動に目を向けて授業を検討することを促す。以下ではまずこの基礎モデルに言及し、そしてそれぞれについて紹介したい。

1．経験する
2．知識を獲得する
　　——言葉の意味を把握する
　　——概念を形成する
　　——事物関連／事象の把握／理解と、メンタルモデルの中での表現
3．省察（Reflexion）／熟考（Kontemplation）
4．行為
　　——外的世界における行為
　　——メンタルな行為（操作）
　　——習熟（スキル）の構築
5．問題解決と発見
6．論証（Argumentation）
　　——議論（Diskurs）において
　　——討議（Aushandeln）において
7．構成／表現
　　——言葉と文字を通して
　　——創造的なメディアを通して（音楽・絵・ダンスなど）
8．体系の発展による成果の向上（質的飛躍）

　ある人の行為・体験・行動の変化としての学習は、例えば上述の基礎モデルからもたらされるものである。それぞれの基礎モデルは、それぞれの方法で学ぶために必要不可欠な一連のステップからなる。

第一の基礎モデル：経験する

　諸経験からの学習を可能にするためには、以下の構成要素がとりあげられる。

1．経験はある状況の中での活動を通して人間に結びつく。経験からの学習

を可能にしようとするならば、個人が潜在的に可能な活動及びその活動の文脈条件の省察から始めるべきである。
2．一連の活動が適切な状況の中で行なわれているかに配慮しなければならない。
3．活動に結び付けられた体験の意味は、社会的交流によって拡張される。それゆえ学習者は自身の経験について報告しなければならない。
4．異なる主体によるそのつどの経験の受け取り方に共通の要素を分析することで一般化の可能性が追求される。
5．最終的に、似たような経験の省察が、口頭あるいは筆記の語りないし報告によってなされうる。

第二の基礎モデル：知識を獲得する（事物関連を理解する）

　学校における知識の獲得はしばしば話を聞いたり、文章を読んだりすることでなされる。このときなによりもまず根本に置かれるのは、言葉の意味を理解することである。そのために既有知識が活性化される。その上で簡潔な例が示されたり探求されたりして、新しい意味と結びつけられる。そして、その例の特殊なメルクマールが際立たされるか、あるいは他の例との対照によって明らかにされる。新しく獲得された言葉の利用法を実際に用いることやその言葉の持つ文脈の拡大によって、その定着が可能になる。
　ある概念の獲得のためには、単に命名するだけで事足りるのではない。その対象のグループの形成が重要なのである。ここでまた既有知識が活性化させられねばならない。対象の入れられるグループのプロトタイプのイメージに基づいて概念は切り開かれる。つまり批判的な特性の分析とこれに属さない対象に対する境界づけによって概念は習得されるのである。適用課題と分析課題、統合課題などの助けを借りて概念を十分に吟味することが概念形成を確固たるものにする。色々な、しかし似た構想を助言してあげることによって拡大された文脈への適用は知識体系を拡げることとなる。
　事物関連の理解あるいは事象の把握とメンタルモデルにおけるそれらの表現のために必要なのは、概念を複雑に関連づけることである。それは明確に、イメージ像、進行シェーマやメンタルモデルと結びつく。そのさいにまず事物関連やその事象の概観を手に入れなければならない。それらの重要な部分

が分析的に区別され、その役割に応じて全体構造のうちに位置づけられる。そして概念形成と類似して、行動もまた一つ一つその都度の部分にあてはめられる。イメージ像の構築が努力して得られるとき、事象の記述を手がかりにメンタルモデルの形成が促される。これは視覚的な描写によって支えられる。様々な解決レベル——あるときには要素を連結すること、またあるときには個々の要素を様々なきめこまやかな構造の中におとしこむこと——を伴う知識の全体構造をくぐりぬけることで柔軟に設定可能な知識体系が考慮されることになる。

第三の基礎モデル：内容と価値についての省察／熟考

　理解する学習は、一つの内容についてよく考えること（内容についての省察）を必要とする。内容の省察には事物の関連構造（Bezugsystem）が用いられる。事物関連は価値の観点の下で考慮されうる（価値についての省察）。行為を判断するときには価値についてのイメージとの関連が重要である。生徒がこうした批判的な思考をしなければならないのであれば、例えば体験や経験を、その意味の中で認識することができるようしっかりと捉えさせねばならない。さらに主観的で多様な諸体験の解釈や出来事の価値づけはこの関連構造（自伝的経験や異なる秩序体系や価値体系）に依存しているということを理解する学習が必要である。他の関連構造を適用することでその意味が変化しうるものであることを経験するためには、視点の転換が役に立つ。閉鎖的な考え方からは——一つの解釈には潜在的にいくつもの視点があることを知っているにもかかわらず——、個人的な意味しかテーマ化されえない。価値の省察に際しては、価値構造の熟考および価値の根拠づけと正当化の可能性によってコンピテンシーの向上が可能となる。

第四の基礎モデル：外的世界における行為とメンタルな行為および習熟の構築

　外的世界における行為において重要なのは、現実の世界における目標志向の行為である。行為は定義に即せば操作的に目標主導的な活動に取り組むものであるため、以下のステップから構成されることになる。

- 状況の所与性の解明
- オルタナティブな目標の形成と目標の選択

- オルタナティブな行為計画の生成
- 適切な計画の選択
- 部分的な行為の分析
- 計画の遂行・その遂行の制御・その遂行の質の制御
- 行為成果の評価
- 過程の省察と最適化の可能性についての熟考
- 場合によっては改善のための試みの実施

　行為する際には、別文脈での部分的行為の経験を参照することで、類似した行動を試すことができる。

　内的な行為（操作の実施）やメンタルな行為においては、頭の中で行為がなされることになる。そこでは、内化（Verinnerlichung）の段階的進行が組織される必要がある。世界あるいはモデルにおいてまず外化された行為を手がかりとして内的な行為へと至る内化の過程は、発話を伴わないメンタルな表現によってなされるか、あるいは記号体系（例えば数）の中で行われる。そのさいに一度あるいはそれ以上の移行（Übergang）が行われる必要があり、そのために必要な部分ステップの数は個別的にかなり異なっている。

　習熟（スキル）は、例えば手紙を書くという習熟の際のつづりや単語を書くことといった独立していない部分的行為の定着に次いでなされるものである。しかしその獲得に際しては、習熟は独立した学習過程であり、長く時間のかかる学習の進行と練習に結び付いている。習熟（スキル）の構築に際してはまず、内的なモデル、すなわち実施された行為のイメージを展開するモデルが形成される必要がある。それに続いて実際の行為を試みるなかでイメージの転換が試みられる。そして作用の分析といかにすれば改善がうまくいくかという仮説の形成が行われる。このような仮説は成果豊かに習熟を実現するために大いに役立つ。うまく実現されたものは練習によって自動化され、このことはわずかにしか注意が向けられなくとも習熟がなされるために必要なことでもある。

第五の基礎モデル：問題解決と発見

　この学習法は利用可能な情報の活動的な生成とその利用による知識構築を目指している。ここでは世界についての新たな認識（宣言的知識）が獲得さ

れると同時に、発見的方法の利用もまた獲得されねばならない。推奨される一連のステップは、形を整えながら行ったり来たりを繰り返しつつ取り扱われ、最終的な解決へと至るというものである。この段階的進行は以下のものを包括している。

- 問題の事前状況や固有の定義
- 所与のものの分析
- 目標の分析
- 障壁の分析
- （情報創出や解決に向けた）行為計画の展開
- 計画の適用
- 引き起こされた成果の観察と評価
- 過程の省察

　生徒の問題解決と発見は教師によるモニタリングによって監視され、必要な場合には援助という形で支援される。ここで重要なことは、過程関連的に——つまり部分的なヒントと支援によって——援助することであり、答えの一部や解答を先に与えてしまうことではない。

第六の基礎モデル：議論と討議における論証

　生徒たちは説明を行い、何かに論及し、自らの見方を描く必要がある。ここで重要なことは、根拠をもって——事実の説明やあるいは検証された想定に基づいて明快な推論を通して——なにかを説明することを学習することである。討論においても必要となるのは、自らの見方を展開し、根拠づけることである。そのときまず、会話の状況が、論拠の提出に重要なものの一つとして認識される必要がある。この状況がそのようなものとして認識されるか、あるいは定義されねばならないのである。提出された論拠にはその内実に即して分析される必要がある。このとき論拠の確実性と妥当性をいかに検証するかという規準（Kriterium）が検討されねばならない。こうしたやり方が用いられ、その結果が評価されるのである。

第七の基礎モデル：言葉と文字あるいは創造的なメディア
　　　　　　　　（音楽、絵、ダンス）による事物関連の構成／表現

学習の成果と取り組みの成果は発表されなければならない。成果を適切に表現するためにさまざまなやり方が考えられる。全員の前で話すこともできるだろうし、文章で書くことや、創造的なやり方（ポーズ決め、ロールプレイ、演劇、ダンスなど）も選ばれるだろう。取り組みの成果の表現のために必要なことは（特別な構成によって）状況のお膳立てと素材の用意をしてあげることである。最初は感情に任せて取り組まれることになるだろう。ここで役に立つのは、すでに構築されている活動力を一つの構成物へと創造的に転化しうる支援的な認知構造を作り出すことである。さらに構成および作業技術のルールを取り決め、それを学習することが求められる。創造的な転化がなされたうえで、続けて成果と経験の表現と省察がなされる。

第八の基礎モデル：体系の発展による成果の向上（質的飛躍）
　この基礎モデルとともに、長期的かつ個別の経験を包括する学習過程が視野に収められることになる。個別の学習過程において経験されたこれまでの思考構造と行為構造との乖離（Diskrepanz）が、一個人の中で成果を生み出すあらゆる他の領域に影響を与える質的な飛躍を引き起こすことができる。このような新しい段階が浮かび上がることで、同じく獲得された可能性を他の領域と学習領域へと応用することが意味をもち、また安定したものとなる。こうした変容への原動力は、目標とされかつ省察された乖離の体験である。この乖離を処理することは、例えば構造化された経験状況の構成や省察の促し、そしてコーチングといった援助によって支えられる（Kiper/Mischke 2004, 115-117頁参照）。
　ここで描いてきた基礎モデルは、キーパーとミーシュケの著作（2004・2006・2009）に依拠している。このモデルはフリッツ・オーザーとフランツ・ベリスヴィル（2001）によるリストとは区別される。オーザーとベリスヴィル（2001）によって挙げられたストラテジー適用の基礎モデルは、我々の見方ではなんら独立した基礎モデルではなく、それぞれの基礎モデルの特定の一部分にすぎない。それぞれの基礎モデルに属す操作過程は省察とメタコミュニケーションによって特徴づけられると同時に、困難さのある学習者にとってもアプローチできるものである必要がある。
　マクロなプランニングにとっては、より大きな知識およびコンピテンシー

領域において内容を学習効果のある配列とするための考察がさらに必要となる。螺旋的カリキュラムや段階に応じた分化（Differenzierung）の構想といったシークエンスの基盤的なモデルが、ここでは計画の補助として用いることができよう。タスク分析を記述するというやり方も、ここでは用いられてよいだろう。

学習困難（Lernschwierigkeit）

「一般的に学習困難とされるのは、生徒の成果が義務的な制度的・社会的・個人的な関連規準（Bezugsnorm）（スタンダード、要求、期待）から許容しうる範囲内で逸脱している場合や、スタンダードへの到達（ないしは未到達）が学習者の行動や体験、あるいは人格発達において予期しえない副作用へと至る負担と結びつく場合である。」（Weinert/ Zielinski, 1977引用はZielinski 1988, 13頁）この表は起こりうる形式を示したものである。

表4-1：学習障害の種類

	領域専門的（部分）	一般的（普遍的）
一時的（通過的）	個々の教科における学習遅滞	就学困難、神経障害
継続的（永続的）	読み——書きの困難さ、計算における困難さ	学習の困難さ、学習遅滞、学習障害、知的障害

（Lauth, Brunstein/ Grünke 2004, 13頁）

学習困難の発生条件は、既有知識や学習動機、指導に対する理解のような内的条件と、許容された学習時間あるいは授業の質のような外的条件、そして授業の環境（Klima）やピアグループの関係性、家庭事情という条件、メディアのような抑制条件にしたがって区別される。

学習困難や学習障害のある子どもは以下のような領域において一つかそれ以上に欠けている点があることが指摘される。

● （読み、計算などの前提としての）情報処理の基礎習熟
● 既有知識ないしは用いることのできる概念の体系（既有知識の量と構造）
● メタ認知的習熟（学習行為の計画と監視）

授業において生徒への援助が必要であるならば、授業を進行する上で助けとなることは上述のどの部分が欠けているのかに依存するために、診断的な解明が必要となる。ある子どもが例えば文字で示されることによっては学習課題に取り組むことができないのだとしたら、前で読んで聞かせたり実際に演じて示したりすることがその子どもを助けることにもなりえるだろう。

■　4　学習アレンジメント、足場かけ、モニタリング　■

　学習アレンジメントは、授業状況における学習の目に見える重要なメルクマールの全体を取り扱う。生徒がその学習行為をここで目標とされている学習効果へと方向づけるためには、その学習効果を取りあげることがかなり有益であるにもかかわらず、そうした学習効果はこの状況において直接的に与えられるのではない。学習アレンジメントは、以下から構成される。

- 内容
- 素材／メディア
- 課題設定
- 社会的形態
- 方法（目に見える学習活動という表層構造への着目と学習の基礎モデルに従って各ステップを考慮した上での深層構造への着目）（Kiper/ Mischke 2009, 87頁参照）

　一連の学習アレンジメントから成るものとして授業は理解される。それをプランニングすることは、そのような学習アレンジメントやその一連性をあらかじめ思考の中に入れておくことにある。以下に、学習アレンジメントを構成するための基礎となる思考の過程を挙げていこう。

内容の構造化
　クラフキーによる教授学的分析から選び出された問いは、授業にとっての対象の適性を検証することに役立つ。その問いとはすなわち、内容の構造とは何か？である。意味があると認識される授業内容の構造を明確にイメージすることは、この授業内容への生徒のアプローチを考察するためのいわば基

盤である。内容の構造を明確にイメージするためには、以下のような問いが重要である。
1．一つの意味関連を成す内容の個々の契機（Moment）はどこにあるのか？
2．これら個々の契機はどのような関連にあるのか？

　事物分析や教授学的分析の一部分として内容の構造を明確にすることは、「タスク分析（Task-Analysis）」というキーワードで書かれたアングロサクソン系の著作（Jonassen/ Hannum/ Tessmer 1989）において示されているやり方によってより鮮明となる。その成果を援用して内容の構造を明確にしていこう。ここから得られるのは、学習アレンジメントの構成にとっての示唆とその一連性にとっての示唆である。すなわち概念階層分析（Begriffshierarchieanalyse）と情報処理分析（Informationsverarbeitungsanalyse）を取り上げよう。

　概念階層分析が適用されうるのは、教材が諸概念ネットワークとして構想されるときである。

概念階層分析のためのステップ：
1．概念階層分析が適用可能であるかどうかの確認
2．取り扱われるべき領域に関わる情報源の収集
3．課題や内容に関わる概念の確認
4．内容（例えば○○の様式や○○の部分）をカテゴリー化・グループ化する方法の選択
5．あらゆる諸概念の上位にある概念の探求
6．この上位概念に対応する最初のレベルの下位概念の探求。その一つ上のレベルにこの概念よりも下に位置づけられる概念はないか？
7．最下位のレベルの概念の探求
8．配列の完全性と適切性から見出した階層の検証
9．その階層を用いた取り組み

　例えばこの概念階層分析の経過が重要となるのであれば、情報処理分析に意味がある。この分析では、課題を処理するために必要な操作や決定を探求する。ある仕事をするコンピテンシーのある者の処理過程を描くことを試みてみよう。その仕事のために欠かせない下位の課題の明確な描写がうまくいくことによって、どのような知識と習熟が媒介されるべきかがはっきりと導き出されることになるのである。

情報処理分析のためのステップ：
1．情報処理分析が適用されることができるかどうかの確定。ステップや順序へと解体できることが前提である。
2．課題や活動の最終目標の記述
3．この課題を克服しうるあるいは活動を実行できる人を探し出すこと
4．必要なデータを集めるための手続きの選択。考えられることは、3．で選んだ人の観察、質問、あるいは自己記述である。
5．下のような表を例にした、すべてのステップの集約

ステップ	操作	成果	決定	～ならば○○という関係	その他

6．操作と決定が全て出そろっているかの検証と想定されるステップの順序とその一つの長さの正確性の検証
7．フローチャートの素描
8．フローチャートの検証（例えば、他の人にその検証を依頼する）
9．実際にフローチャートを試してみる。

足場かけ

　すべての生徒が既有知識を同じように有しているわけではなく、またすぐれた知的達成能力を同じように有しているわけではないため、個々の生徒、あるいはそのグループにとって意味があるのは学習アレンジメントを要求豊かにあるいはより容易なものとして構成することである。簡略化（Vereinfachung）としては、学習課題に追加的な援助を与えること、例えば、課題への取り組みのための足場（Gerüst）を立てられるようにすること（足場かけ）が想定される。足場かけは生徒の異質性に対する一つの回答である。同程度の最終的な達成（コンピテンシー）が念頭に置かれるのであれば、生徒が自主的にそして援助なしにうまく課題に取り組むことができるまで、ステップ・バイ・ステップで相互に重なりあうように配置された学習アレンジメントの足場を一つずつ取り除いていくことになるだろう。こうした手続きの前提となっているのは、十分な学習時間が一連の課題のために用意されているということである。同じ学習結果を得るためには、困難さのある生徒にはより多くの学習時間が必要とされるのは明白である。学習のための足場を構成するために考慮されるべきことは何のためにその援助が必要とされているのかである。例え

ば、メタ認知的習熟や既有知識の欠落を補うこともできるであろうし、あるいは情報処理におけるオルタナティブな方法を提供することもできるだろう。

モニタリング

　モニタリングで重要となるのは、個人の生徒あるいは学級の学習状況や学習過程を、学習過程の制御を考慮して評価しておくことである。このときの目標は、適切な援助を提供するか、何かを明らかにするために、診断的観点から学習過程における部分目標の到達を評価することである。モニタリングとは、学習を改善するための一連のフィードバックの構築とその維持として理解されうる。モニタリングは授業実践における良さを把握し、教師が自らの経験から学び、その経験を体系化し、方法的な記述によってその経験をよりよいものにしていくことを助けようとするものである。そのためにさらに示唆的なのは、「クラスルーム・アセスメント・テクニック」(Angelo/ Cross 1993)という著作である。ここで基底に据えられているのは、授業の質は授業の改善によって最適化されるということである。そのために必要となるのは、教師がその目標を明確にし、目標の達成度に対するフィードバックを得ることである。生徒も同様に自身の学習を改善するためにふさわしい目標に基づくフィードバックを必要としているのであり、固有の学習成果を自分で評価することも学ばなければならないのである。学習成果の評価のために教師自らが執る取り組みは、授業に関わって自らで立てた問いに答えることにもなり、また教授の質を改善する際にはすぐ目に見える形での成果を保証するものでもある。

　モニタリングのための出発点は以下の問いにまとめられる。

　　＊授業で教えられ学ばれるべき基礎的な習熟と知識は何か？
　　＊生徒がこの知識を実際に学んでいるかはいかに見出されうるのか？
　　＊生徒たちがよりよく学ぶためにどのような援助ができるのか？

　（目標を明確にするためにはタクソノミーを志向することも役立つ。Anderson/ Krahwohl 2001では学習目標のタクソノミーは次のように区別されている。

- ● 知識
- ● 理解
- ● 適用

- 分析
- 価値づけ
- 統合

彼らのタクソノミーでは、事実に関する知識、概念的知識、手続き的知識と技能、メタ認知的知識が階層的に措かれている。）

モニタリングには制御関連の情報収集が重要であるため、教師と生徒との間にはパートナーシップの関係が求められる。獲得された情報は教師と生徒によって同じように学習過程の改善に用いられる。だからこそ教師と生徒は互いに協力し合えるのである。こうしたやり方はその機能においてわかりやすいものになりうるし、また共同で価値づけることもできる。

したがってここで試みられるべきは、容易に応用可能であり、評価のために過度な負担とはならず、生徒にも納得しうるやり方である。学習制御の機能が発揮されうるのは、このやり方が学習において重要な要因を想定して構想され、かつ学習過程の重要な諸次元に関わって配列されるときのみである。その上で教科固有の学習過程についての認識が体系的に獲得されうるのである。

教師は学習過程を想定してモニタリングを行い、それをもって学習の進行を制御し、そこでなされた経験を評価するのである。この意味で教師によって用いられるやり方には以下のようなものがある（Prell 2000参照）。

——個々の生徒の作業を観察する際の目視による診断
——生徒たちの「より深い」理解を実現するための媒介的問いの設定
——間違いの分析。これは教師が気がつくこともあれば、学級の中で修正されることもある。
——黒板に示された課題に「ああでもない、こうでもない（laut）」と考えることを生徒に要求すること
——授業における学習成果を検証するための学習目標に関わる簡単なワークシートへの取り組み

考えられるやり方の例としては、応用補助カード（Anwendungskarte）の使用や、生徒自身が作ったテスト課題の使用、学習者の考え方・価値観・自己意識の二段組みノート（Journal mit doppeltem Eintrag）への記入による評価、そしてプロセスの評価が挙げられる。

応用補助カードを用いる際には、獲得した知識に対する応用可能性を生徒

が認識しているかどうかが明確である必要がある。

応用補助カードを用いるためのステップ：
1. 今まさに学習されたわかりやすく応用可能な原則や手続き、あるいは理論をそれぞれ明確にしておくこと。
2. どのくらいの応用例を問おうとしているのか、そのための時間をどのくらい与えようとしているのかを決定しておくこと。3つ以上の応用を問うべきではないだろう。その問いを入念に作り上げ、生徒に与え、応用例の探究のための時間を約5分、生徒に与えること。
3. やり方をあらかじめ伝え、回答のための小さなカードを配ること。すでに授業で取り上げられた応用例の繰り返しではなく、新しい適用例を探求することを求めること。
4. カードを集めて、フィードバックをいつ行うかを伝えること。

評価のためのステップ：
　カードをその質にしたがって分類して重ねていく。質の段階は、非常に良い例、良い例、受け入れられる例、受け入れられない例のように限定する。受け入れられない例について学級で触れる場合には、その例を挙げた生徒がもはや判別しないように加工しなければならない。

　生徒自身が作ったテスト課題を使用する際には、課題や正しい回答を考えたときにこそ学習成果ないしは教材理解がよく導き出されるという原理が考慮されなくてはならない。

生徒自身が作ったテスト課題の使用のためのステップ：
1. 定期的に間隔をおいて行なわれる達成の検証と関連づけておくこと。どの素材とどんな種類の課題を想定しているのかを書きとめておくこと。
2. 各々の種類の課題がどれくらい作られるべきかを決めておくこと。
3. 要求していることと課題の利用とを明確にしておくこと、そして実際のテストでの達成能力にどのように作用するかを明確にしておくこと。(この課題はペア作業や小グループ作業にとくに適している。)

評価のためのステップ：
　要求水準と内容にしたがって課題を分類する（学習目標のマトリクスに応じて）。全ての重要な内容が扱われているか？期待される学習目標の段階が適切に作られているか。不十分な形式となっている課題をあらかじめ除いておくこと。学級にフィードバックとして伝えるいくつかの課題を選ぶこと。

　学習者の考え方・価値観・自己意識の評価法が生徒に要求することは、生徒たちが課題についてよく考え、その考えを練り上げることである。このた

めに二段組みノート作りが役に立つ。このノートへの評価は、生徒がどう作業しているのかについての示唆を教師に与える。

> 二段組みノートによる活動
> 1．それ自体で完結した読みごたえのある文章を選ぶ。
> 2．生徒たちには縦に二列になった白紙のノートで作業をするよう伝える。
> 3．左の列に生徒自身が特に重要だと感じた文を短くノートに写させる。
> 4．右の列になぜその文を選んだのか、そしてその一節を自分がどう捉えたのか——例えば賛成、反対、あるいはそれに関わる疑問——を書かせる。
> 評価の進め方：
> 　教師自身も同じようにこの文章に取り組んでみる。そのさい、中心的な観点を明確にしておく。
> 　文章の中心的な文が捉えられているかどうか、生徒のノートの左の列を確認する。そこで教師自身は重要だとは思わなかった文が生徒のノートに出ていないかにも注意する。類型と頻度に応じて生徒のノートの右の列にある論拠を分析する。

　ここで取り上げたやり方はあくまでも例であり、スタンダードなやり方として取り上げたわけではない。それぞれの利用目的にふさわしく変形させることは比較的容易であることも指摘しておきたい。

授業における内的分化
　前提条件が様々に異なっていてもなお生徒が共通の目標、すなわち同じコンピテンシーに到達することが授業において求められるのであれば、授業における内的分化がなされなければならない。教師は例えば三つの異なる水準で授業内容を提供するという決定をすることができる。一連の学習アレンジメントは、多数の生徒に対して中間の生徒を水準に計画される。加えて低い水準では学習のための足場が加えられながら授業は進められる。高い水準では、例えば自立的な作業を要求する学習課題に基づいて学習行為が計画される。これら三つの生徒集団はみな同じ学習アレンジメントのステップを踏んでいくのであるが、課題の難易度という点では異なる水準にあることがわかる。教授・学習のシークエンスの終わりに課される検証課題によって、目標とされるコンピテンシーを媒介しえたかどうか、あるいは学習成果があまりに拡散しているために追加の援助を提供する必要があるかどうかが示される。

この図はこのような分化を伴う授業の見取り図である。

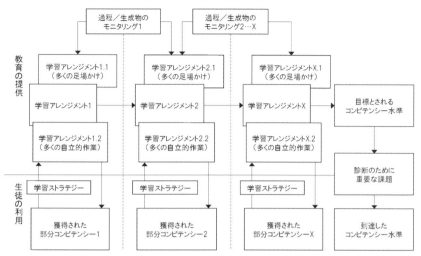

図4-5：異質なグループのための学習ストラテジー

（出典：Kiper/ Mischke 2006, 80頁・Kiper/ Mischke 2009, 124頁参照）

　きわめて異質性が際立つ学級の場合、それぞれの内容ごとにおける水準を個々の生徒に割り当てることは同じようにはいかないであろう。達成度の評価は誰がどのくらい高い水準で学んだかに依存するのではなく、検証課題で立証されるコンピテンシーから導き出されることになる。

　この構造に対して生徒間の知識と技能の差があまりにも大きい場合には、どのようなやり方をとればよいのかをじっくりと検討しておかなければならない。その後の授業は一貫して目標が分化するであろうし、異なる要求レベルで計画され、実施されることになるであろう。ここで取り上げた三つの水準グループということであれば、一つの教室において三つの異なった学習の進行がそれぞれ異なった目標水準によって計画されるべきだといえるだろう。

5　授業計画の事例：4年数学「立方体の展開図」

　ここでは、授業計画の事例を示すために「立方体の展開図」をテーマとした数学の授業をとりあげる。

事物分析（Sachanalyse）

　立方体の展開図は、折りたたむと立方体の表面となるそれぞれの辺が接する6つの正方形から構成される。立方体の展開図は平面上の構成と立体的な構成とを関連づける。したがって立方体の展開図は、面と図形の形、立体に関する認識を獲得させるのにふさわしい内容である。そのため、イメージの中で折りたたむというメンタルな操作が同時に現実における用意された教材で実際に折りたたむという行為を通して検証されうるため、立体的にイメージする能力を向上させることができる。

　初等教育領域の数学科の教育スタンダードに示される、獲得されるべきコンピテンシーは、「空間と形」の領域の中では以下が挙げられている：

　「空間の中で目指すのは以下の点である。
- 空間的にイメージする能力を身につける
- 空間的な諸関連を認識し、記述し、利用する（...）
- 組み立てられたもの（例えば、立方体の組み立て）の二次元で描くことと三次元で描くこととを関連づける（...）。」（Beschluss der KMK 2004, 10頁）。

「幾何学の図形を認識し、名称を確認し、描き出す
- 性質に応じて立体や平面図形を分類しそれを教科概念にあてはめる
- 立体と平面図形を、実際の環境の中で再認識する
- 立体と平面図形のモデルを作り、さまざまな探求を行う（組み立て、置く向きを変えること、解体、組み合わせ、切抜き、折ること...）」（Beschluss der KMK 2004, 10頁）。

学習構造の分析

　立方体についての既有知識を活性化させることで、辺を接する6つの正方形を折りたたむと立方体になるということを生徒たちは認識する。ある6つの正方形の組み合わせから立方体が出来上がるとするならば、その組み合わせは立方体の展開図だといえる。立方体の展開図といえる正方形を組み合わせた形は数多く存在する（厳密には11個）。「立方体の展開図」は、それゆえいくつもの要素にあてはまる概念である。また、折りたたんでも立方体にはなりえない正方形の組み合わせも成り立ちうる。だからこそ授業においては「立方体の展開図」という概念の範囲を描き出すことができる。そのた

め、空間的にイメージする能力を鍛えること（メンタルな操作として折りたたむこと）が必要となるため、この要求にかない、かつ他の操作では解決しえない課題が用いられなければならない。実際に折りたたむこと（実際の世界における行為）でメンタルな操作が適切であるかどうかを検証することによって、メンタルな能動性についてのフィードバックが生徒に与えられることになる。イメージ像をもってメンタルに行為することが重要であるため、そこでの操作を記号的にコード化する必要はない。

　学習困難な生徒に対する足場かけは、メンタルな操作を一つずつ積み上げる支援としてなされねばならない。

パーソナリティ特性

　形式的な操作の段階においては、メンタルな操作の中では裏返すことができる生徒がますます増えてくる。基礎学校の学級においては、程度は異なるものの、立方体を折りたたみ開くことを、裏返しをしながら行うことで立方体の展開図にすることができる生徒を目の当たりにするだろう。そのための時間が用意されるべきである。一つ一つの課題をとってみれば、過剰な要求をされている生徒たちに対しては、援助やより簡単な課題の提供がなされねばならない。

基礎学校4年の授業テーマ「立方体の展開図」の進行案

授業目標	授業内容	学習の基礎モデル	教授・学習アレンジメント	足場かけ	モニタリング	時間
既有知識の活性化	立方体、正方形、平面、面、辺、角	知識	教師は立方体を示し以下の本時の目標を挙げる：我々はどの形態から立方体に折りたたむ事ができるのか、あるいは我々はどうすれば立方体を平面に展開することができるか調べよう。			5分

第4章　統合的教授学に基づく授業プランニング

			まず想起することは立方体について何を知っているかである。そのためにワークシート1を提示し、それぞれでワークシートの空欄を埋めさせる。		ワークシートに記入をする。全員の生徒が各自で記入する。	
折りたたんでの立方体の作成		行為	ワークシート2が、6つの正方形の2つのパターンを示している。それぞれのパターンが折りたたむだけで立方体になりうるかどうかをワークシート2をじっくりと見させ、立方体になるかどうかを考えさせる。 パートナー作業（形を切りひらいて折りたたみ、粘着テープを使って立体にする。） 立方体にできないパターンの場合、立方体にならない部分に赤〇をつける。	補足シート1 折りたたみの指導 パワーポイントの提示		10分
立方体の展開図という概念の獲得	折りたたんだ立方体をもう一度開き立方体の展開図にとってのプロトタイプとする。	概念形成	学級全体で定義する：立方体の展開図は折りたたむことで立方体となるつながった6つの正方形でできた形である。 定義を記入し、書き写させる。 2つ目のパターンは、立方体に折りたためないので立方体の展開図ではない。	ワークシート2	学級全体で立方体としるしをつけた部分を確認する。 ノートに書き写された定義を確認する。	5分

形の違う展開図（Alternative Netz）の検証		メンタルな行為 （操作）	個別作業：ワークシート2の2つのパターンをイメージの中で折りたたませる（一方は変更されない立方体の展開図であり、もう一方は立方体にはならない展開図である）。	補足シート2パターンに基づく頭の中での折りたたみに関する指導	10分
			決定：立方体の展開図になるかどうかを判断する。	様々な難しいパターンの事前準備	学級全体で議論する。
			立方体にならない所にしるしをつける。	ワークシート3a・3b・3c	
形の違う展開図の組み立て		統合 メンタルな行為	4人の生徒によるグループ作業 1．個別作業：未完成の3つのパターンに正方形を書き足して、立方体の展開図にする。 2．グループは、解決法を議論する。 3．展開図は、共通点に従って分類される。 4．分類された展開図の中から1つを切り取り折りたたませる。	様々な難しい形 ワークシート4a・4b・4c	15分
					グループごとにできたものを発表し、全体で議論する。

（ヴォルフガング・ミーシュケ、ハンナ・キーパー）

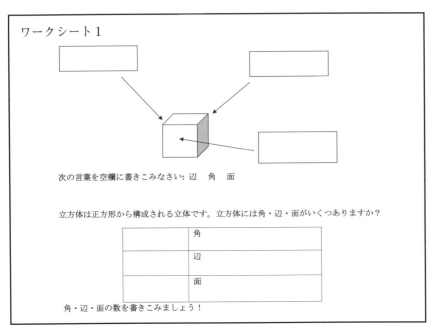

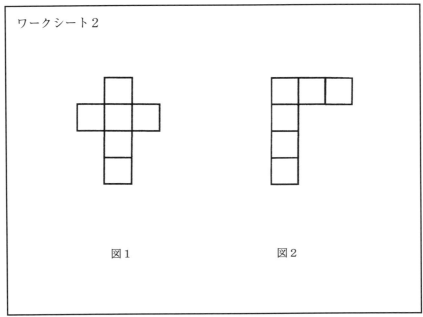

補足シート1　展開図の折りたたみ

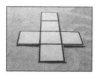
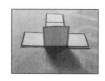

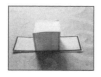

補足シート2　頭の中で折りたたむ

1	2	3
	4	
	5	
	6	

面1を上に折りたたみなさい(頭の中で想像しよう！)

面3を上に折りたたみなさい

どのような形ができましたか？

面4を上に折りたたみなさい

面5を手前に折りたたみなさい

その結果右の図のような形ができます

最後に面6を内側に折りたたむと立方体は完成します。

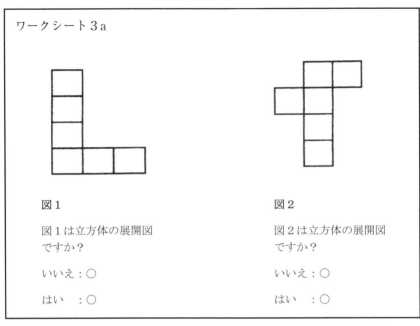

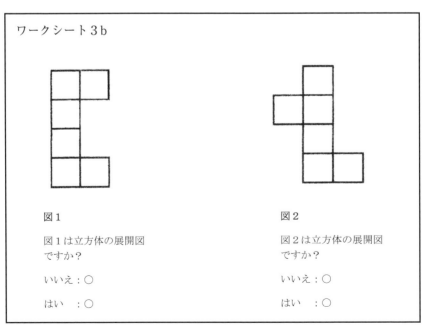

ワークシート 3 c

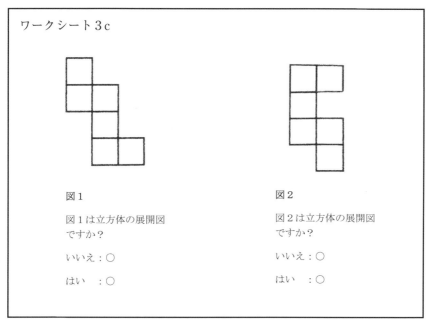

図1

図1は立方体の展開図
ですか？

いいえ：○

はい　：○

図2

図2は立方体の展開図
ですか？

いいえ：○

はい　：○

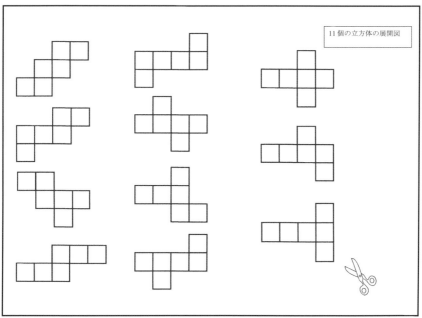

11 個の立方体の展開図

第4章　統合的教授学に基づく授業プランニング

ワークシート４ａ

立方体の展開図にするために、一つか二つの正方形をそれぞれの図に付け加えよう！

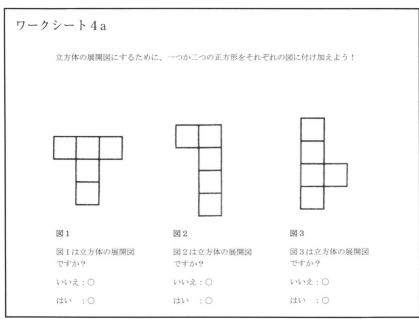

図１

図１は立方体の展開図ですか？

いいえ：○

はい　：○

図２

図２は立方体の展開図ですか？

いいえ：○

はい　：○

図３

図３は立方体の展開図ですか？

いいえ：○

はい　：○

ワークシート４ｂ

立方体の展開図にするために、一つか二つの正方形をそれぞれの図に付け加えよう！

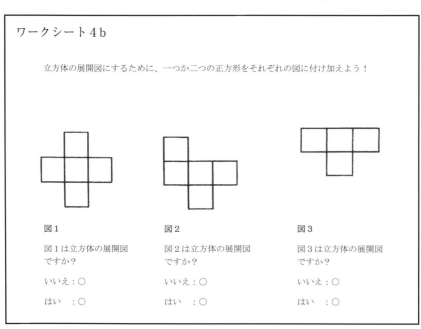

図１

図１は立方体の展開図ですか？

いいえ：○

はい　：○

図２

図２は立方体の展開図ですか？

いいえ：○

はい　：○

図３

図３は立方体の展開図ですか？

いいえ：○

はい　：○

ワークシート4c

立方体の展開図にするために、一つか二つの正方形をそれぞれの図に付け加えよう！

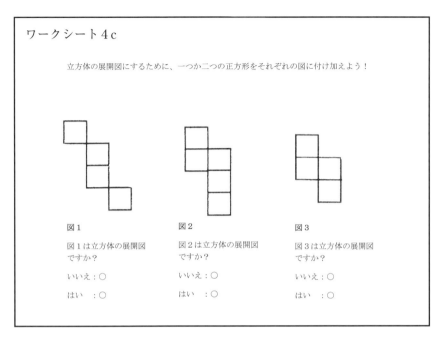

図1

図1は立方体の展開図ですか？

いいえ：○

はい ：○

図2

図2は立方体の展開図ですか？

いいえ：○

はい ：○

図3

図3は立方体の展開図ですか？

いいえ：○

はい ：○

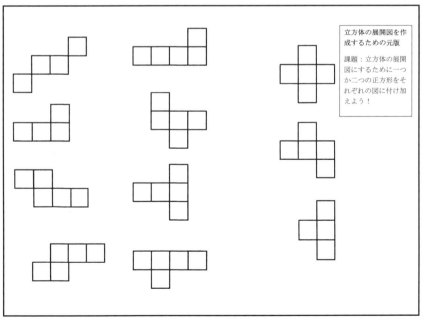

立方体の展開図を作成するための元版

課題：立方体の展開図にするために一つか二つの正方形をそれぞれの図に付け加えよう！

第5章

授業づくりと学校づくりにとっての授業分析の意義

■ 1 授業研究と授業分析 ■

　ドイツにおける今日の授業研究においては、様々な研究の伝統を基調とした授業観察と授業分析が行われている。本節では次の三つのアプローチをとっている。１．体系的観察の伝統における授業観察、２．エスノグラフィーに分類されるアプローチ、３．キーパーとミーシュケの提案によるシークエンス分析のあり方、である。前者二つのアプローチは簡単に素描した上で、一つの事例も示す。第三のアプローチは教員養成教育・継続教育の際に授業計画にも近い意味で特別な意味を有しているため、詳しく述べていきたい。授業はここでは学習アレンジメントとしての機能を検討する一連のエピソードとして解釈され、この一連のエピソードが学習にとって効果のあるものであったかどうか、またエピソードの個々の質はいかに担保されるのかが問われている。詳細な分析に係る提案は、授業の構造理論から導かれたものである。

　生徒たちが何かを学習することができるように授業は構成されているだろうか？授業観察と授業分析によってこの潜在的な学習効果を認識しえているだろうか？方法論的な方向性に従えば観察と授業分析には様々なやり方が存在することを示すことになるが、ここでは多かれ少なかれこの学習効果にかかわる優れた叙述にも出会うことができるだろう。ここでは体系的な観察およびエスノグラフィーに関する方法論的考察およびキーパーとミーシュケのやり方（Kiper 2013）を描き出すこととしたい。

体系的な観察

　観察において用いられる知覚方法は、意図的で、注意を向けた−選択的な

知覚方法、すなわち諸々の異なる個別性を犠牲にしてある特定の観点に注意を向ける知覚方法であると捉えられている。観察者は欠点に目が行きがちであるため、科学的な観察においては、体系的な観察という適切なやり方によって知覚しうる事実経過の把握（Erfassung）の持つ厳密性（Genauigkeit）を改善していくことが求められる。方法論的に模範的であるのは、用いられている観察システムによって定義される事実経過や量的情報の観点を可能な限り齟齬なく把握することである。そうして捉えられた事実経過の特徴（Merkmal）の解釈（Interpretation）は、既にこれまでに確立されてきている理論枠組みを手がかりとして、第二のステップにおいて実施されることになる（Greve/ Wentura 1997）。

　研究の中で明確になってきていることは、非常によく定義されて記録可能となっている事実経過の把握（低次――下位の特徴）は体系的観察を媒体として正しく優れたものとして獲得されるのだが、ただし、こうした特徴をその観察の中で把握することは実に難しいということである。高次――下位の特徴は、観察者に複雑な情報処理を要求するため、多くの誤りを含んで把握されるが、解釈することはそう難しくない。したがってこの特徴は授業成果に対するよりよい指標となる。

　ある体系を伴った授業観察は以下のようなステップからなされる。
- 観察カテゴリーの定義（理論的考察を手がかりとして）
- この体系の助けを借りたカテゴリーの把握
- 観察データの解釈
- 事実経過の評価

　こうしたやり方においてはまず、データの持つ可能性のある意義が、理論主導的なカテゴリーの定義によって確定される。事実経過のディテールがそれぞれ個々に問われることになるが、それは、これまでに確立された観察指示におけるカテゴリーや特徴によってその事実経過のディテールが把握されうるものであるのかどうかが対象となる。すでに定義された観点を把握することの厳密性には、高い優先性がおかれている。というのも、ここでいう厳密性に求められるのは、まえもっては何も確定されえない出来事を把握することであるからであり、そうでないと出来事はこの体系によって意図的に無視されてしまうからである。このようにして提供されたデータにとって求め

られるものは、観察者の合意によってもたらされる把握の素材である。

ここで取り上げられているバリエーション（Mischke 2007）は、記号体系、カテゴリー体系、評価尺度である。表5-1：つまずきのある状況における教師の行為は、この実例である。

表5-1：体系的観察のためのカテゴリー

つまずきのある状況における教師の行為の質的指標

カテゴリー	より具体的な記述	サブカテゴリー
つまずきの分析（事後把握）	独特でない事後把握 vs独特な事後把握	
教科における正確さ	つまずきのフィードバックのもつ内容的正しさ	
構造性	情報を構造化するための教師の行動（説明的／教師中心的）	問題解決の余地の限定、視覚化、具体化
認知的能動化	生徒たちの認知的能動性に向けた教師の行動（志向刺激的／学習者中心的）	認知的コンフリクト・問い・観念の発生 発生的-ソクラテス的やり方
適応性と結合性	既有知識を理解し、他の学習内容領域と結合させるための教師の行動	既有知識を取り込み、記号レベル、客体レベル、アナロジーとを往還させる
整理と保障	つまずきが解消されていることを保障するための教師の行動	要求豊かな練習と学習成果の評価

註：コード化の規則：0=まったく該当なし、言及されるべき特徴がない；1=ほとんど該当なし、個々のサブカテゴリーが表面的に見て取れる；2=該当する、サブカテゴリーに強く該当するあるいは二つのサブカテゴリーが表面的に見て取れる；3=かなり該当する、少なくとも二つのサブカテゴリーが強く根本的に見て取れる。

（出典："Unterrichtswissenschaft", 42. Jg. 2014, H.4, 374頁）

エスノグラフィー

エスノグラフィー研究の対象は社会的実践、すなわち公的に営まれている社会的現象である。したがって関心の対象となっている単位は個人ではなく、

現象に固有の秩序が存在し、参加者の暗黙知によって規定される論理が存在するような状況、シーン、環境である。

エスノグラフィーの特徴は次の点にあるとされる（Breidenstein et al. 2013, 36頁）。

1．対象：社会的実践
2．フィールド研究：継続的で直接的な経験
3．方法論的日和見主義：混合的研究アプローチ
4．社会的なことの記述による言語化

　研究領域における参与観察はエスノグラフィーにおける中心的な方法であり、取り扱いうるすべてのデータにおける形態を獲得しようとしてきた。そこでは特定のデータに限定することはせずに、状況の中でもたらされるすべてのことを受け止めてきた。例えば、アンケートデータにおいても同様である。発見したことを後に記述することで、概念のコーディングを経て現象の言語的解明がなされる。フィールドそれ自体に由来するか、あるいは研究者の属している科学の概念ストックに由来してなされる諸概念の分類は、より多くの機能を有している必要がある。コーディングによる分析から問いが生成され、その問いによって素材がさらに解明されていくことになる。そこでは理論的な理解がなされる必要がある。分類されたコードは、それぞれの相互関連の中で考察される。意味関係を見いだすために、クラスやファミリーにしたがってそのコードが検討される。実証的な素材は可能な限り完全にコーディングされることが求められる（Breidenstein et al. 2013, 127頁）。言語による素材だけが集められるのではなく、状況の持つ素材的な諸観点（対象、運動、ジェスチャー、服装など）もコーディング対象となるため、これまでにも言語的に把握しうる状況の観点だけが視野に入れられてきたわけではない。

　コーディングによって分析のためのメタ構造が作成される。そのメタ構造はデータ素材にそくして再度検証されうる現象に関する抽象的仮説を形成することを可能にし、またこのカテゴリーにしたがって素材を分類することを可能とする。

　エスノグラフィーは参与的に研究するその過程の中で、秩序や構造を解読しようとするものである。その秩序と構造とは、これまでに明確に論究され

てこなかったものであるだろうし、また研究対象となっている現象にとっても意味のあるものである。この事例を、表5-2の授業に見いだすことができよう。

表5-2：エスノグラフィー的な分析の抜粋

事例：授業	コード
授業の冒頭に教師が述べた導入の問いは、次のようなものであった。「大気という言葉から何を理解するかな、エーファ？」エーファが何かを述べる前に、教師はある対応をとった。彼女の回答が始まる前に教師は、まだおしゃべりをしている生徒に対して次のような言葉をかけた。「フローリアン、もう静かにしてもらえるかな。」すぐにフローリアンはおしゃべりをやめた。そこでエーファーは次のように述べた。「酸素混合物のベール、つまり地表を覆っている。」これに対して教師は「このことについてもっとちゃんと知る必要があるね」と応え、エーファによる回答の続きを促した。回答がなかったため、教師は次のように続けた。「地表を覆っている混合物。これには誰も異論はないでしょう。それでは、この混合物はなにからできているの？」教師はさらにエーファに視線を送ると、エーファは問いを交えて次のように言った。「えっとまず酸素でしょ、それと窒素？」教師は声のトーンを落として聞き返した。「うん、誰が誰に聞いてるの？」教師はエーファとの会話をやめ、学級全体の方を向いて言った。「誰か助けられる人？」	確認の問い ある生徒の選択／強制 規律化 生徒の回答／教科概念 コメント 沈黙 コメント 観念した回答 生徒の回答／教科概念 レトリカルな問い 未知の明確化 全ての生徒の選択

　これまで後景に退いてきた効果のある構造を発見し、記述することは確かに賞賛に値することであろう。ただし、日常の実践の克服や効果のある行為のひな型の習得にとっては、我々の観点から見れば、知られていない観点を発見することが、よく知られている要素によって効果のあるひな型を構成することよりも重要であるとは思われない。

キーパーとミーシュケによる授業分析

　質志向の非体系的観察の伝統においては、知覚可能な所与性を可能な限り把握し、プロトコルをとることが重視されてきた。ここではまた、記録

（Registrieren）と解釈とは区別される傾向にあり、出来事の把握は現象の持つ有意味性を志向する観察者の前理解に依存してきた。現象の持つ有意味性を志向する観察者はむろん、あらかじめ現象のある特定の部分的観点に注意を限定してきたわけではないのであるが。

こうした方法をとってきたバーカー（Barker）とライト（Wright）は、日常の行為の分析を重視してきた（Greve/ Wentura 1997）。彼らはプロトコルの構造化について以下のような主要カテゴリーを選択している。

1．行動の状況設定
2．行動の対象
3．活動から生じるエピソード

バーカーとライトとの類似性は以下の点に見いだされよう。

　　状況設定とは、我々にとっては授業・休憩・遠足であり、
　　行動の対象とは、授業においてはメディアと素材であり、
　　エピソードとは、学習アレンジメントであり、
　　活動とは、課題設定や学習行為、教師——生徒の相互作用、そして自主的ではない部分的行為である。

授業分析とは（我々が理解するところでいえば）、進行していることの持つ意味を大量の個別データから総合的に（synthetisch）見いだすことではない。例えば、固有値の算出によって、あるいは表や（進行）図表へと転換することによってその意味を見いだすことではなく、授業分析とは、エピソードの解体とその内的分析から分析的に（analytisch）その意味を見いだすことである。

授業分析のためには、授業論的考察から導き出される固有な手持ち（Bestand）が主要カテゴリーへと転用される。授業という状況設定はその際、一連の学習エピソードとして把握される。その分析は一連の学習アレンジメントをねらいとしたものとなる。したがって授業分析は、現象の諸要素とその現象の連続性にかかわる意義を方法論の制御のもとで分類することになる。連続性の評価および意義や機能をそなえた諸要素の評価（Bewertung）は、指定された規準（Kriterium）にしたがって理論主導的になされる。

カテゴリーをもって体系的に観察する際にこれまで、定義された体系に

よって可能となる範囲での意義づけがなされ、そこから解釈が導き出されてきたとするならば、ここではその代わりに、現象において可視化しうる上位の構造がまず考察の対象となっている。個々の出来事ごとに割り当てられるのは、全体関連からみたその意義や機能なのである。

　出来事を経験に開かれ、先入観にとらわれずに把握すること、および日常言語によるその記述は、授業の進行を文字によって捉えることとなる。例えば音声記録機器やビデオといった技術的なメディアが投入されれば、複数再生によって方法論的にコントロールされた捉え方がなされることも可能であり、それはあるいは複数の人間が発話記録を作成し、主観的な考察が可視化され、縮減されることによっても可能である。

　教授学理論と実証的所見との関連づけのもとで、出来事の意義をつきとめることができる。そこでは観察された出来事と発話記録によって記録された出来事と並んで、方法論的にコントロールされた成果を得るためには、さらに追加的に解明可能で追求可能なデータも用いられる。

　分析のための枠組みとして、図5-1のような概念枠組みが重要である。

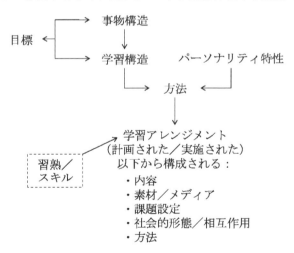

図5-1：授業計画と実施にとって意味のある諸要素

　獲得されうるコンピテンシーに着目して授業を分析するのであれば、観察しうる進行対象にとって問われるべきことは、エピソード／部分ステップは

第5章　授業づくりと学校づくりにとっての授業分析の意義　117

コンピテンシーの構築にとって必要不可欠な、あるいは意味のあるステップとして取り上げられうるものであるかどうかである。すなわち問われるべきことは、そのステップが事物的・相互作用的現実においてコンピテンシー獲得の理論から導き出されたものであるかどうか、また生徒たちの学習行為はそのために目標主導的なものであるとみることができるかどうか、である。

　以下のような問いが示唆的であろう。
　　いかに実施されていたか？
　　目標主導的であったか？誤った行為はなかったか？
　　解明しうる計画は適切であったか？
　　十分な習熟（スキル）のある実施となっていたか？
　　生徒たちの行為はコンピテンシーの構築にとって学習上重要なものであったか？
　　重要な効果を見て取ることができたか？

　授業における学習は、一連の授業ステップに依存している。そこで問われるべきことは、このステップの順序を仕上げていくことから生徒たちに認識や学習効果がもたらされるように授業が構成されていたかどうかであり、したがって授業分析は授業の展開（Ablauf）に着目する必要がある。
　一連の分析は、以下の段階からなる。
- 展開（プロトコル、音声・映像の記録、発話記録）の把握
- エピソード（学習アレンジメント）の区分
- 一連のエピソードの論理構造の把握
- エピソードの質（それぞれのステップにおける内的論理）の検証

　全体関連性の分析は、繰り返し統合された詳細な分析に先だって行われる。この点について方法論的に見て重要なことは、より注意深く展開を把握することである。すなわち、欠けている要素を認識することが可能となるような枠組みを手がかりとして各文節／エピソード（学習アレンジメント）を解体することである。授業分析はその正確性において分析者間の合意によって検証される。
　展開ひな型の分析および特にその価値判断は、意味のある／成果のあるひ

な型（学習の基礎モデル）に関する認識あるいは経験と結びついた構造を前提としている。すなわちその構造とは、予備作業（Vormachen）――分析――事後作業（Nachmachen）――フィードバックを行うことである。一連のステップの分析および学習効果のある展開ひな型への個別ステップの分類（アーティキュレーション）からまず、ディテールに関する分析にかかわる意味のある選択肢が見いだされてくる。というのも、例えば対話指導を例にとれば、教授活動に対してその状況において質的に求められるものというのは、展開におけるその場・その時の対話の機能から見いだされるからである。

　正確性の方法的検証を伴わない分析にも意味がある。というのも、授業への関与意志の高い生徒とまったく似通った役割を分析者は果たしているからである。そのつどの授業ステップに教師の目標が寄与することができるために、またそれぞれの学習成果をあげることができるために、教師の目標がどのように展開されているのかをこうした生徒は認識し、明らかにする必要があるからである。こうした生徒はとりわけ、授業ステップが追体験可能なものであったかどうか、それはうまく展開されていたかどうか、成果豊かに終わりまで導かれていたかどうか、あるいは問うべきことがオープンなままに示されていたかどうかについて自分の意見を述べることができる。

　教育学的-心理学的なパースペクティブから見いだされる体系的な授業観察とは対照的に、出来事における数値化可能なもの（Zählbarkeit）は授業観察の機能的均質性（Gleichheit）に依存し、その外的均質性には依存しない。数値化可能なものとは、出来事それ自体から生じてくるのではなく、そのつどの文脈における機能と意味から生じてくるのである。

　展開を価値判断することは、規準と可能性のあるオルタナティブの認識を前提としている。そのため展開の価値判断においてなされるのは、授業対象や学習構造の独自な分析および、専門的な行為を展開するためになされる分析をする際の可能性のある学習方途の独自な分析だということになる。ナイチンゲールとクジャクという寓話についてのドイツ語の授業を例にとると、授業分析のやり方を明確に示すことができる。表5-3にその抜粋が示してある。

表5-3：授業分析の抜粋

授業テーマ： ナイチンゲールとクジャク　　　　日付：

学習アレンジメント　No. 1

目標 (明示された)	内容	素材／メディア	課題設定	社会的形態	方法
日常との関連づけ	生徒の日常におけるねたみ	生徒の体験と想像力	目的語	全体討議	対話

展開：（発話記録あるいはビデオ記録による）
教師が何かを板書する。
男子生徒6：何かに対してねたましいこと… なぜねたむ必要があるの？
教師　　：声に出して読んでくれる？
女子生徒7：私はささいなこと、ささいなことにねたんでいます。
教師　　：このことについて君たちは何か言えますか？
男子生徒6：僕がねたましいのは、んー名前をあげれば、あー、男子生徒4かな、だって、あー、髪型がおしゃれなんだもん。
＜笑い＞
教師　　：他に！
女子生徒8：私がねたましいのは…
教師　　：もう一つ言っておこうと思います。このクラスの中からは誰も挙げないようにね。
女子生徒8：はい。
男子生徒6：じゃあ、じゃあ…＜大きなあくび＞

学習アレンジメント　No. 2

目標 (明示された)	内容	素材／メディア	課題設定	社会的形態	方法
寓話の内容を認識する	寓話：ナイチンゲールとクジャク	教科書のワークシート	静読 理解したことと、どこに疑問を持ったかを隣の人と話す	個別作業 パートナー作業	意味をとりながらの読み、コミュニケーションを通した理解の検証

展開：
教師　　：ワークシートを回しているあいだに、いくつかヒントをあげましょう。私がしたように、シートを折り曲げるのもよいかもしれませんよ。コピーしたものを二つもっています。まず表の方には鳥の口があるのがわかるでしょう。他のところはまだ見ないようにね。
休憩（約10分間）

教師	：それぞれ文章は手元にありますね、さてみなさんは、まず自分自身で、一度静かに読んでみましょう。それが終わったら、隣の人に話してみましょう。何が分かったか、そしてどこに疑問を持ったか。それが終わったら、それぞれにやってもらおうと思っているのは、みんなのまえでその内容を簡単に話してもらおうと思っています。それぞれ正しく理解できているかを確認するためです。それでは、はじめ！

生徒が読む。休憩（約3分間）
教師は生徒個々に声をかける。（内容については聞き取れない）

教師	：もうこれ以上時間はいらないですね。疑問はみなさんありますか？理解できなかったところはどこかな？男子生徒11？
男子生徒11	：ナイチンゲール。
教師	：鳥の一種で、主に夜に泣きます。（女性名詞の）ナイチンゲールです。
男子生徒5	：先生、属。
教師	：いくつかの種の集まりです。犬で言えば、テリヤ、ボクサー、牧羊犬かな。
男子生徒8	：社交的な人。
教師	：社交的というのは、他人に好んで近づこうとする人のことです。そうだな、もし僕が知らない人が食堂にやってきて、そこでお茶かコーヒーを飲もうとする、その場合その人は社交的です。だって、その人は他の人と話がしたいんだろうから。

教師は生徒個々と話をする。（内容については聞き取れない）

教師	：さて、じゃあまずお互いにこのことについて話し合ってみて。

生徒たちは二人組で取り組み始める。＜つぶやき声＞（約5分間）

教師	：さあ、そろそろ終わったと思うんだけど？簡単でよいので、内容を紹介できる人？
男子生徒2	：いや、僕は無理です。

（出典：フランクフルト大学授業記録アーカイブ（ApaeK）
http://www.apaek.uni-frankfurt.de/show.php?docid=106）

　分析のための道具として転用されるのが学習アレンジメントの構想であり、これを手がかりとして、その展開（発話記録において記述されているように）が一連の意味のある学習アレンジメントであったと解釈しうるものであるかどうかが検討される。生徒の暗示的あるいは明示的な学習行為によって課題設定ごとに分類される一連のそれぞれのステップは、学習アレンジメントとして解釈される。学習アレンジメントが存在するのは、それ自体として完結する目標主導的な展開が重要な場合である。独立していない部分的行為は、ここではこの学習アレンジメント内の目標間に存在する部分的行為として捉

えられる。つまり分析を行う者は、明確な上位目標を伴う大きな行為単位の中の部分的行為としてその対象は解釈されうるかどうか、あるいは自主的な学習アレンジメントが重視されているのかどうかを判断する必要がある。その際に手がかりとなるのが、それに関わる生徒たちに求められる学習行為が、より大きな全体性の枠組みにおける自主的な部分的行為として認識されうるかどうか、あるいは自主的でない部分的行為として認識されうるかどうかを考察してみることである。この部分的行為が生徒たちにとって明確であるかどうかが、授業における質的なメルクマールである。したがって分析の際には、一義的にどの部分的行為であるかが実証されえない学習アレンジメントはみな独立した学習アレンジメントとして描かれることになる。

　学習アレンジメントの一部には属さない授業における展開は、ボックスの中に分類され、その機能が指定される。例えば、行為計画の紹介やメタコミュニケーション、学級経営、予告、集金、誕生日のお祝い、といったようにである。

対話指導のルールに関するメタコミュニケーション：

　学習アレンジメントは分析に際して、以下のようなやり方において描き出される。

学習アレンジメント　No.					
目標 (明示された)	内容	素材／メディア	課題設定	社会的形態	方法
展開：発話記録／プロトコルあるいはビデオによる一連のステップ					

　グループ作業やステーション学習といった内的分化を伴う授業形態をとっている場合には、時間軸に即してパラレルな学習アレンジメントが同時に進行していることが見て取れるようにしてある必要がある。例えばグループパズルにおける部分部分といった複雑なアレンジメントは、横断的な学習アレンジメントにおける部分的な学習アレンジメントとして描かれることになる（図5-2参照）。

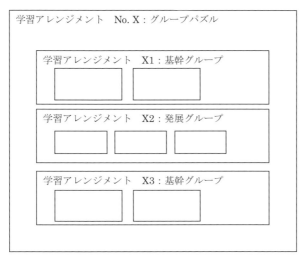

図5-2：全体構造における従属的部分を伴う学習アレンジメント

　その都度の学習アレンジメントの目標は、しばしば明示的には示されておらず、その都度明確にされる必要がある。授業展開が学習アレンジメントの連続体として描かれるのであれば、そこで見て取れる計画の質（学習の基礎モデルの一連のステップが満たされているかどうか？）を問うことが可能となり、また実施されていることの質が分析されたり、あるいは目に見えて不足している点を指摘したりすることもできる。モニタリング（Monitoring）と足場かけ（Scaffolding）という意味における改善の考え方（Kiper/ Mischke 2009参照）が考慮されることにもなるだろう。

　体系的な観察を行う際には、教師の問いの質や対話の導き方や援助の質といった詳細な問いも検討されることになる。

　授業の分析は、我々の解釈にしたがえば、所与の概念枠組みを志向したものでなくてはならない。というのも、知識と技能の体系的増大は授業分析の実施によってのみ保証されうるものだからである。これまでに見いだされてこなかった側面を授業の中で少しでも見いだすということではなく、上位概念にしたがって分析される展開のバリエーションとその成否に応じた（教授／学習の）課題の克服こそが考察の対象とならなければならないのである。したがって、望ましい（学習の）結果や予期される（教授の）行為計画につ

いての規範的確定が意味を持つのである。重要なことは、原理上よく知られた行い（Spiel）がいかに巧妙かつ成果豊かに演じられていたかを見て取ることであり、新しい行いを見いだすことではない。

授業現象における構造の認識

　ここでの考察に際しては、Kiper/ Mischke 2009で示した授業の構造モデルをよりどころとし、それと関連づけて重要な構造上の特徴を示したい（図5-3参照）。

分析は、授業の実施と授業現象上の知覚しうる展開から始まる。最初の分析ステップにおいては、体験され記録化された展開が学習アレンジメントの連続体としてのエピソードの解体へと分類される。記述された学習アレンジメントの構造は、任意の処理のための空白部分にそくしてストックされる。そのストックは、そのつどの文節・エピソードを満たしていくものである必要がある。この作業は、展開の中である側面が明確にされていなかった場合や、ある部分が十分には解釈されえなかった場合のヒントとなる。

　学習アレンジメントの連続体として展開をこのように分析することを起点として、次の分析ステップへと進んでいく。そこでは、それぞれの展開の意義や時間的配列において展開の規定となっている意義が関連づけられる。図5-3においては、この分析ステップが構造モデルの諸概念の中に分類されている。

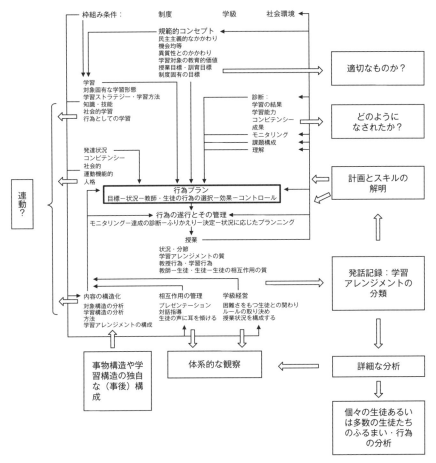

図5-3：授業の構造モデルと詳細な分析

　分析はつねに、観察者・価値判断者のもつ諸概念のストックによって解釈されているものを包括したものとなる。ある学習行為について何の構想も持ち得ていない場合には、生徒の行為は学習行為としては意味づけられえず、表層的形態として見なされるのみである。つまり、生徒の行為が「特定の情報にマーカーをすること」として認識される代わりに、「テキストに線を引くこと」だと解釈されるのである。

　分析のための重要な道具は、オルタナティブとの相対的関係のもとで見て

取ったものを把握し、その対比からある評価を下すために、価値判断者があらかじめ有している独自な構造（事物構造や学習構造など）と比較することでもある。かみ合わせや適切性の価値判断は、そうした比較を前提としている。

　ここで詳細に述べてきた授業分析のやり方は、とりわけ教員養成や専門職化に目を向けた場合に意義深いものとなる。というのも、我々の解釈では、諸概念と結びついたレパートリーを用いて授業の計画・実施・分析を考察することが極めて重要であり、そうでなければ授業分析のフィードバックから学びうるものはほとんど何もないからである。下の図5-4ではこのことの関連性が示されている。

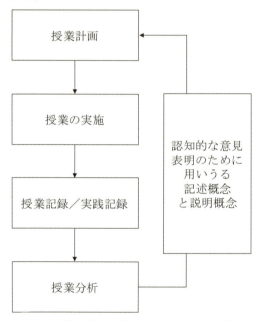

図5-4：概念的意見表明による専門的な学び

（ヴォルフガング・ミーシュケ）

■ 2　同僚による授業参観と研修による授業分析と授業改善 ■

　授業づくりの核にあるのは一個人の活動である。例えば教科の専門知識を発展させたり、カリキュラム上の知識を獲得して深めたり、単元と授業時間のプランニングのための知識を活用したり、授業実施のためのコンピテンシーおよび成功と失敗を処理するコンピテンシーを発展させることは、すべて一個人によってなされることである。個人的な作業は自己責任的で、しかも自己決定的になされる。このことは、自由裁量（Freiheit）という契機と結びついている。他方で、個人的な作業は問題を捉える視点を狭めたり、重点の置き方が一面的になりがちである。専門的知識の交流によって、起こりうる知識間のギャップが埋め合わされ、視点の拡大も引き起こされることになる。お互いに説明しあうことによって事物関連の深い理解にも至りうるだろう。教師の協働という単純な形式に含まれるのは、情報を交換しあったり、授業での経験を時折交換しあったり、あるいは素材を譲り合ったりすることなどである。分業的協働体制を敷くのであれば、——目標に関する意思疎通を前提として——仕事の分配が問題となる。共同構成において行われるのは、パートナーが課題に関して意見交換をし、お互いをよりどころとしながら、問題解決と課題解決を共同で生みだしていくことである（Kiper 2012参照）。

　授業のプランニング・実施・評価の文化は、ドイツと日本とでは互いに異なっている。ドイツでは教員は一週間に23–26時間、二つの教科で授業をすることになっている。教科の枠を離れた授業をすることもしばしばある。通常、教員は一人で授業を計画し、授業プランニングのためのパートナーを探すことは自発性に基づいている。教科会議（Fachkonferenz）で協議されるのは、コア・カリキュラムに基づいて作成された教科書の選択である。例えば模範授業（Musterstunde）を手がかりに話し合うといった、授業に共同で取り組む文化はドイツにはない。授業のプランニングと実施についての問いがテーマとなるのは、圧倒的に大学時代の教育実習や試補教員の養成の枠組みにおいてのみである。時には授業づくりに関わるプロジェクトが選択されることもあるが、それは管理職や教員、あるいは研究グループのイニシアティブの下でのことである。これに対して日本の教員は一週間に行う授業時数は

少ないが（確かにOECDの調査では、仕事時間の合計は国際平均38.3時間であるのに対して日本は53.9時間と多いが、授業時数については国際平均が19.3時間であるのに対して日本は17.7時間となっている（国立教育政策研究所2014、174頁参照）——註：吉田）、その分綿密なプランニングが求められている。観察や検討を通して授業時間について話し合う実践が、量の多寡は別として定期的になされている。学校のカリキュラムは、教科書と生徒用のドリルによって細かく保証されている。

継続教育と職業実践の文化に関係なく確実に言えることは、授業についての共同のプランニング・観察・分析はさまざまな目標設定のもとでなされうるということである。

- 学修と初任段階においては、授業モデルや授業理論のカテゴリーが授業観察を通して経験的に基づいて直観的に理解される。
- 職業活動の枠組みでは、授業についての共同のプランニング・観察・分析を通して更なる知識が獲得され、授業における専門的な行為能力が獲得され磨きがかけられる。
- 授業に関わる研究の枠組みでは、教授や学習についての新たな認識が得られうる。

授業の共同的なプランニングに並んで考えられるのは、学生同士のサークル、学生と教員のサークル、教員同士のサークル、あるいは研究者と教員（場合によっては学生も）とのサークルにおける共同での取り組みである。ここではさしあたり、同僚による授業参観（kollegiale Hospitation）についていくつか言及しておきたい。

同僚による授業参観

同僚による授業参観では、共同で授業を参観・分析するために、二人以上の同僚が自分たち自身の授業改善という目標を持って共同で取り組む。観察したことはオープンに話される必要がある。というのも、ここでの目標は単に授業をする教師にフィードバックするということだけではなく、むしろ共同で授業について深く考えることにあるからである。したがってここでの目標は、授業や教師の行為、そして生徒たちの学習行為についての専門的な省察を促すことによる専門家の養成にある。この過程において、うまくいった授業につ

いての固有なパラダイムが検討され、場合によっては拡大され、補足され、修正される（Kiper/ Mischke 2006, 172-173頁）。同僚による授業参観についてはドイツでも多くの議論がなされてきてはいるが、それは自由意思に基づいてなされるものであり、まれにしか行われてきていない。同僚による授業参観が行われるときは、一つの（自分たちで選抜した）チームでなされるのがほとんどである。この授業参観は、それに適した時間をプランニングすることによって可能となる。授業を訪問するための準備とその評価がなされる必要がある。観察の焦点は――カリキュラム的な（知識構造の）観点のもとで――授業時間のシークエンスに関わっているのか、もしくは一時間の授業および／あるいは一つ一つの学習アレンジメント、それに加えて授業における教授・学習のミクロな過程に関心の中心があるのかが決められねばならない。同僚による授業参観をする前に決めておかねばならないのは、何がどのように観察されねばならないのかである。授業を提供する教師は、観察の重点の選択に関与している必要がある。授業観察の振り返りはその観察された重点に基づいて行われねばならない。生徒たちにも授業観察の趣旨が知らされていなければならない。同僚による授業観察の枠組みにおける観察と助言のために重点として選ばれるであろういくつかの問いを挙げておきたい（図5-5：授業の重点的な観察点を参照）。

授業観察上の重点の例
- 教師と生徒の行動や行為の中に、規則が存在することがはっきりと見てとれるか？教師は秩序づけられた進行に配慮しているか？
- 授業は教材を扱う時間に集中的に用いられているか？
- 提供されている教授は学習に有効であるか？
- 学習は適切な作業形態や社会的形態（個人作業・ペア作業・グループ作業・学級全体での会話）によってなされているか？
- 生徒が自身の能力を（時々）適度に難しい課題と対峙させられるように課題の難易度が変えられているか？
- 様々な要求水準に基づいた問題設定がなされているか？
- 生徒は自身の達成能力に応じた援助を受けているか？
- 教師は課題解決にかかる時間が長いことに寛容であるか、時間の延長や学習上の問題に冷静に対応しているか？
- 教師は生徒たちの学習上の問題に理解を示すことで診断的な敏感さを示しているだろうか？
- 学級は教師による激励やユーモアによって肯定的な雰囲気に占められているか？

図5-5：想定される授業での観察上の重点事項

フィードバックを与え、受け取る際のルールを統一しておく必要がある。これは、当事者による授業の観察・フィードバック・分析・省察に際して注意しておくべきルールである。

フィードバックに役立つ10のティップス：
1. フィードバックは、パートナーがフィードバックを受け取ることができるような雰囲気の中でのみ渡すようにしよう！（行為についてのフィードバックを受け取るために感情的に負担をかけるのはあまり役に立たない。）
2. 正しいあるいは間違っているという判断が重要なのではなく、むしろ第三者による観察が新たな発展の視点を開くことができるということに注意するようにしよう。
3. 総括的な判断や一般化、典型化は避け、むしろその状況のなかで観察されたものに基づくようにしよう。
4. 観察したものと解釈したものとを区別するようにしよう（後略）。
5. 「私の報告（Ich-Botschaften）」を使うようにしよう。（後略）
6. 自身の見方を持ち出すのに十分な機会をパートナーに与えよう。
7. パートナーがあなたに（まだ）言おうとしていることに注意深く傾聴してそれに理解を示そう。パートナーの状況に入り込むようにしよう。
8. 開かれた態度でありつつも、相手を尊重するばかりに自分の意見を押しとどめないようにしよう。ただし主観的な解釈であることを強調し、あなたの見方の背景を強調するようにしよう。
9. 否定的なことばかりに集中せず、肯定的なことも議論しよう。
10. パートナーのフィードバックに応じて相手の感じた事を話し合い、お互いのフィードバックによって共同で促進的なフィードバック文化を構築しよう。

図5-6：フィードバックに役立つ10のティップス

（出典：Schratz/ Iby/ Radnityky 2000, 104頁）

　授業観察の準備・実施・事後協議会は、それぞれの教科の授業の質的なメルクマールを交換する文化につながっている。信頼の基盤を生み出すためには、観察と評価（あるいは映像ドキュメント）の扱いのためのルールを決めておく必要がある（Kiper/ Mischke 2006, Kiper 2012参照）。

授業の観察・ドキュメント化・評価の簡潔なやり方
　授業の観察とドキュメント化の簡潔なやり方を、授業記録（Unterrichts-aufzeichnung）や発話記録（Transkriptiion）の作成といった労力のかかる技術的なやり方とは区別することは有意味なことである。同僚による授業参観の

枠組みの中では次のようなやり方で簡潔に進めることができる。
1．一つの授業の進行を観察しノートにとる

　　観察する教師は授業での出来事を文字で記録する、つまり教師による問題設定や刺激、(問いによって展開する授業 (fragend-entwickelnder Unterricht) の際には) 生徒の回答あるいは問題／課題設定と作業の方法などを記録する。作業のための素材も記録に添えておくべきである。
2．観察する教師による授業者への観察のフィードバック

　　授業を観察した教師は、自分がどのように教授・学習活動を見たのかを伝える。フィードバックは、場合によっては事前に取り決めていた観察上の重点に限定することもありえるだろう。見たもの (聞いたもの) を伝えるようにするのだが、観察したものはあくまで自分固有の観察であることを伝えるようにする (「私はこう見た」)。
3．授業について話す

　　観察されたものに関する会話が始まったら、例えば学習行為によって刺激された認知的活動といった、事前に取り決めておいた重点に注意を向けるようにするべきである。
4．プランニング・実施・省察の間の関連性について反省する

　　授業参観をする同僚は、授業者によって事前に提示されていた授業プランニングを観察した授業の進行と比較する。その際、プランニングと実際に実施された授業の間の関連について議論する。授業実施に現れた諸現象は、プランニングの長所や短所とどのように関連しているだろうか？

　労力のかかるやり方としては、一つかそれ以上のカメラを用いて授業を映像に残したり、授業の発話記録を作成したりするやり方がある。このやり方で行えば、授業を一緒に見ることができるし、発話記録を読んだり分析したりすることでより正確に授業について考えることができる (Kiper 2016も参照)。

　上に挙げた観察上の重点はまずもって授業の表層的なメルクマールに関連するものでしかない。したがって、とりわけ教授・学習行為という観点から授業での観察と分析を行うことを提案したい。適切な観察とそれに続く評価に関わる議論の一助になるものとして以下の問題設定を挙げる。

選択されたカテゴリーに視点を置いた教授行為の観察に関わる問い
授業における目標：教師は授業の目標を述べていたか？授業の初めに目標設定についての見通しを持たせていたか？授業が進行する中で、目標設定の観点から各部分の出来事を把握していたか？授業時間の終わりには、何が教えられ学ばれたのか、そしてどこに問い・不明瞭さ・問題が残されているかが明確にされていたか？

授業における内容：内容に欠落はなく、よく構造化され、十分包括的であったか？教師は内容の観点から教科コンピテンシーを示していたか？教科コンピテンシーの中で漏れている点はなかったか？内容は素材や教授・学習過程における説明を通して保証されていたか？それぞれの教科の視点は問題設定とテーマ設定に対して――メタ的観点のもとで――明確にされていたか？

学習（過程）の基礎モデル：一つの事物関連の習得のために必要な問題設定・課題設定を通して認知的活動が刺激されていたか？学習過程に必要となる明確な行動に配慮がなされていたか？

教授・学習ステップの課題のもとでの教授・学習アレンジメント：生徒たちが内容を習得するのを支援するようなアレンジメント（素材、課題設定、実験の補助、教科書）がなされていたか？目標主導的な行動を促す支援が与えられていたか？学習材と課題設定は期待される要求水準にふさわしいものであったか？

足場かけ：異なるコンピテンシー水準を視野に学習材や課題設定の分化がなされていたか？学習困難な生徒にも事物関連の習得を可能にするような素材と課題設定における支援の設定がなされていたか？

モニタリング：適切に支援を行うために、あるいは――授業の展開過程において――何かをもう一度説明したり明らかにしたりするために、生徒の学習行為が監視されていたか？

時間：授業での学習時間がどのように扱われていたか？授業はきちんと準備されていたか？もしくは組織的な準備を欠かしてしまったことによって時間の無駄をしていなかったか？

理解することが難しいところにさしかかった時には、一定の時間的猶予を与え、事物関連に関して再度検討させる寛容さをもっていたか？学習進度の速い学習者の興味を引く追加課題はあったか？必要な時間の想定は、教授・学習行為に実際に必要となる時間と合致していたか？

生徒の学習行為に視点を置いた問い
授業における目標：生徒は本時の授業目標を理解していたか？生徒は目標を反復でき、前時までの授業の成果を結びつけられていたか？生徒の側には彼らが何を理解したかをはっきりと言えるような総括的な中間まとめが存在していたか？授業の進行過程の中で生徒は、どこに問い・不明瞭さ・問題が残っているのかを挙げていたか？

> 授業における内容：生徒は重要な問題設定とテーマ設定を挙げたか？生徒は問題設定・テーマ設定に対してそれぞれの教科の視点で議論していたか？生徒は内容の習得・処理にむけた活動を示していただろうか、すなわち事実に関する知識を反復していただけになっていないだろうか？
> 学習（過程）の基礎モデル：生徒のどんな認知的活動を見て取ることができたか？生徒は学習活動の選択に際して根拠をもって自主的に自らの行動を選ぶことができていたか、それとも指導に従っていただけだろうか？
> 教授・学習ステップの課題のもとでの教授・学習アレンジメント：すでに設定されているアレンジメント（素材、課題設定、実験の補助、教科書）のなかで生徒はどんな学習活動を示したか？課題設定や課題に取り組む手続き、学習成果についての相互交換の形式があったか？学力の高い生徒は学力の低い生徒を助けていたか？
> 足場かけ：学習材や課題設定における指導の多寡にかかわらず、学習者はどんな学習活動をしていたか？どんな水準の上でどんな学習行為がなされていたか？
> モニタリング：生徒は教師に支援を求めていたか？生徒は他の生徒や教師からもう一度何かを説明するよう求められたか？生徒は他の素材を用いた支援を自分で求めていたか？
> 時間：それぞれの生徒が学習活動の実施のためにどのくらいの時間を要していたか？学習活動に取り組まなかった生徒はいたか？すぐに気が散ってしまう生徒はいたか？どの生徒が集中して取り組み、気が散らずにいたか？

学習者からのフィードバックの入手

　同僚による授業参観という形式は、生徒たちの視点を手に入れることで足りないところが補われていく。生徒たちからのフィードバックを入手するとき考えておかねばならないのは、——教師と比べて——授業で何が重要かということについて異なる考えを彼らが持っているということである。教授・学習過程の改善という目標を持って連続的な（sequentielle）教授・学習分析（Lehr-Lern-Analyse）をすることが求められる。

1. 教授・学習分析は連続的（sequentiell）である：授業の質についてのメタコミュニケーションは学期中何度も繰り返しなされるだろう。
2. 教授・学習分析というのは、問題分析と目標の定義づけから解決策の検討を経て、行為結果の確定まで至るように専門的に方向づけられている。そのとき明瞭であらねばならないのは、どこに教師あるいは生徒の決定のための裁量余地が残されているのかということである。
3. 教師はこの過程の中で構造化するという機能を引き受け、自身の行動を

通して肯定的なモデルを提供する（Schweer2001, 162頁参照）。

授業分析と継続教育（Weiterbildung）

授業の進行記録や授業のビデオ撮影および／あるいは発話記録の作成に取り組むことで、——授業のカテゴリーを引き出すことによって——授業の理解を高めることができ、どのように熟練した教授過程と目標主導的な学習アレンジメントを配置させるかを認識させることができる。また、これによって自己の教科コンピテンシーおよび教科教授学的コンピテンシーがテーマ化される。すでに有している（自己の）コンピテンシーやまだ獲得過程にあるコンピテンシーに初めて取り組むためには、次のような検証的な問いに基づいてなされることになるだろう。

授業づくりのための重点	自己のコンピテンシーを検証するための問い
価値志向、包括的目標	身振り、仕草、言葉づかいの中にどんな価値が示されているか？自分が表現した価値は、生徒との共同構成過程にとって有益なものとなっているか？
教科の知識	自己の教科の知識はどれほど確かなものであるか？一人であるいは他者と共同で獲得すべきはどんな知識か？促進教育（Fortbildung）の必要性を自分はどこに持っているのか？
教授学的分析と内容の構造化	内容の選択のためにどんなカテゴリーを有しているか？内容の選択を理由づけできるか？知識領域をどのように構造化しているか？概念地図の中にそれを描くことができるか？生徒が内容を習得したといったときに、彼らが回答しうる課題としてどんな課題を挙げることができるだろうか？
学習構造の分析	生徒が内容を習得するに至るための方途に関して、一つかそれ以上のアイディアを持っているだろうか？そのとき必要な学習行為を挙げることができるか？そのとき必要となる知的活動を挙げられるか？
作業素材	自分が設定あるいは開発した作業素材はわかりやすいものであるか？それらは興味を引くものであるか？
課題	既有知識を活性化させ、学習過程を構造化・系統化させる課題となっているか？
実施：学級経営	授業におけるルールははっきりしているか？ルールの順守に配慮しているか？妨害の発生を予期し、有効に対処することができるだろうか？

実施：制御とモニタリング	授業の出来事を追いかけることができるか？生徒の学習行為をみてとれるか？その過程の中で核となる問題を認識することができるか？
実施：過程における介入	授業をしながら生徒たちを観察できているか？目標主導的な学習行為に焦点化しているか？生徒たちが何かを理解していないときにヒントを与えることができているか？状況に適した説明、あるいは生徒がさらに与えるべき支援を提供できるか？
実施：ドラマトゥルギー	生徒たちの注意を惹きまっすぐに取り組むことにつながる、興味深く動機を生むような授業の構成はうまくできているか？
実施：方法的アレンジメント	選択された学習アレンジメントは目標主導的であるか？学習材と課題設定は適切か？学力の低い生徒のための追加的な支援はあるか？強化（Enrichment）の形式はあるか？ 選択された作業形態および社会的形態（個別作業、ペア作業あるいはグループ作業）は学習過程にふさわしいものであるか？
時間使用	時間は十分に想定されているか？時間を効果的に使っているか？
コミュニケーションと相互作用の質	価値づけをしながら生徒とのやりとりができているか？内容と関わりかつ学習過程と関わったフィードバックを生徒が得ることができるような要求豊かな相互作用やコミュニケーションを構成できているか？

図5-7：自己のコンピテンシーを検証するための問い

　授業づくりへのアプローチは、授業の観察と評価に基づいてのみなされるのではない。単元テストや学習状況調査（VERA）、あるいは学校における達成テストによる生徒の学習・達成状況についてのデータを集める必要もあるだろう。それは次のようにしてなされるであろう。

1．生徒の学習状況の検証
2．生徒の学習状況とこれまで・これからの授業との関連の省察
3．成果の評価（例えば教科グループでの）
4．考えられうる原因についての教師間での意見交換
5．目標と対応についての共同決定
6．授業における対応の実施（KMK/ IQB 2010, 19頁参照）

　生徒の学習状況の評価に目を向けた場合に有意義だと思われるのは、生徒

の学習・達成成果の隣の学級との比較や近隣の比較可能な生徒集団から成る学級の生徒の学習・達成成果との比較、そして州レベルでの参照グループの成果との比較であり、さらに「教育スタンダードにおける標準的価値（Normierungswerten der Bildungsstandards）」（KMK/ IQB 2010, 19頁）との比較も同様に有意義であろう。成果を評価することはまた、ある典型的な間違いを明確にしたり、異なる課題類型の解答傾向をそれぞれの課題の要求水準も考慮しつつより厳密に考察したりすることとも関わっている。学習・達成成果と原因を追求するときに、生徒の応用能力の分析や彼らの実際の応用行動の分析と並んで役に立つのは、なによりもまず授業における提供の構造（Angebotsstruktur）について話し合うことである。この話し合いでは、カリキュラムのなかにこの提供の構造がどのように組み込まれているかや、授業の質とこの構造によって引き起こされる生徒の認知的活動を観点としながら話し合うことが有益である。授業における典型的な問題が明確となった場合には、この問題を克服するための新しい目標が検討され、この目標に到達するための考えられる対応が練られ実施されるとともに、この目標の達成が改めて検証されなくてはならない。

（ハンナ・キーパー、ヴォルフガング・ミーシュケ）

■ 3　教師の専門性と学校開発の一部としての授業づくり ■

　授業観察と授業分析は、授業づくりの過程を自己責任的に行う際の基礎にもなりうる。この場合、授業づくりは学校という機関を責任をもって構築するための構成要素として実施されることになる。授業と同様に学校も、人間が社会的な発案としてその意義を理解し、価値と根拠を持って構成しているということによって担保されている社会的に構成された施設である。こうしてみると授業は社会化（Sozialisation）の場としてもまた訓育と陶冶の場としても捉えられる。こうした見方を助けるのは、学校という機関が授業の質的改善を共に下支えするという場合である。したがって授業づくりの枠組みにおいても投げかけられるのは、学校を構成する質への問いである（Kiper 2012, 2013参照）。

学級開発の対象と学校開発の次元	授業づくりの下支えとなる学校開発（Schulentwicklung）に関する問題設定
学校経営（Schulleitung）	学校経営は、何か一つのふさわしい構造をもって促進的な社会化・教育・授業をもたらす場として学校を構成しているか？会議や職員会議（Dienstbesprechung）、教師の継続教育は授業づくりと学校開発における部分課題に理解を示し、義務的な規則を取り決めるために行われているか？
社会化の場としての学校	学校の規則や学校の雰囲気（Schulklima）の構成を通して、価値への志向性とともに付随的に学習が生起しているか？付随的学習は（モデルと模範としての）教師の行動に関係しており、また（学祭、運動会、クラス旅行のような）信頼が担保された過程や、対立についての協議と調整や取り決めについての会合のやり方に関係している。
スタンダードを考慮に入れた体系的な教科の知識構造を実現する場としての学校	様々な教科の重要性やその教科におけるとりわけ焦点化された世界の開示（世界との出会いというモード）の重要性についての意思疎通がなされているか？教育スタンダードが周知され、批判的に検証され、補足され、そして知識の構築を考慮しながら（コア・カリキュラムと学校カリキュラムを視野に入れつつ）異なる教科の中で学年を超えて具体化されているか？
教科横断的コンピテンシーの構築を導く場としての学校	教科横断的コンピテンシー（例えば学習における自己調整と自己統制、コミュニケーション能力、協働能力、社会的交流と対立解消）が検討されることで、こうした教科横断的コンピテンシーが教科の授業の文脈の中で提示され、教えられ、学ばれているか？
有益な教師――生徒関係を構成する場としての学校	大人と子ども・若者との間の関係の特別な形式としての教師――生徒関係は、生徒の学習行為の促進と学習目的に義務づけられているということが明確にされているか？
目標主導的な学習行為の実現という目標を伴う教育学的・教科的・教科横断的な観点のもとで教師が協働する場としての学校	学校を組織として構成するために、教師は自己の価値イメージについて考えると同時に、社会化と教育に有益な環境設定について考えているか？教師は学校を構成する規則について話し合い、全員に当てはまるのはどのような規則か、またさまざまな学年と教科の授業構成にも当てはまるのはどのような裁量余地かを取り決めているか？すべての教師と生徒と保護者が守らなければならない義務はどのようなものか、また学級担任の活動とそれぞれの教科の授業を視野に入れた場合の裁量余地はどこにあるのかについて、教師は意見交換をしているか？

我々はここまで、それぞれの学校の枠組みのなかでの授業とその改善に目を向けてきた。一つの学校における一人一人の教師あるいは教師集団の教育的努力の如何に関わりなく、学校という制度構造の全体、とりわけより上位段階の教育機関への入学許可のためのルールとそのための実践的取り組みが、下位段階の教育機関（幼稚園・初等教育学校・前期中等教育学校・後期中等教育学校）での学習-達成文化に反作用をもたらしている。ドイツでは、上位段階の学校体系（大学や高等専門学校）への入学あるいはデュアル・システムを伴う職業養成教育（商業学校と職業学校）への入学は、できる限り良い修了証（中等教育終了資格やアビトゥア）を保持しているかどうかにかかっている。ドイツでは、生徒たちは修了証明書（Abschulusszeugnis）でできるだけ良い評点（Noten）を取ることを目指して努力している。この修了証は学校から付与される。大学や高等専門学校のような上位段階の学校体系による追加の入学試験を受けない者はほとんどいない。日本では、上位段階の学校体系（大学）は入学試験を実施し、入学生を選抜している。こうした異なった枠組み条件から結果として、教授・学習および授業における文化に対しても異なった結論が導き出される。ドイツの諸州では、生徒はできるだけよい評点とよい証明書をもらうことを目指している。すなわち、ふさわしいコンピテンシー（知識と技能）は修了証に適切に反映されていることが期待されており、さらに追加的にそのことが検証されるということはまずない。日本では、受け入れる大学によって入学希望者の選抜が実施される。すなわち、生徒たちは学校の修了証とそれに見合った成績証明書だけに関心を持てばいいのではなく、むしろ知識と能力を持ち合わせることによって目標の志望する大学の入学試験に耐え、突破することにも関心を向ける必要がある。それゆえ、できるだけ広範囲のコンピテンシーの獲得を実現するないしは可能とするために、教師と生徒の団結は日本の方がもしかするとより容易に作り出せるのかもしれない。

　　　　　　　　　　　　　（ハンナ・キーパー、ヴォルフガング・ミーシュケ）

第6章

教授学と心理学の接点としての授業研究

1　授業の観察、記録と解釈：論点と課題

　本節では、授業の観察、記録と解釈において、それぞれ何が議論となってきたのかを、まず、全国授業研究協議会における授業の記録と分析のあり方から抽出し、それを視点に、現在のドイツ教授学研究における授業研究の動向を整理する。そしてドイツ教授学における授業研究の中心的な論者であるグルーシュカの授業研究に焦点化して、授業記録に基づく授業分析のあり方を検討する。

（1）全国授業研究協議会における授業の記録と分析

　授業を研究するためには、対象となる授業をできる限り客観的に、ありのままに観察し記録し、その実践を分析する必要がある。しかし何の意図も持たず、ただ漫然と授業を観察するだけでは、授業を記録することはできないし、分析することもできない。そのため、授業の観察、記録、分析のいずれにおいても、授業のどこに課題を見出し改善しようとするのかについての力点の置きようが現れる。

　1960-70年代に日本の授業研究運動を牽引した、北海道大学、東京大学、名古屋大学、神戸大学、広島大学の五つの大学の研究者が一つの授業を対象として共同で研究した「五大学共同授業研究」、それをもとに設立された全国授業研究協議会（以下、全授研）は、「授業の科学化」や「授業の法則性の解明」を授業研究の主題に据えていた。

　全授研に参加した研究者の多くは、授業の観察に際して、自身のフィールドノーツと併用するかたちで、テープレコーダーを教室に持ち込んでいた。

それは、ポーランドの教授学者オコン（Wincenty Okoń）の1956年の著作『教授過程』に代表される東欧の授業研究のあり方から刺激を受けたものであった。この邦訳は1959年に、全授研の代表を務めていた細谷俊夫によってなされており、さらに、1968年に盛岡市立杜陵小学校で行われた全授研の第五回大会にオコンを招待し、共に授業を観察し、記念講演が行われている。

　「授業の科学化」を志向する授業研究において、テープレコーダーを用いて授業における教師と子どものやり取りを正確に記録することは、授業のなかにある事実を分析の根拠となる授業記録として提示することを可能にし、そして、その記録をもとに分析の妥当性を検証することを可能にする。つまり、授業の観察に際してテープレコーダーなどの記録機器を用いることは、「授業の科学化」にとって「実証性」を担保するという意義を有していた。

　テープレコーダーを用いて観察した授業を分析の対象とするためには、その授業を記録化、つまり記述する必要がある。どのように授業を記述するのかには、授業の何を対象に、いかに分析するのかが、明確に反映されている。例えば、現在でも実践記録を書く際によく用いられる、教師の発言をT（Teacher）、子どもの発言をC（Children）として記述する、いわゆる「T-C記録」は、テープレコーダーを用いた授業の観察と共に、広まったものである。教師と子どもをTとCに一般化、抽象化し、教室のコミュニケーションを記録化することによって、教師 - 生徒、生徒 - 生徒の集団思考による授業過程に焦点化することができる。その意味で、「T-C記録」は、コミュニケーションに基づく授業過程の「科学的」な分析を行うのに適した授業記録である。

　しかし、「T-C記録」では、子ども一人ひとりの学びのありようを捨象してしまい、それを記録上に表現することができない（「T-C記録」への詳細な批判は、佐藤1996、131-136頁を参照のこと）。つまり、子ども一人ひとりの認識過程を対象とし、その「科学的」な分析を行うことはできない。そのため、授業研究の中で子ども一人ひとりの学びを重視した授業の分析を行う場合には、子どもに固有名詞が付与されたり、座席表などを用いて一人の子どもに焦点化した授業の記述がなされる。

　全授研のなかでも授業記録の様式は、実のところ様々であった。生活指導を基礎にして子どもの生活の問題と授業とを密接に関連づけて授業研究を行っていた小川太郎・杉山明男の神戸大学グループと東京大学の宮坂哲文グ

ループや、生活の論理を含めた子どもの認識過程のありように焦点を当てていた砂沢喜代治らの北海道大学グループの授業記録には、子どもの固有名詞が用いられていたり、A子やB男といったように子どもが区別されていたりすることが多い。一方で、学習集団づくりに向けて、授業における子どもの集団過程に注目していた広島大学の教育方法学研究室グループの授業記録には、子どもの固有名詞はあまり見られない。

　このように、「授業の科学化」として、授業の中の何を科学の対象として認識するのか、すなわち、授業研究において何を分析の視点とするのかということに、授業記録の取り方は由来するのである。

　授業研究において分析の対象となるのは、現在では、授業における子どもの学習過程や教師の教授過程、その相互の関係性にはじまり、教育内容の編成やカリキュラム評価、板書や電子黒板などのメディア、そして校内研修など、様々である。全授研においては、「授業分析の視点は大きくは認識過程の研究を中心としたものと、集団過程に焦点をあわせて研究する場合に区別され、それぞれの場合に、教師の指導技術や発問様式などを検討することが必要となってくるであろう」（吉本1964a、12頁）という。つまり、授業を通して子どもの認識がどのように変容したのか、どのように認識を深めていったのか、という教科教材の本質に接近する授業における「認識過程」、子どもたちがどのように授業に参加しているのかという学習活動についての授業における「集団過程」、そしてそれらを組織化し、媒介するために教師がどのような働きかけを行うのかという「指導過程」ないしは「授業過程」が、全授研においては分析の視点とされていた。

　全授研による授業研究が、三つの分析の視点から実証的に「授業の科学化」に迫ろうとも、授業研究が授業を観察し、記録し、その記録を分析するという手続き取る以上、結局のところ、授業の現実を科学的に改善することに資するものでなければ、「授業の科学化」と言うことはできないだろう。この意味で、全授研による授業研究が、授業の科学的改善という目的を持った運動論として展開されたことは重要であった。

　しかし、「授業研究は運動として展開されるべきだという考えは、実は、研究者の間で一致した見解であるということはできない」（小川1968、10頁）と言われるように、全授研の中でも意見が割れるところであったこともまた

事実である。とりわけ、教育社会学者として全授研に参加していた木原健太郎は、「今日の授業研究では、どちらかといえば分析的な方法が弱いように思う。（中略）授業という生きた現実を分析的にとらえるのはむしろ邪道だといった考え方もあるかもしれない。だがしかし、研究という以上は現実をつきはなしてみる面がなければ研究にはならない」（木原1969、5-6頁）と述べている。このような分析的な授業研究と運動としての授業研究は対立するものではなく、分析的な授業研究をどのように取り入れ、それによって生じる課題をどのように乗り越え、運動として授業研究を展開するのか、ということを再び授業研究運動の課題として取り組むことが目指されていた。

（２）ドイツ教授学研究における授業研究の動向

ポーランドで出版されたオコンの『教授過程』がドイツ語を経て邦訳されたように、ドイツの教授学研究は、わが国の授業研究のあり方に大きな影響を与えてきた。当時、ドイツ教授学における授業研究の動向は、わが国に盛んに紹介されていたが（例えば、吉本1964b）、現在では、当時ほどの注目を集めてはいない。しかし、ドイツにおいても近年、実証的教育研究（empirische Bildungforschung）が盛り上がり、授業理論の探究のために授業研究が注目を集めるようになっている。

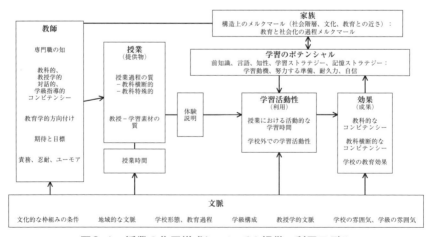

図6-1：授業の作用様式についての提供－利用モデル
（出典：Helmke 2012, 71頁）

その先頭に立っているのが、エッカート・クリーメ（Eckhard Klieme）やヘルムケといった教育心理学者である。「クリーメ鑑定書」がPISAショック以後のドイツの教育改革を方向づけ、心理学上の概念であるコンピテンシーが教育改革を主導する概念として取り上げられていることと相まって、教育心理学的な授業研究が注目を集めている。ヘルムケは、授業作用についての「提供-利用モデル（Angebots-Nutzungs-Modell）」を提示している（図6-1参照）。このモデルでは、生徒が「利用（Nutzung）」することができるが、自然と望ましい成果（Ertrag）を配置するわけではない提供（Angebot）として授業が理解されている。

　対してクリーメは、実証的な授業研究をこのような効果測定的な研究に限定するのは少し狭いと考え、教師と生徒の相互作用過程、そして学習の前提や学習ストラテジーといった生徒の特徴と、教育学的な知識や専門性、個性や熱意といった教師の特徴との関連を分析の対象としつつ、次の四つを授業の基本的な想定として考えている（Klieme 2006, 765-757頁参照）。
● 社会過程としての授業とその中で扱われる知識は、授業の参加者の協働「生産物」である。
● 教授行為は生徒の学習を「引き起こす」ものではなく、参加者によって協働で作り変えられ、提供の意味で個別に利用されるような、学習機会を提供する空間としての学習環境を創出するものである。
● 授業の過程と成果は、その都度の目標と内容によって規定される。したがって、関連様式についての認識は、条件つきで教科と内容をこえて一般化可能である。
● 制度的・社会的・文化的文脈が、授業の一つひとつの相互作用の過程にまで影響を及ぼす。

　クリーメは、授業に関して基本的な想定を持つ実証的な授業研究が一般教授学と重なる部分が多くあるとして、「授業の科学」としての教授学に「実証的になる」ことを付与することで教育科学的に捕捉するものであるという（Klieme 2006, 766頁参照）。すなわち、クリーメは、教育心理学的な実証的な授業研究を分析的なものにとどめず、基本的な想定として四つの視点を提示することによって授業を改善するものとして確立しようとしている。

　心理学と並んで、社会学的な知見からも授業研究がなされるようになって

いる。社会学的な授業研究としてしばしば取り上げられるのが、バーンスタインのディスコース理論を基礎にして授業における会話の分析を行う研究 (Gellert/ Sertl 2012)、エスノグラフィーの手法を用いて子どもの授業への参加のあり方の分析を行うブライデンシュタイン（Georg Breidenstein）の授業分析である（Breidenstein 2006）。社会学的な授業研究の共通の特徴は、授業という現象の言語的特徴、コミュニケーション上の特徴に焦点を当てていることである（Kalthoff 2014, 869頁参照）。その際に、教育社会学的な授業研究の特徴としては、授業研究の方法論を明確にし、その枠内で授業のコミュニケーションの様相を実証的に解明しようとするところにある。

　このような実証的な授業研究による授業理論の探究は、PISAショック以降強く求められるようになった教育研究の「実証主義的転回（empirische Wende）」に応じた研究の成果でもある。つまり、何をどのように教えるかという授業のインプットに関する教授学的議論ではなく、授業を通して子どもが何をできるようになったのかという授業のアウトプットを、スタンダードなどを用いたエビデンスと共に提示することが求められるようになった。そのため、実際に授業が生徒の学習にどのような影響を及ぼしているのか、効果的な授業の条件とは何かに主眼を置く、授業理論の研究がなされるようになっている。

　現在のドイツ教授学においては、心理学や社会学による実証的な授業研究、その最近の呼び名である実証的な教授-学習研究に注目が集まる中で、それとどのような関係を結ぶのかが問われている。テアハルト（Ewald Terhart）は、実証的な授業研究と教授学とは教えることと学ぶことという共通の主題を有しているが、教授学が教員養成という文脈において教えることと学ぶことを理論化し、その操作可能な構成のあり方を社会的な課題や問題設定といった規範的水準において追求するのに対して、実証的な授業研究は「あくまでも研究が第一義的な目的である」として教えることと学ぶことの解明を行っていると規定する（Terhart 2009, 156-160頁参照）。このように学問的関心や方法論が大きく異なっているために、両者の交流がこれまでほとんどなされてこなかった。しかし現在その関係性が問われる中で、両者を安易に相互補完的関係として捉えてはならない。むしろ教授学には、暗黙的に「よさ」を提示する実証的教育研究から提供されるデータの批判的な吟味のうえに、

いかに教授学的な問題を設定するのかが問われている。

　教授学研究が近年の実証的教育研究とどのような関係を結び、その成果をどのように引き受けるのかが議論されるなかで、教授学の枠内においても授業研究が積極的に展開されるようになってきている。それは、授業理論の探究という枠内で厳密に区分できるわけではないが、次の三つの方向性をもって行われている。

　一つは、「よい授業」論である。ドイツにおいては、ブランケルツ（Herwig Blankertz）の『教授学の理論とモデル』（1969年）以来、授業を捉える教授学の諸理論をモデルとして把握する教授学モデルの思考形式が定着している。2000年以降ドイツ教授学上でなされた「よい授業（guter Unterricht）」を巡る議論は、この思考形式の延長線にある。すなわち、近年の実証的な授業研究の成果に学びながら授業の「よさ」の指標を提示し、「よい授業」をモデル化することが試みられた。「よい授業」論の中心的な論者であったマイヤー（Hilbert Meyer）は、次のように述べている。「ここ10年で、国際的にもドイツ語圏でも授業研究は非常に進歩してきた。我々は今や以前よりも、授業文化のどのメルクマールが生徒たちの認知的な教科の学習を促進するのか、また反対に学習過程のどのメルクマールが妨げるのかについて、より正確に明らかにできるようになった」（Meyer 2004, 17頁）。マイヤーは、実証的な授業研究の成果に学びながら授業の「よさ」の10の指標を提示し、「よい授業」を定式化している（マイヤー 2006, 186-190頁参照）。この「よい授業」を巡る議論によって、授業の過程モデルや要素モデルが様々に提示された。ここでの関心は、授業の構成要素を明確にすることよりも、それによって授業を効果的に制御することに重点が置かれていたといえる。

　二つは、教員養成のための授業研究である。ドイツにおいては、教授学が教員養成段階の教職科目として設定されていることと関わって、ベルリン学派のハイマンによって授業分析的な教授学が1960年代から展開されてきた。ハイマンは教師が授業を「制御」するために授業分析によって授業の「要因」の解明を行ったが、現在の教員養成のための授業研究においては、授業研究による「よい授業」をするために教師に求められるコンピテンシーのモデル化がとりわけ教科との関連で行われている（Terhart 2016, 172頁参照）。すなわち、教員養成のための授業研究では、よいとされる授業、成功したとされ

る授業を対象にして、それを教師の専門職的な知として理論化し、提示することによって、教師に求められるコンピテンシーを明確にしようとしている。

　三つは、授業理論の探究に向けた授業研究である。PISA調査を前後する実証的教育研究の趨勢の中で、「教授学は今日まで、科学的に有用な授業理論を基礎づけるというその自明さに成功していない」(Lüders 2014, 834頁)と、その科学性、実証性の欠如が批判されている。授業理論の探究に向けた授業研究には、まさに、「授業という実践の科学的理論となり、同時にこの実践のための案内板となる」(Baumgart/ Lange/ Wigger2005, 16頁) ような科学的かつ、実効的な授業理論を提示することが期待されている。

　このような授業理論の探究に向けた授業研究を先の三つの授業分析の際の視点に従って整理すると、まず授業における認識過程に焦点を当てるのが、キーパーによる授業研究やポルマンス(Marion Pollmanns)の授業研究である。集団過程に焦点を当てるのが、レー(Sabine Reh)の授業研究やプロスケ(Wolfgang Proske)の授業研究であるだろう。そして授業における指導過程を授業研究の主題としているのが、グルーシュカによる授業研究である。

　ドイツにおける授業研究の記録方法については、TIMSS調査の影響を受け、2000年前後に教室にビデオを持ち込むことが流行し、その映像をそのまま授業記録として提示していた。日本では、授業研究に際してビデオを用いて授業を記録することは一般的であるが、教師一人ひとりの独立性が高いドイツにおいては教室にビデオを持ち込むこと自体が画期的なことであった。

　しかし、ビデオによる授業の記録は、ともすると、主観性の強い記録となってしまったり、先入見の強い分析を誘引してしまったりすることがある。そこで、グルーシュカらの授業研究プロジェクトでは、ビデオではなくボイスレコーダーを用いて授業を観察し、その授業の発話記録(Transkription)を授業記録として提示している。そしてグルーシュカが中心となってフランクフルト大学のホームページ内に立ち上げたApaeK (Archiv für pädagogische Kasuistik：教育学的決議論に関するアーカイブ)というプラットフォームにおいて、作成した発話記録が保存・公開されている。ここでの発話記録の様式には、授業を観察した日付、観察者、そして授業記録の作成日時、作成者、記録の修正日時、学校種、学年段階、教科種が明記されている。発話記録は、T-C記録となる場合もあるが、子どもの学びのありように焦点を当てる場合

には子どもの固有名詞が記述され、記録の最後には教材と座席表が添付されていることが多い。

　授業記録をデータベース化して誰にでもアクセス可能な状態にすることによって、授業分析の妥当性を誰でも検証することが可能になる。先述したように、教育政策と結びついて、授業の成果を子どものアウトプットとして明確にすることが、教育研究における実証主義的転回として求められている。グルーシュカは、実証的な研究がアウトプット志向と結びついていることに抗して、授業分析とそのエビデンスとなる記録を一緒に提示することによって、分析の確かさを検証可能にするという、教育研究における実証性のあり方を示している。

（3）授業記録に基づく授業の分析と解釈

　ApaeKで公開されている記録は、ドイツ教授学における授業研究でしばしば参照されている。グルーシュカは、「授業することの教育学的再構成（Pädagogische Rekonstruktion des Unterrichtens）」という授業研究プロジェクトを2002年より主宰しており、ApaeKに公開されている記録に基づいて授業の分析を行っている。そして、子どもが教材を理解する（Verstehen）ために、教師のどのような媒介（Vermittlung）が必要であったかを提示しようとする。グルーシュカは、このプロジェクトの中で80ほどの授業分析を行っている（なかでも代表的なものは、レルケ（Oskar Loerke）の詩「ベルリンの青い夕暮れ（Blauer Abend in Berlin）」を取り扱ったギムナジウムでのドイツ語の授業分析である（Gruschka 2010）。なお、グルーシュカのこの授業分析についての検討は松田（2015）を参照のこと）。

　グルーシュカは授業記録の分析に際して、「客観的解釈学（Objektive Hermeneutik）」という社会学の方法論を用いている。客観的解釈学とは、社会学者エファーマン（Ulrich Oevermann）が「事物に含まれること（Sachhaltigkeit）」を主眼にすることで、アドルノ（Theodor Wiesengrund Adorno）の社会批判の思想を具体的な解釈の手法として基礎づけたものである（Oevermann1983, 236頁参照）。客観的解釈学では、個別具体的な事例の構造性を明らかにするために、その事例を成立させうる多様な状況や潜在的可能性を考慮し、いくつかの事例と比較対照しながら、その事例の構造的な特性を特定し、最終的には

他の事例でもその構造的な特性が妥当するかが検討される（Oevermann 1983, 236-238頁参照）。これを基礎にヴェルネット（Andreas Wernet）が解釈に際しての五つの原則を提示したことで、より一般的な方法論として確立され（Wernet 2009, 20-38頁参照）、グルーシュカはそれを参照する。

筆者は、2016年1月13日にフランクフルト大学のグルーシュカの研究室を訪問した際に、客観的解釈学を用いた発話記録の分析の検討会に同席することができた。ここでは、その際の授業分析に関わる議論を検討する。

ここで分析の対象として取り上げられていた記録は、2010年4月16日にヘッセン州の総合制学校の第9学年で行われた「ドイツにおける選挙行動と現在の政治的テーマ」に関する「政治科学」の授業である。記録の最後に座席表が添付されており、生徒は23人である。45分の授業が全27頁の発話記録として、「ドイツにおける選挙行動と現在の政治的テーマ」というタイトルでApaeK上に公開されている。授業は、生徒が自分たちで政治的なテーマを選び、その解決の方法を議論するというものであった。テーマとしては穴の開いた道路をどうやって修復するのかが取り上げられ、議論された。

分析の検討会には、グルーシュカと5人の共同研究者、そして吉田成章と筆者が参加した。発話記録にある一つひとつの発言を授業のこれまでの文脈に応じてどのように解釈することが可能であるのかを参加者全員で議論しながら、最も適当であるものをその発言の解釈として採用するというかたちで分析が進んでいく。そのため、2時間ほどの検討会の時間内では、発話記録の発言にして30ほどしか進まなかった。一つの発話記録を分析し終えるのには、10-20回ほどの検討会を行うという。

今回の検討会で取り上げられた授業における発話は次のようなものである。ある男子生徒が、「どうして道路の穴を防がなくちゃならないの？お金がかかるのに」と質問したのに対して、その質問を受けた男子生徒は「市民が自分たちで道路を直すといいじゃないか」と答えた。その答えに対して再び、男子生徒は「でもどうやって、そのお金はどこから出てくるの、単純にそれをお金をかけてなおす、どうやって、市にお金を払えないよ？」と尋ね、「自分でもわからないけど、でも、簡単に直せるだろう」と返事をした。この返事に対して別の男子生徒が「ばかげている！」と述べ、教師は「シー！」とそれを制止した。

とりわけ議論となったのが、「ばかげている！」をどのように解釈するのか、という問題である。ここで議論されたのは、「ばかげている！」と発言した男子生徒がなぜそのように感じたのかという「主観的」な意味ではなく、その発言が授業展開上なぜなされたのか、その発言には授業の構造上どのような意義があったのかなど、授業の文脈上での発言の「客観的」な意味が議論された。

次に「ばかげている！」という生徒の発言に対して、教師が「シー！」と制止したことの妥当性も議論がなされた。すなわち、ここで教師が「ばかげている（Blödsinn）」を制止してしまったことにより、その発言は授業の展開上「無意味なもの（Unsinn）」になってしまった。教師がここで、「何がばかげているのか」などの切り返しを行うことによって、市と市民の関係という、今回の授業で理解するべき教科内容に迫ることができたのではないか、ということである。

このようにして授業分析が蓄積されていき、最終的に、その教材で理解するべき教科内容に迫るための契機が授業のどこにあったのか、教師はどうすればその契機を逃すことなく「理解することを教授する」ことができたのか、という授業の改善に向けた提案がなされる。

（松田　充）

■　2　授業研究における心理学的アプローチの動向と課題　■

本節では、授業研究における心理学的アプローチの動向と課題について、（1）授業研究における心理学的アプローチの歴史的展開、そうした展開の中で明らかになってきた（2）心理学的知見に基づく授業研究について整理し、その後（3）授業研究における心理学的アプローチの課題として、教授学と心理学の双方の知見に基づいて、教師の自己変革を促すような授業研究のあり方について考察する。

（1）授業研究における心理学的アプローチの歴史的展開
教授学と心理学の接点としての授業研究

授業は「教授・学習過程」と表現されることがあるように、教授主体とし

ての教師が教材を媒介して子どもに教える過程であり、また同時に、学習主体としての子どもが教材に対峙することを通して知的・精神的に発達していく過程である。それゆえ授業は、授業の目標－内容－方法－評価を体系的に研究する教授学と思考過程や発達を研究対象とする心理学との接点となる。

　教授学と心理学との関係はヘルバルトに始まる。ヘルバルトは、『教育学講義綱要』において、教育学の基礎概念を「生徒の陶冶可能性」とし、「教育学は実践哲学と心理学に依存している。前者は目標を示し、後者はそれの道と危険とを示す」（ヘルバルト1974、3頁）とした。ここで「実践哲学」とは、ヘルバルトが『一般教育学』で教育の目的とした「興味の多面性と、道徳性に基づく堅固な品性」（ヘルバルト1968、18頁）である。ヘルバルトにおいて「心理学」は、そうした目的に向けた教授を確実なものとし、また教授が失敗する危険性を判断するためのものとして位置づけられている（百々1977、200-201頁参照）。日本は明治期にヘルバルト主義を取り入れて学校教育における「一斉授業」が成立し、その伝統は授業指導案における「導入・展開・終結」など、現在も続いている。

　しかし、現実には教授学と心理学の関係は、「教育学と教育心理学の分離」として、両者がともに「教育の現実的課題から目をそらせていること」が指摘されている（稲越・岩垣・根本1991、242頁参照）。教育心理学においては、教育実践への肯献の乏しさから「教育心理学の不毛性」が叫ばれ、また教育学においては、伝統的に重要な位置を占めてきた概念や諸理論が実際の授業では効果を生まないことに対して、実証性を求める動きが出てきている。

　1959年に設立された日本教育心理学会は、長く「教育心理学の不毛性」を問題として取り上げてきた。そのなかで、1980年代の認知心理学の台頭から1990年代の「学習科学」の成立によって、現在では「教育心理学の不毛性」はほとんど聞かれなくなっている。こうした教育心理学研究の歴史的展開にともなって、授業研究における心理学的アプローチのあり方も変遷してきた。以下では、教育心理学における授業実践や授業研究に関する議論について、大きくその議論を基礎づける学習論と授業研究のあり方、そしてその研究方法という三つの視点から検討し、授業研究における心理学的アプローチの歴史的展開について確認する。

1960-70年代における行動主義心理学の学習論と仮説実験による研究

　日本教育心理学会の機関誌『教育心理学年報』を見てみると、第9回大会（1967年）のシンポジウム「戦後教育心理学の反省」や第20回大会（1978年）における城戸幡太郎の特別講演「教育心理学の問題と研究方法」において、「教育心理学の不毛性」が反省されている。

　そうしたなかで、第3回大会（1961年）、第18回大会（1976年）においては、授業研究に関するシンポジウムが組まれている。第3回大会のシンポジウム「授業研究の方向とその問題」では、「克服しがたい障害」として、教授＝学習過程と学習理論（ティーチングマシン）の関係づけ、授業でのコミュニケーションを規定する学級構造などの解明が挙げられている。第18回大会のシンポジウム「授業研究とはなにか」では、授業研究における教育心理学の役割として、実践現場に対する教材づくり、発問、提示、実践データの収集、分析、解釈といった面での貢献が求められた。

　秋田喜代美によれば、1960-70年代の教育心理学は、行動主義心理学、ピアジェ（Jean Piaget）に由来する構成主義、情報処理アプローチ、という三つの学習論に支えられていた（秋田2010、16-17頁参照）。科学技術社会の変化に伴って授業の科学化が目指されるなか、「授業目標を設定し目標達成を評価し捉える効果研究と、教師の指導技術や教育方法としての授業研究」が多くなされ、行動主義心理学や教育工学の発想に基づく「定型化した指導方法の模索」が行われた（秋田2010、209頁参照）。

　しかし、細谷純らが「日本心理学界における授業研究の現状」と題する論文で「教育心理学研究におけるアクション・リサーチの不在」と「教師、教室、教材、子どもたち、の諸条件間の"全体的有機的"な関連を研究対象化している研究発表はきわめて少ない」ことを指摘したように、当時の教育心理学研究は教育現場が乖離しており、教育実践への継続的関与や"全体的有機的"な関連」を失っていた（細谷ほか1974、90-92頁参照）。そのため、「教育心理学の不毛性」の克服は長く課題であり続けた。

1980-90年代における認知心理学による学習観の転換とコンサルテーション

　1980年代になると、米国で起こった「認知革命」の影響で認知心理学が大きな影響力を持つようになった。先述の秋田（2010）によれば、認知心理学

の人間の学習や知識に関する知見（事実的知識、手続き的知識といった知識の分類やメタ認知の重要性など）を背景に、授業における学習者の思考や学習過程が研究されるようになった。また、認知心理学からの影響として「領域固有性」と「生態学的妥当性」、すなわち、人間の思考や知識は対象領域の固有性に基づくこと、人間の日常生活の心理現象に妥当性のある心理学研究が重要視されるようになった（小野瀬1996、88頁参照）。

「認知革命」の影響や「生態学的妥当性」の強調は、心理学における学習観を転換させた。行動主義心理学の学習論に代わり、人間の学習は環境や他者などの社会的相互作用のなかで行われるとされるようになった。秋田（2004）によれば、レイヴ（Jean Lave）とウェンガー（Etienne Wenger）が提起した「正統的周辺参加論」に由来して、人間の学習や思考は環境や他者との間に分ち持たれていること（分散的な知）、人間は状況との相互作用によって学習すること（状況的認知）、人間は共同体への参加のなかでアイデンティティ形成を行うこと（正統的周辺参加）、とする考えが影響力を持つようになった。それに対しては、ヴィゴツキー（Lev Semenovich Vygotsky）に由来する社会文化的アプローチによって、共同体の文化的実践への参加と共同体内での活動システムの再構成についての研究がなされるようになった。こうした動向のなかで、後述する「領域固有性」に基づく各教科教育の研究、授業における「学習環境」構成の研究、学校文化や教室文化の研究がなされるようになった。

授業研究の動向としては、日本教育心理学会第30回大会（1988）でシンポジウム「授業研究の動向と課題」が組まれ、評価論（梶田叡一）、教材内容研究（細谷純）、現象学（吉田章宏）、子どもの認知過程研究（吉田甫）、それぞれの立場から授業研究への提言がなされた。1994年には『授業研究21』で「認知心理学から授業研究への提言」という1年間のリレー連載が掲載された。

さらに、授業研究へのアプローチも変化してきた。「認知カウンセリング」に基づく学習支援のあり方や、学校心理学に影響を受けた「コンサルテーション」という学習支援の在り方が提起された。「コンサルテーション」という考え方を通して、「研究者と実践者という異種の専門家同士のパートナーシップ」にもとづき、「研究者側は実践の中の理論と心理学や教育学の理論との往還の中で問題構造を可視化したり解決策の選択肢を提示する。教師間の対

話を重視して、そこに周辺的に関わる、いわばファシリテーター」として関わる授業研究のあり方が提起された（藤江2010、202頁参照）。

近年の教育心理学研究における学習科学とアクション・リサーチ

近年の動向としては、1990年代に米国で成立した「学習科学」の研究を挙げることができる。学習科学は、「神経科学や脳科学、工学、文化人類学、社会学など関連諸科学との学術研究の進展」（秋田2010、21頁）のなかで成立した、「現実の人の学習、例えば学校教育の中での子供たちの学習を研究し、現代のテクノロジーを駆使して実効性のある教育のシステムを教育実践の中で作り上げようという研究動向」（三宅ほか2002、328頁）である。

米国の学習科学の研究者ソーヤー（R. Keith Sawyer）による編著書の邦訳『学習科学ハンドブック』（培風館、2009）も出版されている。その「目次」を見てみると、「第Ⅰ部 学習科学の基礎理論」、「第Ⅱ部 学習科学の方法」、「第Ⅲ部 学習科学の知識の性質」、「第Ⅳ部 知識の可視化」、「第Ⅴ部 協働学習」を経て、「第Ⅵ部 学習環境」という構成になっている。特に第Ⅰ部の中には、「コンストラクショニズム」、「認知的徒弟制」、「Cognitive Tutor」、「活動の中での学習」といったものがある。学習科学は、ピアジェに由来する構成主義、ヴィゴツキーに由来する社会的構成主義、レイヴとウェンガーに由来する状況論、エンゲストローム（Yrjö Engeström）に由来する活動理論を融合し、テクノロジーを駆使して子どもに知識構築を促す学習環境を用意することを企図していることが分かる。

こうした動向の中で、「学習科学者であるロス・ブラウンらによって学習者共同体（community of learners）が提唱され、日本でもそれらの影響を受けて、佐伯胖、佐藤学らによって学びの共同体論が紹介され、我が国独自の概念として成立していった」（秋田2010、41頁）。その背景には、ドナルド・ショーン（Donald A. Schön）が提起した技術的熟達者としての教師から反省的実践家としての教師へ、という求められる教師像の転換があった。授業研究という場は専門家共同体としての教師たちが子どもたちの「学びの専門化」としてともに授業の在り方を学びあう場としても見られるようになった。

それに伴い、授業研究の方法として「アクション・リサーチ」という方法が採られるようになった。秋田によれば、アクション・リサーチとは「実践

の場で起こる問題、実践から提示された問題を分析して探究し、そこから導かれた仮説にもとづき次の実践を意図的に計画実施することにより問題の解決・対処をはかり、その解決過程をも含めて評価していく研究方法」（秋田2010、167頁）であり、「問題意識－計画－実行－評価」の循環からなる。とりわけ「評価」においては、藤江康彦が指摘するように、問題解決の「活動が当該の問題解決にどれだけ機能したかという『有効性』、同じような文脈で生じた別の課題の解決にその方法でもって別のものが取り組んでも解決が可能かという『実用性』、研究者の行為や解決法が実践者や別のフィールドの実践者にも受け入れられるかという『受容性』」（藤江2010、203頁）が重視される。

　以上のように、授業研究への心理学的アプローチは、各時代の心理学における学習論とそれに対する研究方法とともに変遷してきた。授業研究のあり方は、「教育心理学の不毛性」で指摘される研究と実践の乖離から、教師自身の主体性を尊重して行われる「コンサルテーション」、そして「次の実践を意図的に計画実施」や「有効性」・「実用性」・「受容性」を視野に入れた「アクション・リサーチ」へと変わってきている。

（2）心理学的知見に基づく授業研究

　以上のような授業における心理学的アプローチの歴史的展開のなかで、今日においては、どのような心理学的知見に基づいた授業研究がなされているのであろうか。的場正美は、「教育心理学者の授業へのアプローチ」としてその特徴を「①社会的構築主義の観点から学習の認知過程の研究、②教室文化や教室で働くルールの解明、③授業デザインの研究」（的場2009、194-195頁）を挙げている。①の研究は、②や③の研究を基礎づけている。さらに、ここでは認知心理学の台頭以前から心理学的アプローチから授業研究を行ってきた東北大学の細谷純とその門下生たちによる授業研究を取り上げる。

「学習援助ストラテジー」と「評価」による授業の「調整」と「改善」

　東北大学の細谷純とその門下生たちは、認知心理学の台頭以前から心理学的アプローチによる授業研究を行ってきた。細谷純らは、授業研究を「授業過程、即ち、教師が、教室で、教材を、子どもたちに、教え学ばせる過程、

あるいは、子どもたちが、教室で教材を、教師に教えられ学びとる過程を支配する法則体系の構築を目指してなされる研究」（細谷ほか1974、85頁）だとして、教授・学習過程および教科内容の心理学的知見に基づく「学習援助ストラテジー」の開発やそれに基づく授業の「調整」と「改善」という形で授業研究を行ってきた。

「学習援助ストラテジー」とは、「教える目標・その具体的目標・順序などに関する原則の集まり」であり、「目標や相手に即したストラテジーを発明・採用することが重要」である。授業においては、学習者がどんな状態か、学習者に何をどこまでできるようにするかを考慮しつつ、教科特性に合わせたストラテジーを考えることが重要となる（立木2002、163頁参照）。そうしたストラテジーは、日本教育心理学会第30回大会（1988）の細谷の発表によれば、「教師はどういう種類の教示や発問を、どんな順序で提示したらよいのか」を示した「テキスト」としてまとめられる（吉崎・田中1989、9頁参照）。

授業研究は授業の「調整」と「改善」を目的として、「評価」を軸に、①目標設定と計画立案、②計画の実行、③結果の測定および考察というサイクルで行われる（佐藤2002、288頁参照）。まず、①目標設定と計画立案では、どのような「行動」をどのような「条件」で、またどのような「基準」を評価するかを意識して定める。さらに、ある目標の達成は下位目標の達成を前提としているため、目標の階層的構造の分析と授業計画への位置づけが求められる。そのうえで、それらの計画は子どもの既有知識の把握としての「評価」とも照らして、学習援助ストラテジーを決定する。次に、②計画の実行であるが、ここでは、授業計画に対する子どもの動作的反応を「評価」すること、そして子どもからの予想外の反応に対して計画を軌道修正する「調整」が重要である。最後に、③結果の測定および考察では、授業計画に対する子どもの評価と「調整」の結果が考察され、次回の授業に向けて授業計画が「改善」される。

以上より、細谷純とその門下生たちの授業研究の特徴は、第一には、教授・学習過程および教科内容の心理学的知見に基づく「学習援助ストラテジー」および「テキスト」の開発であり、第二には、「調整」と「改善」による授業づくりである。こうした授業研究の意義は、一つには、授業研究に各教科の「領域固有性」を持ちこみ、教科特性とそれに対応する学習援助ストラテ

ジーの開発を目指しているということ、もう一つには、特に「調整」に関わって授業中の子どもの動作的反応を「評価」し、それに教師がどう対応して、どのような結果が得られたかを検討しているという意味で、授業における子どもの学習を刻々に評価し適切に指導していくという教師の力量形成にも寄与する授業研究のあり方を提起していることである。

教室文化・教室談話の研究

「談話分析」を通して、言語的相互作用によって成立する授業のありよう、その教室の文化や学校教育特有の文化を明らかにすることを目的とするのが教室文化・教室談話の研究である。藤江は、「談話」についてのメイナードの論考を引用しながら、「談話」を次のように定義している。すなわち、「『談話discourse』とは、言語学で『ある状況で実際に使われる言語表現』であり、『何らかのまとまりのある意味を伝える言語活動の断片』である」。そして「教室談話」を「『教室』という教育実践の場において現実に使用されている文脈化された話しことばによる相互作用」と定義している（藤江2010、93-94頁参照）。

教室談話研究の理論的背景には、「文化は個人を超えて人の心を形作る」と述べて、子どもの心を形成する「意味の構成としての教育の文化」を問題にしたブルーナー（秋田2004、319頁参照）、人間の学習において「心理的道具」としての「言語」による相互作用を重要視したヴィゴツキー、さらに「アプロプリエーション（領有）」という言葉で、他者の言葉を用いつつ新たな意味付与して我がものとする過程を学習として描いたワーチ（James V. Wertsch）の存在がある（藤江2010、97-98頁参照）。こうして藤江は、ヴィゴツキーの「心理的道具」をブルーナーとの関係で「文化的道具」に置き換え、学習と教室談話の関係を次のように表現している。すなわち、「人間の学習は、文化的道具に媒介されて対象との間に関係を築くこと、そして自己と対象、そして文化的道具との三項関係のなかで心的な変容を遂げること」であり、「教室談話は、授業において、子どもの学習を支援することと共に、組織的な学習という文脈を生成させている」（藤江2010、99頁参照）。つまり教室談話の研究は、子どもの心を形成する「文化的道具」としての「言語」が教室でどのように使用されているのかを明らかにする研究である。こうした

教室文化・教室談話の研究には、学校や教室という社会的文脈における子どもの学習活動のありよう、授業特有の談話構造やルール、相互行為による談話の成立、という三つの視点で研究が行われてきた（藤江2010、95-96頁参照）。
　そうした研究によって、これまで「個人としての学習活動の展開の過程で、どのように他者との相互作用を利用するかが、学級の話し合いのなかで果たす役割の差異としてあらわれ（中略）学習活動における参加者間の発話行為の差異が、学級としての談話の進行を促進している」（藤江2010、101頁）ことが明らかになっている。また、他者の発言を、復唱、言いかえ、要約、精緻化、翻訳、引用、正当化等の形で再度とり上げて語る「リボイジング」という教師の発話行為が、子どもの思考を深め生産的な思考にすることも明らかになっている（秋田2010、120-121頁参照）。さらに近年は、談話を形成するルールの解明、知識の協働的構成を促す談話のあり方、その談話のルールを習得する授業のあり方など、教室談話による子どもたちの「相互作用」に着目した研究が行われている。
　教室文化・教室談話の研究は、質的研究の手法によって行われ、「授業の起こっている状況、授業に参加している子どもや教師の発話や行為を精緻にとらえること、そのうえで、その状況における子どもや教師の発話や行為の意味を解釈し再構成していく」（藤江2010、194頁）。そのために、ビデオカメラやICレコーダーを用いた音声や映像の記録、「もの、こと、人」を詳細に記録したフィールドノーツ、五感を用いてその場の文脈や物事の関係性を総合的にとらえること、といったことから授業が調査・理解される。しかし、そこで重要なのは、こうした研究が「アクション・リサーチ」として行われている点である。こうした授業研究の意義は、「次の実践を計画実施する」という点において、授業を規定している教室文化とルールを解明するとともに、知識の協働的構成をより促すための教室文化やルール、授業中の談話形成に寄与していこうとすることである。

授業デザイン研究
　認知心理学や学習科学の知見は、授業づくりにおいては、「学習環境のデザイン」として集約される。秋田は、「授業デザインには、重要なことが三つある。第一に学習内容への子どもの興味や意欲を喚起すること、第二に、

学んだことが定着し、次に使えるように深く学ぶ機会を保障し、学び方を学べるようにしていくこと、また第三には自分の学習過程を振り返ったり、次の学習への見通しを持ったりできるようにすることである」（秋田2012、94頁）と述べる。

そこで重要なのが、動機づけである。鹿毛雅治は、教育実践の計画を「動機づけデザイン」として、学習課題や単元の特徴という側面である「課題環境」、学習者自身がどの程度に環境や学習成果をコントロールできるかという側面である「コントロール環境」、どのような達成価値に基づいてどのように評価するかという側面である「目標－評価環境」の3側面に整理し、授業デザインのあり方を整理している。とりわけ、「道徳や社会的責任といった要因を基盤に持つ動機づけシステム」であり、「肯定的な相互依存関係に基づく学習や達成に向けた協同の場を設定すること」によって、相互の信頼関係をもとにした具体的な行動や、内発的動機づけ、課題への没頭を促進する「協同的目標構造」を授業に持たせることが重要であるとされる（鹿毛2013、268-274頁参照）。

子どもたちの肯定的相互依存関係に着目して授業をデザインする方法として、小グループを効果的に用いる方法が提起されている。例えば、日本において学習科学研究を切り拓いてきた一人である三宅なほみは、子どもたちをジグソー班と呼ばれる小グループに分け、次いで班を3種類のエキスパートに分け、課題解決のために3種類の情報を持ち寄って対話しながら学習するという「知識構成型ジグソー法」を用いた「協調学習」の授業を提起している（三宅ほか2016、9-13頁参照）。また、佐藤学が提起する「学びの共同体」の授業においては、男女混合の4人班を構成し、「ジャンプの課題」と「聴き合う関係」に基づく対話によって協同的な学びとして授業が構成される（佐藤2012、25-26頁参照）。

こうした学習環境のデザインに基づく授業研究においては、子どもが取り組む課題の質、そしてその課題に取り組む共同体としての集団の学びの過程を中心に、アクション・リサーチによって、授業が「協同的目標構造」を持った教授過程や学習過程となっているかの検討と次の実践の課題化がなされる。またそこでは、「少数の教室での学習事例を丁寧に記述し、検討して、先行研究の知見から改善のデザインや教授プランを考え、実行し、評価を通

して一般化可能なデザイン原理を導き出す」（藤江2010、197頁）ことを目指した「デザイン実験」という方法もなされている。こうした授業研究の意義の一つは、学習課題に取り組む共同体としての子ども集団の学習過程に焦点をあてることで教師が教え込みに陥らないようにしていることとともに、もう一つは、子どもが質的に高い学びを行うことができるように、「協同的目標構造」に照らして授業を構造的にとらえ授業デザインをしていこうとすることである。

　ここまで、心理学的知見に基づく授業研究として3つの研究を検討してきた。それらの授業研究から提起されている視点、すなわち、授業を規定する教室文化やルール、「協同的目標構造」をもった授業構造、教科の「領域固有性」、学習課題の質、課題に取り組む共同体としての子ども集団、子どもの学習行為の評価とそれへの対応、などは授業づくりで直面する課題であり、授業研究を通して検討されるべき課題である。したがって、授業研究における心理学的アプローチの動向は、心理学的知見に基づく授業デザインと、主に質的研究の手法とアクション・リサーチによる授業のデザインとその検証を通して、授業研究に実証性を担保し、次なる実践の課題を提起するものとして総括できよう。

（3）授業研究における心理学的アプローチの課題
　　　──教師の自己変革を促す授業研究に向けて──

　ここまで授業研究における心理学的アプローチの歴史的展開とその動向について見てきた。しかし、改めて授業を、あるいは授業研究を教授学と心理学の接点として見たときに、教授学から見た授業研究における心理学的アプローチの課題も見えてくる。ここでは教育の目的論、集団の質的発展論、教師の指導論の3つの観点からその課題について論じ、最後に今後の授業研究における教授学と心理学の対話のあり方について論じる。

授業研究における教育の目的論

　まず教育の目的論について、「教育学と教育心理学の分離」を指摘した稲越孝雄・岩垣攝・根本橘夫は、教育学と教育心理学のアプローチの違いを3点挙げている。一つは、教育学が価値の達成を目指すのに対して、教育心理

学は教育の目標と方法とを規定する客観的な実態把握を目指すという「目的論的アプローチ対実態把握的アプローチ」の違い、二つは、教育学が現在の子どものより一層の発達と社会を変革する子どもの育成を目指すのに対して、教育心理学は置かれた状況そのものを前提に子どもがその環境に適応することを目指すという「変革的アプローチ対適応的アプローチ」の違い、そして三つは、「総合的アプローチ対分析的アプローチ」の違い、すなわち教育学はある価値観に立って教育事象を分析し現実の教育と価値という総合的観点から結論を出すのに対して、教育心理学は教育にかかわる事象の一断面に焦点を当て変数として他の要因を捨象してしまうという三つを挙げている（稲垣ほか1991、241-242頁参照）。

　また、心理学の立場から教授学について述べる吉田章宏は、「『教授学』は（中略）積極的に価値を選びとり、その価値を実現するための科学であることをめざして」おり、「授業を人間形成の場」と考える。教授学は、その価値と人間観の実現に向かう授業を「すぐれた授業」として、教授学における授業研究もそうした授業を生み出す技術を探究するという意味で目的志向的である、と述べている（吉田1975、164-165頁参照）。

　これら二つの指摘からは、教育とは何のためにあり、授業はそれに向けて何をどのように実現するのか、という教育の目的論が問われている。教育の目的を問うことは、授業の哲学を問うことである。したがって、授業研究とは、そうした授業の哲学に照らして授業を変革していく営みであるし、また授業の哲学そのものが問われ探究される場として認識されねばならない。その意味で、教育心理学研究における教室文化の研究は、創り出すべき文化を何と規定するかが問われるという意味で、教育の目的論に接点を持ちうるであろう。

授業研究における集団の質的発展論

　次に集団論についてであるが、教育心理学の近年の動向は、小グループを効果的に用いるという意味で、集団にも着目して授業デザインが行われている。授業における集団への着目は、教育学や教授学が長年行ってきた。稲越孝雄・岩垣攝・根本橘夫（1991）は、「教育学と心理学の対話」の接点を「学級集団」に求めている。その中でも岩垣攝は、「授業展開に伴う学級集団の

分裂」として、授業における子どもたちの、聞いている‐聞いてない、発問の意味がわかる‐わからない、答えがわかる‐わからない、分かり方の多様性、といった分裂に言及し、「授業指導というのは、提示の知識や技能のもとで統一していた学級集団のなかに分裂をつくりだし、そしてこの分裂を学び合いのなかで克服することで、その集団がより高次の知識や技能のもとで再統一されていく過程である」(岩垣1991、90頁)と述べている。

　しかし、「集団の分裂が自分たちの問題として取り組まれるのは、集団が自立しているとき」(岩垣1991、90頁)であるゆえに、授業とは、集団内部に自己指導と自己管理の力をつける集団の自立を指導する過程でもある。吉本は、「教育にとって集団とは、すでに与えられてあるものではなくて、つくりだすべきもの、つくりだすべき課題、理想だ」(吉本1979、124頁)として、学級集団の質的段階を「『群れ、セクト』的段階‐無規律の集団」、「『管理・統制』的段階‐他律的規律の集団」、「『自律(自立)』的段階‐自覚的規律の集団」(吉本1979、129頁)と規定した。そして、「『わかったか、どうか』をお互いに確かめ合い、保障し合っていくこと、授業のなかで教師や仲間に注文し、要求すること、そうした『かかわり合う関係』を育てあげる」(吉本1979、133頁)学習主体づくりとしての「学習規律」の教師の指導が重要であるとしている。その点では、教育心理学研究における教室談話の研究は、その談話のルールの解明や形成という意味で、集団の質的発展のための学習規律の指導と接点を持つであろう。

教師の指導論

　したがって最後に、教師に求められる指導のあり方について言及しなければならない。近年の教育心理学研究の動向は、子どもの学習過程に重点を置く傾向にあり、授業研究では、教師の指導よりも授業デザインにおける課題の質やその学習に取り組む集団がいかに問題解決したか、ということが中心に検討される傾向にある。

　しかし、教育の目的や集団の質的発展、学習規律づくりといった教授学的な発想からみると、授業の過程での教師の指導のあり方が子どもの学習を規定するのであり、教師の教材研究や子どもの予想外の反応をどのように授業に位置づけるかといったことも含めて、教師の指導のあり方が子どもの知

的・道徳的発達を含む人間形成のあり方を規定するのである。もちろん、学習課題の質も集団の問題解決の過程は、授業づくりや授業研究に欠かすことのできない要素ではあるが、教師の教材研究のあり方や授業中の指導のあり方を不問に付してはならない。その意味では、授業研究において教科の「領域固有性」と授業中の「調整」を重要視した細谷純とその門下生たちの授業研究は意義深い。

教師の自己変革を促す授業研究――教授学と心理学の対話――

このように、教授学と心理学は授業における教育の目的論、集団の質的発展論、教師の指導論について対話することを通して、的場正美が提起する次の課題に応えていかねばならない。すなわち、「授業研究は、授業実践場面とその反省を基盤にしている。授業研究は、教育学の視点からみると、教育学の概念を再発見ないし発見する場であると同時に教育学の概念の内実を発見する場である（教育学的課題）。授業実践者にとっては、授業研究は授業をとおして直面している諸課題の解決を試み、明日の教育実践の可能性を構築する場である（教育実践的課題）。教育実践研究の視点からみると、授業研究は実践場面における困難性を自覚的に把握し、より明確にとらえなおす場である（教育実践研究の課題）。研究手法の視点からみると、授業研究は実践的な研究を土台にした研究手法やツールの開発と展開の場である（研究手法の開発課題）。授業研究は、この4の課題を内に含みつつ4の課題領域へ発信する教師と研究者による開かれた知と実践の協同研究である」（的場2009、196頁）。

その際、吉田章宏が指摘する教授学研究の課題は重要な意味を持つ。その課題とは、教授学がいかに教師の教師による自己変革に寄与するかという「『教授学』教授学」（吉田1975、165頁）をいかに構想するかである。「もしそうでなければ、『教授学』が現実を動かす力にはなり得ない危険や、現実の授業者を変える力のない、講談的な『教授学』に堕する危険」（吉田1975、169頁）に陥る。教師たちは、日々目まぐるしく変化する教育政策に向き合い、子どもと向き合い、教材と向き合い、授業と向き合っている。教育研究や授業研究は、そうした教師の心理的状態において有効性を持ち、かつ、教師の自己変革を促すものでなければならない。そのためには、授業研究において秋田

が提起するような、教室で起こった事実に基づいて、教師と教育研究者が一緒にビデオを見たり、それぞれが記録したフィールドノーツを見せ合ったりすることを通して、「目のまえの授業を見聞きし豊かに可能性を見出す」（秋田2012、209頁）ことが重要である。

（佐藤雄一郎）

■ 3　個々の子どもの学びの「見とり」と授業分析：個別的診断の意義と課題 ■

　授業研究では、「教育＝授業に固有独自な論理」の追究すなわち授業の科学化の中で、一つひとつの実践や個々の子どもの姿が、教育の事実として重視されてきた。本節では、個々の子どもの「見とり」と心理アセスメントによる個別的診断との双方の動向を明らかにし、その両者から授業において個性がいかに扱われるべきかを考察する。

（1）授業研究における授業の科学化と個々の実践への着目

　教育あるいは授業というきわめて複雑な営みをいかに捉えるかを巡って、教育方法学には、その事実に対する論理的な解明と、自らが教育の事実をどう捉えるのかという立場の確立とが求められてきた。もしも、良い授業がパッケージ化でき、何度でも繰り返し再生できるものならば、私たちは良い授業を規定する全ての独立変数を解き明かすことに力を尽くすであろう。しかしながら授業は歴史的一回性の出来事であり、どんなに良い授業であってもそれを再現することはできないのであり、現場の教師や研究者は、授業の展開をあらゆる角度から検討することの重要性とともに、その目的が授業の形式を表面的網羅的に究明することではないことも潜在的に知っているといえる。それでは、殊に授業研究において、私たちが授業を見、分析するのはなぜだろうか。やはりそこでは、授業を改善するという目的のもと、その教師らにとっては、今日の実践から明日の実践をつくること、そして研究者らにとっては、授業の事実を解明し共通の基盤として役立ち得る理論として打ち立てていくことが目指されているのである。

　表面的網羅的な授業構造の究明に実践的意味が見いだされない中、授業研

究では、どのように事実の科学的解明がなされてきたのであろうか。この問いへの回答は、本章第1節でみてきたように、授業研究の歴史の中で様々な立場がそれぞれの視点にしたがって確立されてきたことの理由と重なる部分が多く、授業研究では、現場の実践を真に教育的ならしめるために、実践を問うことのできる固有の論理の追究が求められ、その論理はときに網羅的なものではなく、それぞれの授業観に裏打ちされて展開してきた。八田昭平は、「研究の目的と立場は、実践の目的と立場と、きりはなしがたく結びついている。教師の実践——授業が存在し、研究者の研究——分析が、一方的に見るものとしてあるのではない。あるいはまた逆に、研究者の研究成果——理論がすでに存在していてそれが教師に吸収され、それによって教師の実践——授業が導かれるというものでもない。かかる表現では不十分な密接がある」（八田1963、53-54頁）と述べている。教師や研究者が授業研究を通して、実践にどう臨み、向かうのかという態度は、研究の目的をすでに規定しているのであり、授業研究のもつ「授業を良くする」という目的のもと、研究を実践的に、実践を研究的にすることによる協働実践研究体制が組まれてきたのである。授業研究は、研究者が第三者として教室に入っていって行うようなもの、行いうるようなものではなく、研究者と教師が組織され、ともに実践に責任をもつ体制になって、はじめて行いうるということも、八田の指摘するところである（八田1963、54頁参照）。

　日本の授業研究は、世界的に注目されており、日本の教師が各々の実践を議論の俎上にのせ、互いに研究を行う土壌を築いてきたことは、授業研究で目指される「実践を研究的に」という姿の象徴といえるだろう。また、近年アメリカでは、教育行政、学校教育関係者、教育分野の指導者が、教師の専門的学びを支えるために各学校の授業を回診（round）する「指導ラウンドネットワーク」の形成が提唱されている。こうした動きは、教師の授業を単発的かつ即座に価値判断し「捨て去る」傾向にある「ウォークスルー」型の参観を批判して起こっている（シティほか2015、4-5頁および79頁参照）。教師や実践に携わるすべての人が、授業の事実をもとに額を合わせて協議し、責任を伴う協働体制をもたなければ、教授法の向上および教師としての成長は望めないことは、学校経営・教師教育・教育行政についての研究からも改めて指摘されるところなのである。

長年、授業を対象とする研究においては、その教育技術を検討し普及可能なものとして確立しようとする技術主義的な立場と、教育に関わる根本的な命題に取り組み教育思想を追究しようとする立場という相互に批判し決裂する２者が存在してきた。馬場四郎は、授業研究への関心の高まりに対して、「我が国の教育界がしだいに落ち着きをとりもどし、いたずらに理論闘争のための高等的な教育論議を避けて、教育実践の効果が子どもの成長の上に確認されることを期待する現場人としての本来的関心が復活してくるとともに、再び授業研究への興味が強くよみがえってきた」（馬場1965、i-ii頁）と述べている。このことから、授業研究の立場は、観念論的と批判されるような研究からの脱却を示唆しているといえるが、それが直ちに実証性の高い研究方法への変革を要求するものではなかったことも指摘しておく必要があるだろう。

　授業研究において、研究者の理論的研究と実践をいかに近づけるかの追究に寄与してきたのが解釈学的研究法である。教育に関しては、日本に限らず、すぐれた実践例が多く記録され残されてきた。吉本は、「山びこ学校」から「島小」のような「すぐれた教育創造のなかに含まれている教授原則を求めたり、授業の典型を人間学的に解釈したりしようとする場合、そうした研究者の立場は、『解釈学的』だといえる」（吉本1974、201頁）とし、解釈学的方法について、その主要な意図と教育学に果たした成果を以下のようにまとめている。それによれば、解釈学的方法では、教育実践における事実と全ての教育理論――教育理念、教育制度、教育方法、教育課程、教育様式など――は、一定の歴史的過程と歴史的諸関係という文脈において「客観化」されたものにすぎず、時空を超えて普遍妥当的と考えられる哲学から導き出される教育理念、制度、方法といったものは存在しないと捉えられる。解釈学は、教育の理論と実践とを二つの区分される活動としてではなく、教育実践の中に常に理論への萌芽が含まれているという方法認識から出発し、この萌芽を一般化するとともに、その実践の前提や背景について究明し、実践に対する指針や限界を示すことを自らの課題としてきた。このことから、授業研究における解釈学的方法とは、「実践の優位」を前提とし、「すぐれた授業」の分析から出発して教師の授業実践の総体をできる限り全面的に捉え、授業の一般法則を明らかにする方法といえる（吉本1974、202-203頁参照）。こうした立場にたってこそ、「すぐれた授業」とは何か、そのための科学・理論とは何かを

求めて従来の教育学が問い直され、解釈学的立場は、教育＝授業というものに固有独自な論理を明らかにすることができたのである（吉本1975、65-66頁参照）。

　先にも述べたように、「研究を実践的に」という授業研究への要請は、実証的な研究方法への変革を要求するものではない。それは、いくら実践的に打ち立てられた理論であっても、そこに「教育＝授業に固有独自な論理」が欠けていれば、既存の理論やハウツーに教育の複雑な現象を当てはめることとなり、教師の仕事を指導・批判の対象として縮こまらせてしまう危険性を孕むためである。上田薫は、「授業研究は授業を改善するための手がかりを獲得することを目的とする。しかしそのことは同時に、授業の展開を究明するだけではなく、子どもの真のすがた、教育目標および教材の適否を検討することによって、教育の科学化を推進しようとするものでもある」（上田1963、32頁）と述べ、実践の究明と教育学の追究という二つの視点が授業研究には必要であることを提起している。上田は続けて、授業研究を教育技術の検討だと解することは明白な誤りであり、授業という現象の核心に教育特有の構造をみることが、真に教師の生きた力となり得るということを主張している。

　授業を観察し、分析する私たちの目的は、個々の子どもの発言や行動の中に、生きている授業という現象の核心として教育特有の構造を発見すること、すなわち「教育＝授業に固有独自な論理」を確立することにある。教育方法学では、学問として教育実践にどう責任が持てるのかが問われ、そこに科学や哲学が必要とされるようになった。「実践の優位」は、教育＝授業の科学化における教育方法学固有の姿勢ともいえ、解釈学的方法では、個々の実践をつぶさに分析することで、複雑な教育という営みをどう捉えるべきかという学問的基礎が提供されてきたのである。

（2）個々の子どもの「見とり」と診断

　教育実践の事実の解明の中で特に重視されたのは、子どもの発言や表情といった子どもの姿を理解することであった。『授業の探究』にまとめられた授業研究の各流派・系譜を代表する研究者の見解からは、「どのように授業を考えているか」の違いに、それぞれが「どう子どもを捉えるか」が大きく

関わっていることがわかる（馬場1965、3-7頁参照）。沼野一男は、同じ教材、同じ教え方を行う一斉指導においては、学級という制約が子どもの能力や学力の自由な発展を阻害する可能性もあると問題提起し、いわゆる一斉授業においても教師が主導する個別学習が並行的に行われているといっても過言ではないと指摘している（沼野1965、226-227頁参照）。大野連太郎は、子どもの認識の発展には子どもの主体的必然性を前提にしなければならないという内容伝達の面と、仲間づくりの両方に注目する必要があるという（大野1965、223頁および229頁参照）。上田は、教師のねらい通り子どもが認識したり、受容、定着することはありえないのであり、授業を教師が強引に進めないで、両者の間のずれを重視し、尊重し、むしろそれを手掛かりにしながら子どもの思考体制を発展させようとするような授業を求めている（上田1965、220頁、230頁および233頁参照）。確かに、学級には経験も能力も違う子どもが在籍しており、それぞれの子どもの経験や能力を把握することは授業を行ううえで欠かせない。「教授学を改善し、これを法則化すること」「現場の教育実践に寄与すること」という授業研究の二つの基本的なねらい（吉本 1965、11頁および230頁参照）は、それぞれの授業研究における立場が「子ども」に対する見方を充実させることによって展開されてきたのである。

　個々の子どもを見とり、理解するということが、授業研究・教育実践においてこのように重視される理由は、大きく以下の二つにまとめられる。第一に、教室で学ぶ個人あるいは数名に焦点を当てることによって、教材解釈、授業構想が充実され、その授業の分析の意義が深まるという点である。授業で問題とされるのは、事前・事後テストで測れるような、いわゆる「学習効果」にとどまらない。「授業の中で形成できる学びとはなにか」を追究すれば、教科内容の伝達・習得を通して、知識、能力、確信などが絶えずつくり変えられる人格形成の過程として学習を捉える必要がある。子どもそれぞれの人格をつくっていく、血肉となっていくようなものを捉えるためには、教材や一つひとつの発問を構想する際、子どもたちを一括りに単純化せず、一人ひとりに迫っていく必要があるのである。そして第二に、教師の「育てたい」というその子への向きを実現することによって、その授業研究が真に教師の自己変革につながるという点である。個々の子どもを見とる中で、教師は幾度となくその子への認識を覆さなければならない局面に立たされ、その教師

の「育てたい」というその子への思いが、自分に不都合な真実をも受け入れさせ、教師はその子への認識とともに自己を変革していくことになるのである。佐藤学は、レッジョ・エミリアの教育実践について、教師たちがミーティングを組織し、その日の子どもの具体的な姿を話し合うことによって、専門家としての見方と実践のデザイン能力を磨いていることを報告している（佐藤2003、174頁参照）。個々の子どもの「見とり」は、教師の自己変革・力量形成、そして授業の充実につながってきたといえるだろう。

　一方、とりわけ障害児教育においては、子どもの能力や特性を知るために、心理学的知見に基づくアセスメントが広く用いられ、個々の子どもへの指導法・療法によって教育実践が導かれてきた。心理アセスメントはもともと、カウンセリングや教育のための情報収集を目的として発展してきたが、我が国では、ウェクスラー式知能検査（WISC-Ⅳ）、田中ビネー知能検査Ⅴによって、同年齢の子どもと比較して、どのような位置にその子どもの知能が位置するのかという診断的利用が主となっている。これらの知能検査はどちらも、就学相談に用いられることが多く、学習や生活全般に関わる知能の測定を契機に、指導環境の整備や、教師間での協働関係の構築が行われてきた。

　しかしながら、そこで一般知能として規定されている知識構造は、特定の能力観に則ったいわば「WISC的知能構造」「ビネー的知能構造」にすぎず、規準に合った知識を知っているか知らないか——既有知識の量——によって評定結果が左右されてしまうことが問題視されてきた。

　知能検査の課題を克服し、その子の外界の情報を認知し処理する能力はどの程度であり、どのような認知の方法を採っているのか、その子の生活・学習場面をどのように支援するべきなのかを提示しようとするのが、K-ABC心理・教育アセスメントバッテリー（K-ABCⅡ）やDN-CAS認知評価システムといった認知検査である。

　人が学習する——新しい情報を認知し処理する——様子は、［プランニング（Planning）］［注意（Attention）］［同時処理（Simultaneous）］［継次処理（Successive）］の四つの過程としてPASS理論にまとめられており（Das et al. 1994, 12-28頁参照）、認知検査では認知処理過程ごとの能力が測定される。ここで［プランニング］とは、どのような課題なのかを判断し、取り組むべき方略を選び工夫する認知過程であり、進行状況を確認し、必要な場合には新

しい方法を生み出す過程も含まれる。［注意］とは、一定時間にわたって認知的活動を焦点化させる認知過程であり、提示された情報に注意を向けるかどうかを判断する過程も含まれる。［同時処理］および［継次処理］は、それぞれ情報を操作する過程であり、［同時処理］では提示された複数の情報をまとまりとして統合し、それぞれの情報が全体としてどのように関連付けられているかが理解され、［継次処理］では提示された複数の情報を系列順序として統合して理解される。［同時処理］が得意な人は、視覚的に全体をイメージでき、一度に多くの情報を取り入れられ、［継次処理］が得意な人は、聴覚や言語からの情報をもとに、順番に段階を追って理解することが得意で、部分から全体に理解を進める処理を得意とするといわれる。人の視覚・聴覚の過敏性、鈍麻によって「視覚優位（視覚映像優位型）」「聴覚優位（聴覚言語優位型）」というように個人の認知の特性を捉える見方は、［同時処理］［継次処理］と近い概念であるが、これらは厳密な手続きによって確認されているのではなく、学級担任または指導者が感じる手ごたえとして定着し、そうした捉え方・表現につながっている（門2010、1619頁参照）。

　また、K-ABCⅡやDN-CASはいずれも、学習障害（LD）の児童・生徒の個別的な学習支援への活用を主な目的として開発されたものである。学習障害は、学習上の困難さを持つ児童・生徒の約半数を占めるともいわれるが、読字障害（Dyslexia）と呼ばれるようなものから一部の学習分野に不得意といったものまでと幅広く、その定義はいまだ確立されたものではない。

　これらの認知検査では、既有知識に左右されない純粋な能力として認知処理過程が規定されており、心理アセスメントだけでなく支援をとおして、日常生活の中での１人ひとり異なる学習・生活の様子を見とり、学習障害という障害の枠組み自体が柔軟に問い直されてきた。認知特性は、支援や周囲との関わりによって変化する動的なものと捉えられ、表面上は同じようなつまずきに対しても、その子の得意不得意に基づく支援の方向性をそれぞれに示されてきたのである（ナグリエリ2010、87頁参照）。障害という固定的な枠組みで捉えようとすれば、子どもたちが抱える「問題」の種類や重さによって、支援が必要な子どもとそうでない子どもに線引きが与えられることとなる。しかし、この「問題」は程度の差を問わなければどの子にも存在しており、他方「これといって特徴のない」とされる「問題」もそれを抱える子ど

もたちは多くおり、学習が高度化するにつれて、こうした「重要でない問題」こそ二次的な学習問題をもたらすことになることも十分に考えられるだろう（カービィ・ウィリアムス 2013、3-4頁参照）。広範な症状と原因を含む学習障害を扱おうとすれば、その子どもにとっての課題の意味から離れては、その障害を理解し支援することはできないのであり、学習・生活に取り組む中でそれぞれの子どもたちが抱える「学習問題（Learning Problem）」という動的な概念を設定することが最も適切な形であるとされてきたのである（カービィ・ウィリアムス 2013、2-3頁参照）。こうした概念が取り入れられることによって、その子にとっての「問題」の重要度を障害という枠組みによって規定するのではなく、これまで目を向けられてこなかったような「学習問題」に対しても、同等に考慮され、適切に指導されるよう保障されてきたのである。

　2001年、世界保健機関（WHO）は、障害の捉え方について、ICIDH（国際障害・機能障害・ハンディキャップ分類: 1980年出版）の理念と表現を大きく訂正して、ICF（国際生活機能分類——国際障害分類改訂版）を出版した。ICIDHは、機能形態不全という個人の疾病や属性が能力低下・社会的不利を引き起こしているとされており、「医学モデル」による偏った障害理解であるとの批判がなされてきた。そうした批判に応え、ICFでは自閉症・情緒障害・視覚障害・聴覚障害・言語障害といった生理学的背景・障害と心理活動の関係・社会参加という三つの観点から障害を理解すべきとされ、「医学モデル」に加え、環境要因を重視する「社会モデル」を統合した「相互作用モデル」が採用されている。教育においても、「どのように変容したいのか」という障害のある本人の意思を尊重して障害は理解され、本人の周りの環境・人々との社会的つながりをも含めて生涯を通じたあらゆる場面で治療・支援を行うことが確認されてきた。こうした障害理解を巡る動向から、2015年米国ではWISC-Vが発行され（Wechsler2015参照）、一般知能としての規定した知能構造に基づいて学習者の知能を測定してきたウェクスラー系検査は、K-ABCⅡやDN-CASといった認知検査との併用・連携が進められることとなり、今改訂では、指導と障害理解との一体化が目指されているといえる。

（3）子どもの学びの見とり・診断と指導との接面に立つ心理学

　授業においては、様々な特性をもつ児童・生徒が関わり合いながら、教科

内容の伝達・習得を通して、人格形成がなされている。以上に見てきたように、いわゆる学習効果としては測れないような教授＝学習過程を把握するために、「集団の中の個」に着目がなされ、「個への着目」は、教師の自己変革をとおした授業の改革につながってきた。対照的に、障害理解のあり方を巡っては、個々の子どもの学習・生活場面での「問題」をつぶさに理解しようと努める中で、本人の周りの環境・人々といった社会的つながりに視野を広げることが心理学に求められるようになり、現在、心理アセスメントによる子どもの見とりは、診断的利用――障害の有無、支援が必要か否かの診断・判断――から、教育的利用――学習者の生涯にとっての支援・学習の意味を問い、学習への意思につながる支援・指導――への過渡期にあるといっていいだろう。

　しかしながら、心理アセスメントの多くは、個々の子どもを集団から取り出し、条件を整えた実験室的空間において、標準化された検査を行うことで、その子の特性を知ろうとするものである。心理アセスメントが、直接的に提示することができる療法や指導法は、一般的で表面的なものに留まらざるを得ない。「教育科学を追究することと、発見された科学的な法則をもとにして授業展開することとは、質の違った仕事である」（斎藤1970、25頁）のであり、いくら客観的に正しい心理学的知見といえども、授業という実践に引き受けるためには、教授学的発想による考察が欠かせないという自覚を要するのである。このことから、心理アセスメントの役割は、アセスメントの結果を解釈し、子どもと日々接する教師による指導と評価を支え、実践にその成果を還元するものでなければならないといえるだろう。

　測定されたその子の特性・個性を授業につなげ、授業をより良いものにしていくためには、もう一度、授業研究・授業の科学が追究してきた「授業の中で形成できる学びとはなにか」の考察に思考を戻す必要がある。教育という仕事は、つまずきを排除することでも、そのつまずきを利用して教訓とさせてもう二度と失敗しないようにアレンジすることでもなく、もっと深く内容のあるつまずきを可能にすることにある（上田1986、20頁参照）。学習のしやすい環境を整えるというように「個性に応じる」だけではなく、集団の中でこそ到達できる発達課題を吟味し、その子の確かな力となるよう「はしごかけ（scaffolding）」＝足場かけなどの指導をすること、すなわち子どもたち

が失敗しながらも安心して問題を追究できる学級をつくり、その子の人格形成に位置づくような「個を充実させる」授業づくりが求められる。心理学では、個人の個性は、同年齢の子ども一般と比較して、相対的にどのような位置にあるかが把握されることとなるが、実際の学習において、その個人が接するのは一般的・客観的な集団ではなく、実体を伴いその子に影響を与える具体的な他者である。子どもの個性が、他者との比較によってはじめて理解されるようでは、個性は単なるレッテルに過ぎなくなるのであり、子どもたちは教師や周りの顔色を窺って縮こまってしまうだろう。子どもたちは誰かと比べるから個性的なのではなく、その瞬間を充実して生きることによって、生きていく上での確かで柔らかな判断基準・価値観を自らのうちに育てていく個性的で確固たる人間存在として尊重されなければならないのである。

　駒林邦男が指摘するように、「もともと、子どもの思考、思考力は自生的にではなく、社会からの・おとなからの・子ども集団からの影響の中で形作られ、発達してきたもの」であり、「社会的な働きかけのなかにこそ、つまり、子どもの『外部』にこそ、思考発達の『源泉』」はあるといえる（駒林1966、3-4頁参照）。級友とともに学ぶ一斉授業に限らず、通級指導などで個別指導を受ける場合にも、教材・教師あるいは支援者・ともに学ぶ学習者が互いに関係を切り結ぶことで学習・人格形成は行われており、そうした関係の中でこそ形成される学びを、いかに作り上げていけるのかが、子どもの「見とり」・診断を指導につなげようとする心理学・教育学の課題となるのである。

（松尾奈美）

あとがき
——やや長い解説と開かれた展望と課題について——

　本書『教授学と心理学との対話——これからの授業論入門——』刊行の直接の契機となったのは、2012年2月20日〜同年8月20日までに広島大学の「平成23年度 組織的な若手研究者等海外派遣プログラム」（日本学術振興会）（研究テーマ：コンピテンシー志向のカリキュラムデザインと授業構成——教員養成としての一般教授学の再編に向けて——）によって得られたドイツ・オルデンブルク大学での在外研究である。キーパー先生とミーシュケ先生は、2008年に一度来日しており、広島大学でも同年12月9日にその「統合的教授学」構想に基づく授業プランニングについての講演をしていただいていた。その後在外研究の機会が得られた際に、その候補先を深澤広明先生に相談した折りには、迷わずキーパー先生のおられるオルデンブルク大学を勧めていただいた。拙いドイツ語での在外研究の依頼のメールに、キーパー先生はすぐに快諾のご返事をしてくださり、2011年12月にオルデンブルク大学を訪問してお二人にゲストハウスの手配や諸々の手続きを処理していただくとともに、早速に大学での教職科目の講義を参観させていただいたりもした。2012年2月からの半年間は、大学の講義・演習への参加、学校・授業への定期的な訪問、図書館での読書に没頭した。

　キーパー先生とミーシュケ先生の主著の一つである『授業プランニング（Unterrichtsplanung）』を読み終えたのが2012年4月であった。読み終えた翌日の土曜日にはお二人に湖畔沿いの喫茶に連れて行っていただき、A4一枚にしたためた質問への応答と、日本とドイツの教授学研究・授業研究についての議論に花を咲かせた。オルデンブルクといえばヘルバルト生誕の地としても知られ、オルデンブルク大学の教授学者といえばヒルベルト・マイヤー氏の名前が翻訳なども通じて有名である。あるいは、ドイツの教育学・教授学の伝統からいえば、チュービンゲン大学やハンブルク大学などいわゆる研究大学も在外研究の候補となりえた。しかし、ドイツに伝統的な教授学研究を継承しつつ、教員養成や学校づくりと連動した授業研究に大きな関心

を持ち、心理学研究をベースとした独自な授業理論・カリキュラム理論を提起している両氏の教授学研究に、読めば読むほど、質問をぶつければぶつけるほど引き込まれていった。正直に言えば読み始めたころは、ローター・クリングベルクやゲルハルト・ノイナーといった東ドイツの教授学者の論じ方や、学習集団の授業づくりで語られてきた教授学キーワードを研究背景とする筆者にとっては、『授業プランニング』はすんなりと頭に入ってくる内容ではなかった。

　文献の収集と読解と並行して、ミーシュケ氏も学校づくりに参画していたオルデンブルクのヘレーネ・ランゲ総合制学校に週に３日訪問し、四つの授業を継続的に参観させていただいた（延べ22日間で59時間の授業を参観させていただいた）。子どもたちとも一緒にサッカーをしたり、休み時間に教室や廊下で雑談をしたり、同校の教師の自宅に招かれるようになってから、両氏の教授学理論の特徴をようやくつかめるようになってきた。両氏の教授学理論の特徴は、「よい授業」を成功的に語ることで描かれる主観的な授業論ではなく、授業がうまくいった場合にはどの点がよかったのか、授業がうまくいかなかった場合の要因はどこにあるのかを、教員養成段階にある学生にも捉えることができるような計画理論に基づいた授業理論にあるといえる。

　『授業プランニング』について質問をした際にも、毎週木曜日の夕方に開催されるキーパー先生のコロキウムやその後の夕食の際にも、「行為とは何か？」「なんのための計画理論か？」「コンピテンシー概念は20年後も教育界に残っているか？」といった抽象的な質問に対して両氏はいつも具体的な例とともにわかりやすく解説をしてくださった。「辞書とテレコの間」（吉本均）を合い言葉の一つとしつつ、ドイツ教授学の文献を読解しながらも常に具体的な教育実践や教育方法を考えるように指導してくださった中野和光先生と深澤広明先生の教育方法学研究者としての姿勢と両氏の姿勢とが重なって見えるようになってきた。さらにオルデンブルク大学の図書館には教授学理論の蔵書はもちろんのこと、教育大学を前身としているだけに教科書のバックナンバーや心理学関係の蔵書もふんだんに、また見やすく配列されていた。一つ質問をすれば２冊・３冊と本を紹介してくださる両氏のご指導のもとで研究するには、ゲストハウスと図書館の往復以外の誘惑の少ないオルデンブルクという場所はうってつけであった。

在外研究の時から念頭にあったのが、両氏の教授学研究の成果を邦訳することでお二人のご恩に報いたいということであった。一番の悩みは、この一冊という決め手となる著作がなかったことであった。というのも両氏の研究は、一般教授学・授業理論・学校論・教師教育・教科書研究・実践分析など多岐にわたり、それぞれの分野・領域・テーマで読み応えのある著作が刊行されているだけにこの一冊という決め手を持てなかったのである。お二人の近年の主立った著作だけでも、以下のような重要な研究成果としてまとめられている。

・キーパー・ミーシュケ（2004）『一般教授学入門』
　Kiper, Hanna, Mischke, Wolfgang（2004）：Einführung in die Allgemeine Didaktik. Weinheim, Basel: Beltz
・キーパー・ミーシュケ（2006）『授業論入門』
　Kiper, Hanna, Mischke, Wolfgang（2006）：Einführung in die Theorie des Unterrichts. Weinheim, Basel: Beltz
・キーパー・ミーシュケ（2008）『自己調整学習、協働、社会的コンピテンシー』
　Kiper, Hanna, Mischke, Wolfgang（2008）：Selbstreguliertes Lernen, Kooperation, soziale Kompetenz. Stuttgart: Kohlhammer
・キーパー・ミーシュケ（2009）『授業プランニング』
　Kiper, Hanna, Wolfgang Mischke（2009）：Unterrichtsplanung. Weinheim, Basel: Beltz
・キーパーほか編著（2010）『コンピテンシー志向の授業における学習課題と学習材』
　Kiper, Hanna, Meints, Waltraud, Peters, Sebastian, Schlump, Stephanie, Schmit, Stefan（Hrsg.）（2010）：Lernaufgaben und Lernmaterialien im kompetenzorientierten Unterricht. Stuttgart: Kohlhammer
・キーパー（2010）『授業開発』
　Kiper, Hanna（2012）：Unterrichtsentwicklung. Ziele – Konzeptionen – Akteure. Eine kritische Sichtung. Stuttgart: Kohlhammer
・キーパー（2013）『学校論——教育的行為の制度的基盤——』
　Kiper, Hanna（2013）：Theorie der Schule. Institutionelle Grundlagen pädagogischen Handelns. Stuttgart: Kohlhammer 2013

また、2015年1月14日には「ドイツにおける教師教育と教授学」と題して、お二人を広島大学に迎えての講演会を企画していた。広島大学の研究インキュベーションセンターである「学習システム促進研究センター（Research Initiative for Developing Learning Systems：RIDLS）」代表の池野範男先生にもお力添えをいただき開催準備を進めてきたが、来日直前になってお二人が体調を崩し、残念ながら講演会を開催することができなった。その後の体調の回復にも時間もかかり、お二人での来日は難しいという状況になったうえに、2015年9月末日をもってキーパー先生がオルデンブルク大学を退官されることとなった。こうした経緯を踏まえて、在外研究終了後から継続的に深澤先生にも相談させていただき、書いてほしい内容をこちらから依頼し、キーパー先生との編集という形で刊行してはどうかという提案をしていただいた。

　本書は、遅ればせながらのキーパー先生の退官記念としての側面を持ちつつ、上述の講演会でお披露目することのできなかったお二人の原稿（第1章および第5章1）を収録しながら、お二人の教授学理論とりわけ授業計画理論の特質を簡潔にまとめ（第4章・第5章）、日本とドイツにおける教授学理論・授業研究の動向と課題にコミットすること（第2章・第3章・第6章）を試みた著作である。以下では、両氏の研究の意義を批判的に検討するとともに、わが国における教育方法学研究および授業研究にとっての意味と課題を考察するべく、三つの視点から本書で提起されていることの意味に論究してみたい。

　第一の視点は、「統合的教授学」として描かれる両氏の教授学理論のもつ特質である。

　「統合（インテグレーション）」とは、何と何とを統合しているのであろうか。両氏の著作を読み始めた頃は表層的に、キーパー氏の一般教授学とミーシュケ氏の教育心理学との「統合」だと捉えていた。しかしながら、両氏の捉える「統合的教授学」の特質はそれだけではない。それは、ドイツに固有で伝統的な「教授学モデル」の「統合」とその問題の克服にある。

　ドイツにおいて「教授学モデル」は、大学の教員養成における教職必修の科目において必ず取り上げられ、ドイツの教育関係者であれば知らない者は

まずいないだろう。特に、ブランケルツの『教授学モデル』（1969年）でとりあげられた三つのモデルやその後のドイツにおける教授学モデルの変遷はわが国でもたびたび取り上げられてきている（深澤2004および吉田2014などを参照）。ドイツにおいて教授学モデルは様々にモデル化されているが、最も典型的なモデルとして取り上げられるのが、第3章1で取り上げられているクラフキーの陶冶理論的教授学（批判的-構成的教授学）、シュルツの学習理論的教授学・教授理論的教授学（ベルリン教授学・ハンブルク教授学）、ヴィンケルの批判的-コミュニケーション的教授学、メラー夫妻やケックらのカリキュラム的教授学である。

　ドイツにおけるこうした教授学モデルの展開は、わが国における学習指導要領の展開と教育・社会状況の変化とも対応している。教育内容の現代化は教える内容の分析に焦点化したが、行動主義心理学や学習目標論の影響をも受けながら授業を捉える重点が1960年代から1970年代にかけてシフトしてきた。さらに校内暴力や「いじめ」等の問題から授業におけるコミュニケーションの問題が焦点となる、といったようにである。西ドイツの議論と日本（および東ドイツ）の議論とで顕著に異なっているのは、「1968年運動」が提起した社会批判の側面が欠けていたことであろうか。もちろんわが国の「授業研究」の歴史をひもとけば、社会批判の側面がないということはありえない。むしろ、「解放」に向けた社会運動としての側面を日本の「授業研究」は明確に有していたといえるだろう。いずれにせよドイツにおいては社会批判の理論、とりわけフランクフルト学派の社会批判理論の影響を受けて、「批判的」を冠する教授学モデルが1970年代以降に提起されることとなった。

　「統合的教授学」は、これらのドイツに伝統的な教授学モデルの特徴を「統合」しながらも、最も顕著な特質としてエブリとヴァイネルトの心理学的教授学の構想をも統合している点を指摘しておく必要がある。『一般教授学入門』などの著作や両氏の授業理論においてエブリやヴァイネルトの心理学的教授学の影響の大きいことは明白であったが（吉田2015b参照）、教授学モデルとしての「統合的教授学」にどのように「統合」されているのかについては本書ではじめて明確に述べられることとなった。この点については次の視点において詳述するが、「行為」「知識」「学習アレンジメント」「学習の基礎モデル」「学習課題」「診断」といった両氏の授業プランニング理論の特徴が

この心理学的教授学から「統合」されている。

　上記四つの教授学モデルからどのような要素が、どのような経緯で「統合」されているのかは第3章3においてすでに両氏によって丁寧に解説されている。図3-6で描かれている「統合的教授学の概念図」は、授業の構造理論・構造モデルである。すなわち、四つの教授学モデルで描かれた授業の構成要素を構造的に配置した構造理論として描かれている。第4章において明示されている両氏の捉える教授学の課題は、「持っている知識の配列を可能にするためのカテゴリーを分類すること」（本書第4章72頁）にあるとされる。授業の様々な要素を構造の中に位置づける構造理論を背景とした「概念図」として提起されているのが図3-6である。四つの教授学モデルで描かれた授業の構成要素を、授業のカテゴリーに分類して配置している点が「統合的教授学」の特質の一つである。

　「統合的教授学」のいま一つの特質は、「構造理論」と「計画理論・過程理論」とを「統合」している点にある。第1章において統合的教授学は明確に「授業の計画のための計画理論」（本書第1章15頁）であることが指摘されている。ここで重要な役割を果たすのが、「行為」および「行為理論」「行為計画」である。その背景にある問題意識は、「計画の進展には何ら意味していないがために、教授学理論はいまだに授業プランニングを導くものではない」（本書第4章73頁）という伝統的な教授学理論への批判に現れている。さらにこうした問題意識は、今日のドイツにおいて流布している主観的な教授学理論・授業理論にも向けられている。すなわち、キーパー氏は「授業に関する考察における単純化および授業に関する『主観的な理論』の過大評価」（Kiper 2011, 128頁）を明確に批判しながら、「経験から学んだことが成功した場合はまだしも、失敗に終わった際にどうなるのかが考慮されていない」（Kiper 2011, 131頁）ことを指摘するのである。授業において教師がどのような行為を計画し実施するか、また子どもたちはどのような学習行為を遂行しているのか。「よい授業」とされる授業自体は否定されるものではないが、授業がうまくいっていない場合、あるいは授業者は「よい授業」だと捉えても、果たしてそれが学習者にとって教科内容に向かう学習行為を生起させたといえるのかは、行為の計画と評価を可能とする行為理論が欠かせないとするのである。こうした問題意識は実は、両氏の教授学理論が養成段階にある学生を

対象とした教師教育を主要なターゲットとしていることとも関わっている。したがって第 4 章で強調されるのが、授業における行為であり、行為に関わる知識である（「ふさわしい行為のために欠かせないのが、知識の存在である」（本書第 4 章64頁））。

「統合的教授学」の特質は、表層的に見れば第一に、「持っている知識の配列を可能にするためのカテゴリーを分類する」教授学理論と「生徒や教師によって利用されうる学習過程および学習ストラテジーに関する包括的知識を提供する」（本書第 4 章66頁）心理学との「統合」にあり、授業の理論としての教授学モデルという点から見れば第二に、教授学モデルにおいて提起されてきた授業のさまざまな構成要素を概念図のもとで構造的に捉えた構造理論としての「統合」にあり、計画の進展・行為の計画という問題の克服という点から見れば第三に、授業の計画を行為計画として示す計画理論・過程理論としての「統合」にある。

ブランケルツの『教授学モデル』をわが国においていち早く取り上げたのが、チュービンゲン大学での在外研究（1970-1971年）後に著された吉本均の『訓育的教授の理論』（1974年）である。氏の逝去前年に刊行されたその増補版『思考し問答する学習集団』（1995年）をひもといても、キーパー氏とミーシュケ氏の教授学理論が当時のあるいは今日の教育学研究・教授学理論にとってどれだけ意義のある考察であるのかをうかがい知ることができる。吉本は次のように指摘していた。すなわち、「従来の教育学や教授理論に、まったくといってよいほど欠落しているのが、行為を指導することの理論である」（吉本1995、100頁、傍点部分は原文のママ）というのである。第 3 章 2 のようにわが国の授業研究の展開を「日本版教授学モデル」として捉えれば、授業の構成要素を「統合」し、行為を指導する理論としての授業理論を「統合」的に構想すること自体は可能であるかもしれない。例えば、全授研および五大学共同授業研究にて提起された論点としての「認識過程——集団過程」・「教育と科学との結合——教育と生活との結合」・「個と集団との関係」を「授業」観として横軸に（構造理論として）整理し、日本教育方法学会編『日本の授業研究 下巻』の「授業研究による教科指導の改善」で提起された六つのアプローチ（日本教育方法学会2009、33-105頁参照）、すなわち「教材開発」・「子ども中心」・「集団づくり」・「目標達成」・「方法焦点」・「生活基盤」アプロー

チを行為計画として縦軸に（計画理論として）整理するといった具合にである。しかしながらこうした構想はまだ端緒についたばかりであり、そもそも日本の授業研究を教授学モデルとして統合的に構想するという発想そのものを欠いていたといえる。その意味で、キーパー氏とミーシュケ氏の「統合的教授学」は三つの「統合」を提起したものとして、日本およびドイツの授業をどのように捉えるのかという授業理論としてだけではなく、学問的思考のあり方・弁証法的な思考のあり方としても示唆に富んでいるといえるだろう。

　第二の視点は、行為と計画可能性に着目した両氏の授業プランニング理論の特質である。
　キーパー氏とミーシュケ氏にとって授業論（Theorie des Unterrichts）は、一般教授学およびカリキュラム構成論とは明確には区別されえないものとして捉えられている（Kiper/ Mischke 2006, 9頁参照）。Unterrichtsplanungは直訳すれば授業計画であるが、あえて授業プランニングと訳出しているのには、一時間のミクロな授業計画だけではなく、単元レベル・学校カリキュラムレベルのマクロな授業計画も含んでいるためである。わが国の文脈で言えば、カリキュラム構成や教材開発までも含めた「授業づくり」と捉えた方がその意味するところは合致するだろう。
　「行動を中核的な構想とする理論と一線を画し社会学と心理学の中で発展してきた」（本書第4章63頁）行為理論を背景に、授業における行為＝教授行為および学習行為を構想しようとする点に、両氏の授業プランニング論の特質がある。「授業の目標は生徒の学習である。学習とは無意識に人間の中に進行する過程である。個人は何かを学んだかどうかや、いつ学んだのかを感知しない。（中略）学習行為とその作用を観察することによって、我々はどの行為が学習の成果に至ったのかに関する認識を手に入れることができる。（中略）授業において学ばれる内容とは別に、ふさわしい学習行為および学習成果の検証の可能性に関する知識も授業において獲得されねばならない」（本書第4章66頁）とする「学習」と「行為」とそのための「知識」の捉え方が、彼らの授業論の中核にある。
　図3-6の概念図（図3-6）が構造理論としての両氏の授業論を示していると

すれば、図4-2の「授業プランニングに必要な要素」が計画理論・過程理論としての両氏の授業論を示しているといえる。この要素のなかで重要な位置を占めているのが、「目標主導的に生徒による授業内容との取り組みを構造化する一連のプロセス」（本書第4章74頁）としての「学習アレンジメント」である。この「目標主導的」と「内容」との関連が、教育的行為としての教授行為・学習行為のキーワードである。この学習アレンジメントを中心に配置し、目標・内容や足場かけ・モニタリングといった要素を組み込んだ指導案の枠組みが、図4-3の「授業展開における計画枠組み」である。両氏の授業プランニング論では、この枠組みに従って第4章5に提示されているような「立方体の展開図」の授業展開案が示されることになる。この「学習アレンジメント」はパラレルに構想・実施・分析されるところに特徴がある。したがって、学習進度・深度が異なっている子どもたちにとっては複数の学習アレンジメントが並行的に展開される「授業における内的分化」が重要な意義を持つものとして構想されている（本書第4章図4-5参照）。

　一時間というミクロな授業計画と並んで、より大きなカリキュラム計画として提示されているのが、図4-4の「カリキュラム構成のための計画枠組み」である。ここで中心に据えられているのが、「学習の基礎モデル」である。2009年の『授業プランニング』では七つの基礎モデルが取り上げられていたが、ここでは八つが提示されている。「学習の基礎モデル」という発想の基盤となっているエブリの「12の教授形態」を合わせて対置したものが、次の表である。

表：エブリの「12の教授形態」と「学習の基礎モデル」の比較表

エブリの「12の教授形態」	『授業プランニング』における基礎モデル	『教授学と心理学の対話』における基礎モデル
物語ることと報告すること	経験する	経験する
提示すること	知識を獲得する	知識を獲得する
直観と観察	内容と価値をふりかえる	省察／熟考
生徒とともに読むこと	外の世界で行為する	行為
書くこと——文章の理解	心の中で行為する	問題解決と発見
行為計画を仕上げる	問題を解決し、発見する	論証
操作を構造化する	議論と討議の際に根拠をもって主張する	構成／表現
概念を形成する		体系の発展による成果の向上
問題解決		
実施		
練習と反復		
応用		

（出典：Aebli 2001およびKiper/ Mischke 2009, 103-122頁を参照して作成）

　エブリの構想は、「第一部：メディアを介した教授」（1〜5）、「第二部：行為・操作・概念」（6〜8）、「第三部：学習サイクルにおける四つの機能」（9〜12）という三つの枠組みに対応し、それぞれに心理学的考察と教授学的考察とが加えられている。ピアジェのもとで心理学を学びながら、それを教授学構想に取り入れたところにエブリの考察の革新的意義があるが、一つの授業を計画するという意味での授業論としては体系的構造化にやや欠けているきらいがある。2009年の『授業プランニング』では、エブリの「概念形成」や認知負荷理論を背景とした「知識を獲得する」という基礎モデルが詳細に取り上げられつつ、「行為」「省察」「問題解決」といった基礎モデルが取り上げられていた。本書の基礎モデルはこれらを基盤としつつ、子どもたちの学習行為をより先鋭的に取り上げ、先の「行為」「省察」「問題解決」を一つひとつの基礎モデルとして提示しつつ、わが国における「言語活動の充

実」にも関わる「論証」や「構成／表現」といった基礎モデルに重点を置いた構成となっている。さらに、単元や教科を越えた学習の転移を可能とするための「乖離＝ディスクレパンシー」を中核としつつ、「つまずき」や「間違い」といった学習上の困難な点をむしろカリキュラム構成上の重要な転機と捉えるような「質的飛躍」を念頭においた基礎モデルが新たに付け加えられている。

　この「学習の基礎モデル」の特徴は、第一に授業の表層構造ではなく深層構造を捉えるための学習のステップ（学習構造の分析）として提示されている点にあり、第二に教科・学年・学校種横断的な構想としてカリキュラム構成論的に描かれている点にある。第一の点と関わって、キーパー氏とミーシュケ氏が一貫して強調していることは、「知識を構造化することのみでは、知識がいかに獲得されるかというステップは依然として生じてこない。そのために必要となるのは学習構造の分析であり、それによって知識獲得に必要不可欠なステップが検討される」（本書第４章84頁）という点にある。「計画理論・過程理論」としての統合的教授学の特質を具体化したものが、この「学習の基礎モデル」であると捉えてもよいだろう。ただし重要なことは、第二の点に関わって、「学習の基礎モデル」は単なる学習の一つのステップとして個々に構想されているのではなく、単元・教科を越えてどの学校種においても検討しうるカリキュラム論として構想されているということである。「学習の基礎モデル」は、今日のわが国の授業をめぐる論点でいえば、「アクティブ・ラーニング」の類型としてみることもできる。本書の副題を「コンピテンシーを育成するアクティブ・ラーニングの授業づくり」としても、本書の特徴の一端は示しうるだろう。しかしながら重要なことは、一つの授業方法あるいは学習方法として「学習の基礎モデル」が提示されているとみることではなく、エブリの構想を基盤としながらマクロな授業プランニング、すなわちカリキュラム構成論として今日でいうところの「アクティブ・ラーニング」のような構想にも対応しながらその授業論が提示されているとみることである。

　両氏の授業論は、本書第１章で述べられているとおり、「行為科学としてあるべき教育科学のあり方を強調し、行為するために求められる教育的知識を強調することを問うてみたい」（本書第１章１頁）という問題意識の中に位

置づけられている。わが国の授業論でも明確にされてきたように、「『問い』によって、知識ははじめて、知識として客観化され、方向づけられる」(吉本1995、148頁)のであり、研究者としての「問い」の姿勢がここではまず明確に提示されているとみることができる。さらに、授業論における「行為」の意義はすでにグードヨンス(Herbert Gudjons)の『行為する授業』の邦訳(グードヨンス2005参照)によっても知られてきているが、実は1970年代の授業の行為論的転回という文脈の中でわが国においても意識的に位置づけられてきたことでもある。すなわち、「教科内容を教える行為が、教科内容を学ぶ行為を、どのように誘発し、それとどのように対決し、また、どのように導いていくか、その過程の研究が学習集団指導の仕事だと思うのである」(吉本1995、162頁、傍点部分は原文のママ)という学習集団の授業づくりにおける行為論的転回である。このことは、「アクティブ・ラーニング」が強調される今日の授業論においても、「活動主義」に堕すことと授業における「行為」に着目することとの違いとして明確に意識される必要がある。

他方で、目標主導的でコンピテンシー形成を強調した「統合的教授学」の授業論では、授業における個と集団との関係をどのように捉えるのかという論点は課題として残されたままであるように思われる。子どもたちそれぞれの学習進度・深度の「診断」によって学習課題の難易度も柔軟に構想する「学習アレンジメント」のパラレルな配置によって、子どもたち一人ひとりが教科内容との取り組みによってコンピテンシーを獲得することが意図されている。しかしながら、「個と集団との弁証法こそが、まさに教育実践の科学だといえる」(吉本1995、90頁、傍点部分は原文のママ)としてきたわが国の学習集団による授業づくり論とは、その科学性や授業観において当然のことながら強調点の違いが見られるのである。この視点も念頭に、次の視点に論究していきたい。

最後に第三の視点は、学校づくりとしての「授業研究」の特質である。日本における「授業研究」はLesson Studyとして世界的に知られるようになってきている。本書第3章2および第6章を参照していただければわかるとおり、日本における「授業研究」は校内研修・校内研究としてだけではなく、民間の教育研究「運動」として展開・発展してきた経緯がある。他方でドイ

ツでは、日本の学校で日常的に営まれている形での「校内研修」は各学校の
ルーチンの中に位置づけられていない。教員の継続教育（Weiterbildung）は
義務づけられているものの、実際には州の文部省や大学によって開催される
研修への自由意思による参加となっている実態がある。したがって、日本の
教員のように指導案を書き、研究授業を提案し、校内で授業について研修の
時間を用いて協議するという文化はドイツには根付いていない。ただし、試
補勤務後に実施される国家試験では、指導案と研究授業も審査対象となって
おり、試補学生を指導する教員にも「授業研究」の力量が求められる。すな
わち、授業をどう観察し、記録し、解釈・分析し、場合によっては学校づく
りへとつなげていく力量が求められるのである。

　キーパー氏とミーシュケ氏にとって授業分析とは、「エピソードの解体と
その内的分析から分析的にその意味を見いだすこと」（本書第5章116頁）で
ある。このエピソードを形成するのが、学習アレンジメントである。授業の
展開を学習アレンジメントに即して分析した上で、構造的にその意味を見い
だすという手続きがとられるのである。その手続きを「概念図」に即して明
示したものが、図5-3である。こうした授業分析のやり方は、「とりわけ教員
養成や専門職化に目を向けた場合に意義深いものとなる」（本書第5章126頁）
と指摘されているところに、「授業研究」が校内研修に根付いていないドイ
ツの文化が反映されていることを窺える。

　さらにドイツにおいては、「入学試験」というものが一般的には存在しな
い。日本のような高校入試や大学入試という文化は存在せずに、学校から付
与される「評点」が記された修了証がその後の教育機関への入学許可証とし
て機能する。だからこそむしろ、学校においてどの子どもにどのような「評
点」をつけるのか、どの子どもが各教科・領域においてどのような学習の過
程を辿っているのか、子どもたちの学習や授業を改善していくための同僚に
よる授業参観＝学校における授業研究が「学校づくり」にとっても重要な意
味をもつというのが両氏の明確なスタンスである。

　さて、こうした学校や授業をとりまく文化の違いを越えて、「授業」と対
話することにどのような意義があるのであろうか。本書の刊行プロジェクト
と並行してキーパー氏とミーシュケ両氏と取り組んでいるのが、授業の共同
分析である。2016年1月7日にオルデンブルク大学にて、小学校4年算数「立

方体の展開図」の授業ビデオを共同で視聴し、事前に用意しておいたドイツ語のベタ記録をもとにその授業についての議論を行った。授業を提供してくださったのは、佐多修教諭である。宮崎大学の竹内元准教授の仲介を受けて、学習集団の授業づくりについての交流と指導案検討を佐多教諭と2015年8月に福岡で行い、同年12月2日に当該授業を参観させていただいた。

　佐多教諭の実践ではまず、赤い横長の紙を子どもたちに配布し、一辺4cmの立方体を作成させ、「周りの人と違うように」開きながら展開図がつくられていった。子どもたちが作成した展開図を黒板に整理しながら、裏返しても形が同じ場合は同じ種類の展開図であることが確認されていく。子どもたちから出た展開図は10種類であり、それを板書しようとした時に、「ちょっと待ってください。まだあると思う」「他にもありそうだから、やらせてください」という声が子どもたちから出される。これを受けて次の算数の時間には、立方体の展開図は10種類なのかどうかを確かめるという課題が確認されて授業を終了した。授業後に佐多教諭と共に協議を行い、その日の午後にある算数の授業展開の構想を練った。午後の算数の授業では、前時に出たいずれかの展開図を使って、もう一度立方体を作成することが指示された。子どもたちが次々に立方体を完成させる中で、ある子どもが11種類目の展開図に気がつく。彼はすぐに立方体を作ってしまわずに、色々なパターンを試行錯誤しながら、ある意味では偶然に11種類目の展開図に辿り着いた。佐多教諭は全員が立方体を完成させたことを受けて子どもたちに、子どもたち自身がこれから何をしたいかを問いかけた。子どもたちからは、「ひたすら箱をつくりたい」「マトリョーシカをつくりたい」「計算がしたい」「他の立体にチャレンジしたい」といった様々な意見が出される。子どもたちの活動別にグループを構成し、グループで活動をした後に、「分かったこと」は何かが子どもたちに問いかけられた。ある子どもは「えっと、(紙をもって)こんなのでも箱は作れるんだって」と発言をし、またある子どもの発言によって立方体は6枚の正方形から成ることなどが確認され、授業は終了した。

　佐多実践を参観した1ヶ月後のオルデンブルク大学では、キーパー氏とミーシュケ氏、同大学の教員であり数学教育学を専門としているクライン（Sylvia Jahnke-Klein）氏およびヘレーネ・ランゲ総合制学校の数学・物理の教師であるチェスニー（Christina Sczesny）教諭とともに、ストップモーショ

ン方式で授業についての協議を行った。またその後、クライン氏とチェスニー教諭には本授業に関わる所感を文章にまとめていただき、キーパー氏とミーシュケ氏には授業を三つの学習アレンジメントに分節化した上での分析を文章にまとめていただいた。オルデンブルク大学での議論と4氏の分析における論点を、ここでは二つにまとめてみたい。

　まず第一に、教科内容の難しさと教材についてである。ドイツではこの内容は第5学年で扱われる内容であり、立方体の展開図が11種類であることを理解することは第4学年の子どもたちにとっては難しいということがまず共通で確認された。その上で、90分間の授業の中で教師から提供された教材が長い紙一つであるという点が議論された。すなわち、終盤の子どもの発言にもあるように、長い紙（平面）から箱（立体）を作ることができるということを作業を通して認識することには意味がある一方で、認知的能動性を引き起こすようなその他の仕掛けや学習アレンジメントの構想が欠けていたのではないか、という点である。したがって本書第4章5の進行案では、多様なワークシートが用意され、子どもたちがそれぞれワークシートに取り組むことで立方体の展開図の構成を認識するような展開となっている。

　第二に、本時における子どもたちの議論の質の評価についてである。佐多学級の子どもたちは、「ひたすら箱をつくりたい」や「マトリョーシカをつくりたい」、あるいは「計算したい」といったように教師と共同で授業過程を構成しようとする姿勢にあふれている。他方で、「マトリョーシカ」や「計算したい」といった、一見すると立方体の展開図とは直接には関わりがないようにも思われる子どもの発言を、達成すべき目標と取り組ませるべき内容に向けてどのように組織することができるかが議論された。厳しい意見としては、「何をしたいか」という教師の問いかけ以降は、授業における目標を見失い、教科内容と関わりのある子どもの発言を柔軟に取り上げる授業展開のタクトが振るわれていないのではないかという意見も出された。すなわち、「授業における話し合い活動を規定する独自性は、さしあたり、目標志向的ということと内容関連的ということである。授業の目標と内容からはなれたところで行われる話し合い活動は、授業における行為とはいえない」（吉本1995、129頁、傍点部分は原文のママ）という指摘である。実は「マトリョーシカ」という発言と「計算したい」という発言は、一辺の長さを半分（あるいは倍）

あとがき　―やや長い解説と開かれた展望と課題について―

にした正方形からなる立方体の体積も半分（あるいは倍）になるか、といった発展的な学習内容にもつながりうる発言である。一見して目標と教科内容から離れているようにも思える子どもの発言を、目標志向的に内容と関連した発言として価値づける教師の専門性が問われているのである。

　さてその上で、第二の視点において提起した「授業における個と集団との関係をどのように捉えるのかという論点」に言及していきたい。本書第4章5に示されているキーパー氏とミーシュケ氏の授業計画案では、学習アレンジメントの分節化とワークシートの配列および個別作業とグループ作業の区別が明確に示されている。さらに、そこで子どもたちの学習行為としてなされる学習の基礎モデルも明確に構想され、どのように子どもたちの学びを「診断」するのかも明示されている。子どもたちの学習進度・深度が大きく異なった場合には、より詳細な援助や多様な難易度の学習課題を用意する必要性も示唆されている。すなわちここにこそ、「授業計画は、来るべき状況における目標に方向づけられた行為を予見する知的活動である」（Kiper2001, 134頁）とするキーパー氏のスタンスが明確に現れているのである。しかしながらここには、「『優児』の意見と『劣児』の考え方とを、どのようにからめていくか、そこに、教師としての専門的力量がある」（吉本1995、173頁、傍点部分は原文のママ）という授業観は見いだされないのである。「優児」と「劣児」という表現は適切ではないかもしれないが、いわゆる学習が先に進んでいる子ども（「頂点」の子ども）と、学習に困難さのある子ども（「底辺」の子ども）との意見のからみあいや、その立場が逆転する授業展開の構想は、佐多実践の授業を巡る議論の中では十分に消化しきれなかった論点なのである。

　キーパー氏とミーシュケ氏の授業計画と佐多実践とでは、平面と立体との関係の捉え方が大きく異なっている。前者においては、あくまで正方形の組み合わせとしての展開図（平面）からどのように立方体（立体）が組み立てられるかという一方向からの授業計画となっているのに対して、後者においては、長い紙（平面）から箱（立体）を作成し、さらに立方体（立体）を切り開くことで多様な展開図（平面）を作成させるという二方向からの授業計画となっている。したがってそもそも、授業展開において生じる学習の難易度・複雑さの前提が異なっていることを指摘しておく必要がある。

　このことが、佐多実践における子どもの多様な発言を生む土壌にもなって

いるのである。授業目標と内容が複雑であるがために子どもたちの学習進度・深度を適切に「診断」することができない授業展開となってしまっていると分析するか、子どもたちが多様で、一見すると目標と内容から逸れてしまっているような発言をすることは、学習進度・深度の多様性がからまった授業展開となっているからであると分析するかで、佐多実践の授業としての価値や意味が異なって捉えられるのである。

　この議論から言えることは、目標・内容志向性を強調して捉えることと、授業を集団づくりの側面を強調して捉えることとの間に、授業づくりの本質的な論点が潜んでいるということである。言い換えれば、かつてもいまも問われていることは、陶冶と訓育との統一であり、授業づくりと集団づくりとの統一であり、教科内容の習得と社会的コンピテンシーの育成との統一である。目標に方向づけられた行為の選択・配列・分析というキーパー氏とミーシュケ氏の提起する「授業研究」の特質は、運動論として展開されてきた側面をもつ日本の「授業研究」における一つの特質である集団づくりという側面とどのように接合するのかが問われているといえる。このことはまた逆に、学習集団の授業づくりが目標・内容志向的で内的分化の構想も含んだ授業計画論にどのように接合しうるかという問いこそが、筆者自身の研究において突きつけられていると捉えている。

　これまで三つの視点から、キーパー氏とミーシュケ氏の教授学研究・授業論のやや長い解説と、「授業研究」のあり方を中心とした今後に開かれた展望と課題について述べてきた。約5年間に亘るキーパー先生とミーシュケ先生との研究交流は、東ドイツ教授学と日本の教育方法学研究との接点に関心を置いてきた筆者の研究の射程を大きく広げ、またそのお人柄は研究者としての歩む道を明確に示してくれているように思う。学校論・カリキュラム論・授業論を一体として捉える教授学研究に、教育心理学の知見を盛り込んだ独自の授業論を、具体的な授業実践の共同分析を通してより批判的に検討していきたいと考えている。またその延長線上に、日本における授業論や教育学研究の課題も位置づいているのではないかと捉えている。まずは、本書のために急ピッチで原稿を書き上げ、暖かいまなざしでその翻訳と編集作業を応援してくださったキーパー先生とミーシュケ先生に、あらためて心より

の感謝を申し上げたい。

　末尾となりましたが、出版にあたっては渓水社の木村逸司社長にお礼を申し上げたい。編集の意図を尊重してくださり、またよりよい本となるように絶えず励ましのお言葉をいただきました。打ち合わせのたびに連れて行ってくださる渓水社の道向かいの喫茶店でのランチでは、出版に携わる広い視野から教育学研究の方向性をいつも示唆してくださいました。また、邦訳とドイツ語原文とを照らし合わせることができるように、第１章、第３章１・３、第４章、第５章の両氏のドイツ語での論考を、渓水社のホームページより公開していただけることとなりました（http://www.keisui.co.jp）。こうした手続きだけでなく、丁寧な編集と校正でお世話になりました木村斉子女史にも、重ねてお礼申し上げます。

　なお訳出に当たっては、重要な用語についてはその原語を初出部分に示すこととしたが、文脈に応じて必ずしも初出ではない場合や敢えて重複して示している用語もある。訳出する箇所を分担した上で、共同討議を重ねて訳語の検討を行ってきたが、最終的な訳文の責任は私にある。また、ドイツ語原文にてイタリック体で表記されている部分には傍点を付し、「：」や「；」はその都度、可能な限り文意に沿って日本語に置きかえて訳出をし、括弧および「——」は日本語でも同様に括弧と「——」として使用した。ドイツ教授学への導入として活用していただくことはもとより、原語の確認、あるいは邦訳へのご批正も含めてご参照いただければ幸いです。

　本書の刊行の意図は「まえがき」にもあるとおり、「日本における授業研究とその伝統に根ざした授業に関わる議論を見直し、新たに価値づけること」にある。本書を通してこの意図にどれだけ迫ることができたのか、厳しいご批評・批判をお願いしたい。

2016年8月　広島・西条にて

吉田　成章

参考文献一覧

欧文文献

Adam, Konrad (2002): Die deutsche Bildungsmisere. PISA und die Folgen. Berlin, München: Econ, Ullstein, List, Propyläen Verlag.

Aebli, Hans (1963): Psychologische Didaktik. Stuttgart: Klett Verlag.

Aebli, Hans (2001): Zwölf Grundformen des Lehrens. Eine Allgemeine Didaktik auf psychologischer Grundlage. Medien und Inhalte, didaktische Kommunikation, der Lernzyklus. Stuttgart (11. Auflage): Klett Verlag

Anderson, Lorin W./ Krathwohl, David R. (2001): A taxonomy for learning, teaching and assesing. A revision of Bloom's taxonomy of educational objectives. New York: Addison Wesley Longman.

Angelo, Thomas A./ Patricia, Cross K. (1993): Classroom Assessment Techniques. San Francisco: Jossey-Bass Publishers.

Artelt, Cordula/ Stanat, Petra/ Schneider, Wolfgang/ Schiefele, Ullrich (2001): Lesekompetenz: Testkonzption und Ergebnisse. In: Deutsches PISA-Konsortium (Hrsg.): PISA 2000. Basiskompetenzen von Schülerinnen und Schülern im internationalen Vergleich. Opladen: Leske+Budrich.

Aurin, Kurt (Hrsg.) (1991): Gute Schulen – worauf beruht ihre Wirksankeit? Bad Heilbrunn: Klinkhardt (2. Auflage).

Autorengruppe Bildungsberichterstattung (2006): Bildung in Deutschland. Ein indikatorengestützter Bericht mit einer Analyse zu Bildung und Migration. Im Auftrag der Ständigen Konferenz der Kultusminister der Länder in der Bundesrepublik Deutschland und des Bundesministeriums für Bildung und Forschung. Bielefeld: Bertelsmann.

Autorengruppe Bildungsberichterstattung (2008): Bildung in Deutschland 2008. Ein indikatorengestützter Bericht mit einer Analyse zu Übergängen im Anschluss an den Sekundarbereich I. Im Auftrag der Ständigen Konferenz der Kultusminister der Länder in der Bundesrepublik Deutschland und des Bundesministeriums für Bildung und Forschung. Bielefeld: Bertelsmann.

Autorengruppe Bildungsberichterstattung (2010): Bildung in Deutschland 2010. Ein indikatorengestützter Bericht mit einer Analyse zu Perspektiven des Bildungswesens im demographischen Wandel. Im Auftrag der Ständigen Konferenz der Kultusminister der Länder in der Bundesrepublik Deutschland und des Bundesministeriums für Bildung und Forschung. Bielefeld: Bertelsmann.

Autorengruppe Bildungsberichterstattung (2012): Bildung in Deutschland 2012. Ein indikatorengestützter Bericht mit einer Analyse zur kulturellen Bildung im

Lebenslauf. Im Auftrag der Ständigen Konferenz der Kultusminister der Länder in der Bundesrepublik Deutschland und des Bundesministeriums für Bildung und Forschung. Bielefeld: Bertelsmann.

Autorengruppe Bildungsberichterstattung (2014) : Bildung in Deutschland 2014. Ein indikatorengestützter Bericht mit einer Analyse zur Bildung von Menschen mit Behinderungen. Im Auftrag der Ständigen Konferenz der Kultusminister der Länder in der Bundesrepublik Deutschland und des Bundesministeriums für Bildung und Forschung. Bielefeld: Bertelsmann.

Baumgart, Franzjoerg/ Lange, Ute/ Wigger, Lothar (2005) : Einführung – Ziele, Aufbau und Inhalt des Studienbücher. In: dies. (Hrsg.) : Theorien des Unterrichts. Erläuterungen, Texte, Arbeitsaufgaben. Bad Hilbrunn: Julius Klinkhardt, S. 7-26.

Beschlüsse der Kultusministerkonferenz (2004) : Bildungsstandards im Fach Mathematik für den Primarbereich. Beschluss vom 15.10.2004. München, Neuwied: Luchterhand (2005).

Bieri, Peter (1995) : Was macht Bewusstsein zu einem Rätsel? In: Metzinger, Thomas (Hrsg.) : Bewusstsein. Beiträge aus der Gegenwartsphilosophie. Paderborn, S. 62-77.

Blankertz, Herwig (1969) : Theorien und Modelle der Didaktik. München: Juventa.

Bloom, Benjamin S./ Engelhardt, Max D./ Furst, Edward J./ Hill, Walker H./ Krathwohl, David R. (1972) : Taxonomie von Lernzielen im kognitiven Bereich. Weinheim, Basel: Beltz.

Breidenstein, Georg (2006) : Teilnahme am Unterricht. Ethnographische Studien zum Schuelerjob. Wiesbaden: VS Verlag für Sozialwissenschaften.

Breidenstein, Georg/ Hirschauer, Stefan/ Kalthoff, Herbert/ Nieswand, Boris (2013) : Ethnografie. Die Praxis der Feldforschung, Konstanz: UVK Verlagsgesellschaft.

Bromme, Rainer/ Seeger, Falk (1979) : Unterrichtsplanung als Handlungsplanung. Königstein/TS: Scriptor.

Bromme, Rainer/ Prenzel, Manfred/ Jäger, Michael (2014) : Empirische Bildungsforschung und evidenzbasierte Bildungspolitik. In: Z f. Erziehungswiss (Suppl) Sonderheft 7, S. 3-54.

Brophy, Jere E/ Good, Thomas (1986) : Teachers Behavior and Student Achievement. In: Merlin C. Wittrock (Ed.): Handbook of Research in Teaching. London: Macmillia, p. 328-375 (3rd edition).

Comenius, Johann Amos (1985) : Große Didaktik, herausgegeben von Andreas Flitner. Stuttgart: Klett-Cotta (6. Auflage).

Dann, Hanns-Dietrich (2009) : Lehrerkognitionen und Handlungsentscheidungen. In: Schweer, Martin K. (Hrsg.) : Lehrer-Schüler-Interaktion. Wiesbaden: VS, S. 177-207.

Deutsches PISA-Konsortium (Hrsg.) (2001) : PISA 2000. Basiskompetenzen von Schülerinnen und Schülern im internationalen Vergleich. Opladen: Leske+Budrich.

Dolch, Josef (1965) : Lehrplan des Abendlandes. Zweieinhalb Jahrtausende seiner Geschichte. Ratingen: A. Henn Verlag.

Dulisch, Frank (1994) : Lernen als Form des menschlichen Handelns. Bergisch Gladbach: Hobein.

Fend, Helmut (2008) : Qualität im Bildungswesen. Weinheim, München: Juventa.

Fischer, Astrid/ Hößle, Corinna/ Jahnke-Klein, Sylvia/ Kiper, Hanna/ Komorek, Michael/ Michaelis, Julia/ Niesel, Verena/ Johann Sjuts (Hrsg.) (2014) : Diagnostik für lernwirksamen Unterricht. Baltmannsweiler: Schneider Hohengehren

Forster, Edgar (2014) : Kritik der Evidenz. Das Beispiel evidence-informed policy research der OECD. In: ZfPäd 60.Jg., Heft 6, S. 890-907.

Gagné, Robert M./ Briggs, Leslie J./ Wagner, Walter W. (1992) : Principles of Instructional Design. Fort Worth: Harcourt Brace.

Gellert, Uwe/ Sertl, Michael (Hrsg.) (2012) : Zur Soziologie des Unterrichts: Arbeiten mit Basil Bernsteins Theorie des paedagogischen Diskurses. Berlin: Beltz.

Giesecke, Hermann (1972) : Einführung in die Pädagogik. München: Juventa (3. Auflage).

Giesecke, Hermann (1997) : Pädagogik als Beruf. Weinheim, München: Juventa.

Giesecke, Hermann (2005) : Lob des Zwischenhandels 2. Zur Handlungsrelevanz von Erziehungswissenschaft. In: Hoffmann, Dietrich/ Gaus, Detlef/ Uhle, Reinhard (Hrsg.): Pädagogische Theorien und pädagogische Praxis. Hamburg: Dr. Kovac, S. 97-105.

Giesecke, Hermann (2007) : Pädagogik als Beruf. Weinheim, München: Juventa.

Greve, Werner/ Wentura, Dirk (1997) : Wissenschaftliche Beobachtung. Weinheim: Beltz, Psychologie Verlags Union.

Gruschka, Andreas (2010) : An den Grenzen des Unterrichts. Opladen & Farmington Hills: Barbara Budrich.

Gruschka, Andreas (2011) : Verstehen lehren. Ein Plädoyer für guten Unterricht. Stuttgart: Reclam.

Hacker, Winfried (2009) : Tätigkeitsleitende mentale Modelle (TMM). Grundlage der Maßnahmenplanung und -verwirklichung im Lehrprozess. In: Bohl, Thorsten/ Kiper, Hanna (Hrsg.) (2009) : Lernen aus Evaluationsergebnissen. Verbesserungen planen und implementieren. Bad Heilbrunn: Klinkhardt, S. 145-155.

Hattie, John (2009) : Visible learning. A synthesis of over 800 meta-analyses to achievement. London: Routlege.

Heckhausen, Heinz (1989) : Motivation und Handeln. Berlin (2. Auflage).

Heimann, Paul (1968) : Didaktik. In: Heimann, Paul/ Otto, Gunter/ Schulz, Wolfgang: Unterricht. Analyse und Planung. Hannover, Berlin, Darmstadt, Dortmund: Schroedel (3. Auflage), S. 7-12.

Helmke, Andreas (2003) : Unterrichtsqualität. Erfassen. Bewerten. Verbessern. Seelze:

Kallmeyer.

Helmke, Andreas (2010) : Unterrichtsqualität und Lehrerprofessionalität. Diagnose, Evaluation und Verbesserung des Unterrichts. Seelze: Kallmeyer (4. Auflage).

Helmke, Andreas (o.J.) : Mit Bildungsstandards und Kompetenzen unterrichten – Unterrichtsqualität und Lehrerprofessionalität. In: Klinger, Udo (Hrsg.) : Mit Kompetenz Unterricht entwickeln. Fortbildungskonzepte und Materialien. Speyer: format, S. 35-54.

Hörner, Wolfgang (2014) : Das französische Auslandsschulwesen. Strukturen – Steuerung – Effekte. In: Gewerkschaft Erziehung und Wissenschaft (GEW) (Hrsg.) : Transnationale Bildungsräume in der globalen Welt. Frankfurt/Main: Selbstverlag der GEW, S. 90-100.

Horn, Christoph/ Löhrer, Guido (2010) : Einleitung: Die Wiederentdeckung teleologischer Handlungserklärungen. In: dies. (Hrsg.) : Gründe und Zwecke. Texte zur aktuellen Handlungstheorie. Berlin: Suhrkamp, S. 7-45.

Jonassen, David H./ Hannum, Wallace H./ Tessmer, Martin (1989) : Handbook of Task Analysis Procedures. Westport, London: Praeger.

Kalthoff, Herbert (2014) : Unterrichtspraxis. Überlegungen zu einer empirischen Theorie des Unterrichts. In: ZfPäd 60.Jg., Heft 6, S. 867-882.

Kaminski, Gerhard (1970) : Verhaltenstheorie und Verhaltensmodifikation. Stuttgart: Klett.

Keck, Rudolf W. (1975) : Zielorientierte Unterrichtsplanung. Bochum: Kamp.

Kiper, Hanna (2007) : Von der These über den Slogan zum Axiom – die Rede vom >Technologiedefizit in der Pädagogik<: Ursache für konzeptionelle Probleme der Disziplin? In: Hoffmann, Dietrich/ Gaus, Detlef/ Uhle, Reinhard: Mythen und Metaphern, Slogans und Signets. Hamburg: Dr. Kovac, S. 99-116.

Kiper, Hanna (2008) : Unterrichtsplanung für heterogene Lerngruppen. In: Kiper, Hanna/ Miller, Susanne/ Palentien, Christian/ Carsten Rohlfs (Hrsg.) : Lernarrangements für heterogene Gruppen. Lernprozesse professionell gestalten. Bad Heilbrunn: Klinkhardt, S. 127-152.

Kiper, Hanna: Diskurse zur Unterrichtsentwicklung – eine kritische Betrachtung. In: Berkemeyer, Nils/ Bos, Wilfried/ Manitius, Veronika/ Müthing, Kathrin (Hrsg.) : Unterrichtsentwicklung in Netzwerken. Konzeptionen, Befunde, Perspektiven. Münster, New York, München, Berlin: Waxmann 2008, S. 95-119.

Kiper, Hanna (2009) : Schulentwicklung im Rahmen von Kontextsteuerung – Welche Hinweise geben (durch Evaluation und Vergleichsarbeiten gewonnene) Daten für ihre Ausrichtung? In: Bohl, Thorsten/ Kiper, Hanna (Hrsg.) : Lernen aus Evaluationsergebnissen. Verbesserungen planen und implementieren. Bad Heilbrunn: Klinkhardt, S. 13-28 (2009 a).

Kiper, Hanna (2009) : >Zwischenhandel< als Aufgabenbestimmung der Erziehungswissenschaft. In: Rheinländer, Kathrin (Hrsg.) : Göttinger Pädagogik in der zweiten Hälfte des 20. Jahrhunderts. Hamburg: Dr. Kovac, S. 209-230 (2009 b).

Kiper, Hanna (2011) : Unterrichtsplanung auf der Grundlage einer Integrativen Didaktik. In: Zierer, Kraus (Hrsg.) : Jahrbuch für Allgemeine Didaktik. Baltmannsweiler: Schneider Verlag, S. 125-142.

Kiper, Hanna (2012) : Unterrichtsentwicklung. Ziele – Konzeptionen – Akteure. Eine kritische Sichtung. Stuttgart: Kohlhammer.

Kiper, Hanna (2013) : Unterrichtsanalyse auf der Grundlage von Transkripten – Über die Qualität der Lehr- und Lernhandlungen reflektieren lernen. In: Seminar – Lehrerbildung und Schule, Heft 2, S. 9-16.

Kiper, Hanna (2013) : Theorie der Schule. Institutionelle Grundlagen pädagogischen Handelns. Stuttgart: Kohlhammer.

Kiper, Hanna (2014) : Beziehungen in Schule und Unterricht. In: Tillack, Carina/ Fischer, Natalie/ Raufelder, Diana/ Fetzer, Janina (Hrsg.) : Beziehungen in Schule und Unterricht. Teil 1. Theoretische Grundlagen und praktische Gestaltungen pädagogischer Beziehungen. Immernhausen bei Kassel.: Prolog Verlag, S. 11-34.

Kiper, Hanna (2014) : Unterrichtsbeobachtung und Unterrichtsanalyse durch Studierende – Grundlage für die Entwicklung eines diagnostischen Blicks. In: Fischer, Astrid/ Hößle, Corinna/ Jahnke-Klein, Sylvia/ Kiper, Hanna/ Komorek, Michael/ Michaelis, Julia/ Niesel, Verena/ Sjuts, Johann (Hrsg.) (2014) : Diagnostik für lernwirksamen Unterricht. Baltmannsweiler: Schneider Hohengehren, S. 93-110.

Kiper, Hanna (2016) : Sehen und Erkennen – Zur Analyse eines der Konvention verhafteten Unterrichts. In: Geier, Thomas/ Pollmanns, Marion (Hrsg.) : Was ist Unterricht? Zur Konstitution einer pädagogischen Form. Wiesbaden: Springer Fachmedien, S. 123-180.

Kiper, Hanna/ Meints, Waltraud/ Peters, Sebastian/ Schlump, Stephanie/ Schmit, Stefan (Hrsg.) (2010) : Lernaufgaben und Lernmaterialien im kompetenzorientierten Unterricht. Stuttgart: Kohlhammer.

Kiper, Hanna/ Meyer, Hilbert/ Mischke, Wolfgang/ Wester, Franz (2003) : Qualitätsentwicklung in Unterricht und Schule. Das Oldenburger Konzept. Oldenburg: Didaktisches Zentrum.

Kiper, Hanna/ Mischke, Wolfgang (2004) : Einführung in die Allgemeine Didaktik. Weinheim, Basel: Beltz.

Kiper, Hanna/ Mischke, Wolfgang (2006) : Einführung in die Theorie des Unterrichts. Weinheim, Basel: Beltz.

Kiper, Hanna/ Mischke, Wolfgang (2008) : Selbstreguliertes Lernen, Kooperation, soziale Kompetenz. Stuttgart: Kohlhammer.

Kiper, Hanna/ Mischke, Wolfgang (2009) : Unterrichtsplanung. Weinheim, Basel: Beltz.

Klafki, Wolfgang (1969) : Didaktische Analyse als Kern der Unterrichtsvorbereitung. (1958) In: Didaktische Analyse. Auswahl. Grundlegende Aufsätze aus der Zeitschrift die Deutsche Schule. Herausgegeben von Heinrich Roth und Alfred Blumenthal. Hannover, Berlin, Darmstadt, Dortmund: Schroedel, S. 5-34 (10. Auflage).

Klafki, Wolfgang (1987) : Die bildungstheoretische Didaktik. In: Gudjons, Herbert, Teske, Rita, Winkel, Rainer (Hrsg.) : Didaktische Theorien. Hamburg: Bergmann+Helbig (4. Auflage), S. 10-26.

Klauer, Karl Josef/ Leutner, Detlef (2007) : Lehren und Lernen. Weinheim, Basel: Beltz PVU.

Klieme, Eckhard (2006) : Empirische Unterrichtsforschung: aktuelle Entwicklungen, thoretische Grundlagen und fachspezifische Befunde. Einführung in den Thementeil. In: Zeitschrift für Pädagogik. Heft 6, S. 765-773.

KMK-Pressmitteilung (2001) : 296. Plenarsitzung der Kultusministerkonferenz am 05./06. Dezember 2001 in Bonn. (http://www.kmk.org/presse-und-aktuelles/pm2001/296plenarsitzung.html).

KMK (2013) : Bericht zum Stand der Umsetzung der Förderstrategie für leistungsschwächere Schülerinnen und Schüler. Bericht der Kultusministerkonferenz vom 07.11.2013. (http://www.kmk.org/fileadmin/Dateien/veroeffentlichungen_beschluesse/2013/2013_11_07-Umsetzungsbericht_Foerderstrategie.pdf).

Koch, Lutz (2012) : Allgemeine Theorie des Lehrens. Ein Abriss. In: Koller, Hans-Christoph/ Reichenbach, Roland/ Ricken, Norbert (Hrsg.) : Philosophie des Lehrens. Paderborn, München, Wien, Zürich: Ferdinand Schöningh, S. 15-30.

Kreitz, Robert (2008) : Pädagogisches Handeln – eine analytische Theorie. Münster, New York, München, Berlin: Waxmann.

Kron, Friedrich W. (1994) : Grundwissen Didaktik. München, Basel: Reinhardt (2. Auflage).

Kultusministerium Niedersachsen (2014) : Orientierungsrahmen Schulqualität. Hannover August.

Kultusministerkonferenz & IQB (Institut für Qualitätsentwicklung im Bildungswesen) (2010) : Konzeption der Kultusministerkonferenz zur Nutzung der Bildungsstandards für die Unterrichtsentwicklung. Bonn.

Kunter, Mareike/ Trautwein, Ulrich (2013) : Psychologie des Unterrichts. Paderborn: Ferdinand Schöningh.

Lauth, Gerhard W./ Brunstein, Joachim/ Grünke, Matthias (2004) : Lernstörungen im Überblick: Arten, Klassifikationen, Verbreitung und Erklärungsperspektiven. In: Lauth, Gerhard W./ Brunstein, Joachim/ Grünke, Matthias (Hrsg.) : Interventionen bei Lernstörungen. Göttingen: Hogrefe, S. 12-23.

Lüders, Manfred (2014) : Erziehungswissenschaftliche Unterrichtstheorien. In: Zeitschrift für Pädagogik. H. 6.

Luhmann, Niklas (1987) : Strukturelle Defizite. Bemerkungen zur systemtheoretischen Analyse des Erziehungswesens. In: Oelkers, Jürgen/ Tenorth, Heinz-Elmar (Hrsg.) : Pädagogik, Erziehungswissenschaft und Systemtheorie. Weinheim, Basel: Beltz, S. 57-75.

Luhmann, Niklas/ Schorr, Karl Eberhardt (1982) : Das Technologiedefizit der Erziehung und die Pädagogik. In: dies. (Hrsg.) : Zwischen Technologie und Selbstreferenz. Fragen an die Pädagogik. Frankfurt/M: Suhrkamp, S. 11-40.

Maier, Uwe (2014) : Computergestützte, formative Leistungsdiagnostik in Primar- und Sekundarschulen. In: Unterrichtswissenschaft 42. Jg., Heft 1, S. 69-86.

Mandl, Heinz/ Friedrich, Helmut F. (1992/2006) : Lern- und Denkstrategien. Göttingen: Hogrefe.

Martial, Ingbert von (1996) : Einführung in didaktische Modelle. Baltmannsweiler: Schneider Hohrengehren.

Meseth, Wolfgang/ Proske, Matthias/ Radtke, Frank-Olaf (2011) : Was leistet eine kommunikationstheoretische Modellierung des Gegenstandes >Unterricht<? In: Meseth, Wolfgang/ Proske, Matthias/ Radtke, Frank-Olaf (Hrsg.) : Unterrichtstheorien in Forschung und Lehre. Bad Heilbrunn: Klinkhardt, S. 223-240.

Meyer, Hilbert (1972) : Einführung in die Curriculum-Methodologie. München: Kösel.

Meyer, Hilbert (2004) : Was ist guter Unterricht? Berlin: Cornelsen Scriptor.

Ministerium für Kultus, Jugend und Sport Baden-Würtenburg (Hrsg.) (2016) : Bildungsplan 2016. Allgemein bildende Schulen. Gymnasium. Mathematik. (http://www.bildungsplaene-bw.de/,Lde/Startseite) .

Mischke, Wolfgang (2003) : Lehr- und Lernstrategien in heterogenen Gruppen. In: Kiper, Hanna/ Meyer, Hilbert/ Mischke, Wolfgang/ Wester, Franz (2003) : Qualitätsentwicklung in Unterricht und Schule. Das Oldenburger Konzept. Oldenburg: Didaktisches Zentrum, S. 135-174.

Mischke, Wolfgang (2007) : Beobachten und Dokumentieren in Kindertagesstätte und Grundschule. In: Brokmann-Nooren, Christiane/ Gereke, Iris/ Kiper, Hanna/ Renneberg, Wilm (Hrsg.) : Bildung und Lernen der Drei- bis Achtjährigen. Bad Heilbrunn: Klinkhardt, S. 294-310.

Möller, Christine (1987) : Die curriculare Didaktik. In: Gudjons, Herbert/ Teske, Rita/ Winkel, Rainer: Didaktische Theorien. Hamburg: Bergmann + Helbig, S. 62-77 (4. Auflage) .

Oelkers, Jürgen (1989) : Reformpädagogik. Eine kritische Dogmengeschichte. Weinheim, München: Juventa.

Oerter, Rolf (1997) : Beiläufiges Lernen – nur eine beiläufige Angelegenheit? In: Gruber,

Hans/ Renkl, Alexander (Hrsg.) : Wege zum Können. Bern: Huber.

Oevermann, Ulrich (1983) : Zur Sache. Die Bedeutung von Adornos methodologischem Selbstverständnis für die Begründung einer materialen soziologische Strukturanalyse. In: Friedeburg, Ludwig von/ Habermas, Jürgen (Hrsg.) : Adorno-Konferenz 1983. Frankfurt am Main: Suhrkamp, S. 234-289.

Oser, Fritz K./ Baeriswyl, Franz J. (2001) : Choreographies of Teaching: Bridging Instruction to Learning. In: Richardson, Virginia (Ed.) : Handbook of research on teaching. Washington DC: American Educational Association, p. 1031-1065.

Pant, Hans Anand (2014) : Aufbereitung von Evidenz für bildungspolitische und pädagogische Entscheidungen: Metaanalysen in der Bildungsforschung. In: Z. f. Erziehungswissenschaft (Suppl) Heft 7, S. 79-99.

Plass, Jan L./ Moreno, Roxana/ Brünken, Roland (2010) : Cognitive Load Theory. Cambridge, New York, Melbourne, Madrid, Cape Town, Singapore, San Paulo, Delhi, Dubai, Tokyo: Cambridge University Press.

Plöger, Wilfried (2003) : Grundkurs Wissenschaftstheorie für Pädagogen. Paderborn: Wilhelm Fink.

Popp, Walter (1972) : Die Funktion von Modellen in der didaktischen Theorie. In: Dohmen, Günther, Maurer, Friedemann, Popp, Walter (Hrsg.) : Unterrichtsforschung und didaktische Theorie. München: Piper (2. Auflage) , S. 49-60.

Prange, Klaus (2005) : Die Zeigestruktur der Erziehung. Grundriss einer operativen Pädagogik. Paderborn: Schöningh.

Prell, Siegfried (2000) : Neue Didaktik. In: Seibert, Norbert/ Serve, Helmut J./ Terlinden, Roswitha (Hrsg.) : Problemfelder der Schulpädagogik. Bad Heilbrunn: Klinkhardt, S. 231-268.

Prenzel, Manfred/ Friedrich, Anja/ Stadler, Matthias (Hrsg.) (2009) : Von SINUS lernen – Wie Unterrichtsentwicklung gelingt. Seelze-Velber: Klett, Kallmeyer.

Proske, Matthias (2011) : Wozu Unterrichtstheorie? In: Mesoth, Wolfgang/ Proske, Matthias/ Radtke, Frank-Olaf (Hrsg.) : Unterrichtstheorien in Forschung und Lehre. Bad Heilbrunn: Klinkhardt, S. 9-22.

Richter, Dirk/ Pant, Hans Anand (2016) : Lehrerkooperation in Deutschland. Eine Studie zu kooperativen Arbeitsbeziehungen bei Lehrkräften der Sekundarstufe I. Gütersloh, Stuttgart, Essen, Bonn.

Schmit, Stefan (2014) : Schulbücher als Lehr- und Lernmaterialien: Das Thema >Bewegungsbeschreibung< in Physikschulbüchern der Sekundarstufe I. Berlin: Logos.

Schott, Franz (1975) : Lehrstoffanalyse. Düsseldorf: Schwann.

Schott, Franz/ Neeb, Karl-Ernst/ Wieberg, Hans-Jürgen (1981) : Lehrstoffanalyse und Unterrichtsplanung. Braunschweig: Westermann.

Schulz, Wolfgang (1968) : Unterricht, Analyse und Planung. In: Heimann, Paul/ Otto,

Gunter/ Schulz, Wolfgang: Unterricht. Analyse und Planung. Hannover, Berlin, Darmstadt, Dortmund: Schroedel (3. Auflage) , S. 13-47.
Schratz, Michael/ Iby, Manfred/ Radnitzky, Edwin (2000) : Qualitätsentwicklung. Verfahren, Methoden, Instrumente. Weinheim, Basel: Beltz.
Schulz, Wolfgang (1970) : Aufgaben der Didaktik. Eine Darstellung aus lehrtheoretischer Sicht (1969). In: Kochan, Detlef C. (Hrsg.) Allgemeine Didaktik, Fachdidaktik, Fachwissenschaft. Ausgewählte Beiträge aus den Jahren 1956-1969. Darmstadt: Wissenschaftliche Buchgesellschaft, S. 403-440.
Schulz, Wolfgang (1987) : Die lehrtheoretische Didaktik. In: Gudjons, Herbert/ Teske, Rita/ Winkel, Rainer (Hrsg.) : Didaktische Theorien. Hamburg: Bergmann + Helbig, S. 29-45 (4. Auflage).
Schulz, Wolfgang (1991) : Ein Hamburger Modell der Unterrichtsplanung – Seine Funktionen in der Alltagspraxis. In: Adl-Amini, Bijan/ Künzli, Rudolf (Hrsg.) : Didaktische Modelle und Unterrichtsplanung. Weinheim, München: Juventa, S. 49-87.
Schweer, Martin (2001) : Evaluation der Lehre. In: Rost, Detlef H. (Hrsg.) : Handwörterbuch Pädagogische Psychologie. Weinheim, Basel: Beltz PVU, S. 159-164.
Seel, Norbert (1981) : Lernaufgaben und Lernprozesse. Stuttgart: Kohlhammer.
Seel, Norbert (2000) : Psychologie des Lernens. München: Reinhardt.
Seidel, Tina (2014) : Angebots-Nutzungs-Modelle in der Unterrichtspsychologie: Integration von Struktur- und Prozessparadigmas. In: ZfPäd 60.Jg., Heft 6, S. 850-866.
Sekretariat der Ständigen Konferenz der Kultusminister der Länder in der Bundesrepublik Deutschland (2004) : Standards für die Lehrerbildung: Bildungswissenschaften. Dezember 2004.
Stark, Robin (1999) : Lernen mit Lösungsbeispielen. Göttingen, Bern, Toronto, Seattle: Hogrefe.
Spiegel, Hiltrud von (2004) : Methodisches Handeln in der Sozialen Arbeit. München, Basel: Ernst Reinhard.
Strobel-Eisele, Gabriele (2003) : Unterricht als pädagogische Konstruktion. Die Logik des Darstellens als Kern von Schule. Weinheim. Basel: Deutscher Studienverlag.
Terhart, Ewald (2009) : Didaktik. Stuttgart: Leclam.
Terhart, Ewald (2014) : Unterrichtstheorie. Einführung in den Thementeil. In: ZfPäd 60.Jg., Heft 6, S. 813-816.
Terhart, Ewald (2016) : Zur Relevanz der aktuellen Unterrichtsforschung für die Lehrerbildung. In: McElvany, Nele (Hrsg.) : Bedingungen und Effekte guten Unterrichts. Münster: Waxmann, S. 171-176.
Türling, Janosch M. (2014) : Lehrerhandeln in Fehlersituationen – Wie (angehende) Lehrkräfte mit Schülerfehlern umgehen. In: Unterrichtswissenschaft. Zeitschrift für Lernforschung, Bd. 4, S. 366-384.

Weinert, Franz E.（1974）: Instruktion als Optimierung von Lernprozessen. Teil I. Lehrmethoden. In: Franz E. Weinert, Carl F. Graumann, Heinz Heckhausen & Manfred Hofer（Hrsg.）: Pädagogische Psychologie. Bd. 2. Frankfurt am Main: Fischer, S. 795-826.

Weinert, Franz. E.（2001）: Vergleichende Leistungsmessung in Schulen – eine umstrittene Selbstver- ständlichkeit. In: ders.（Hrsg.）: Leistungsmessungen in Schulen. Weinheim und Basel: Beltz.

Weinert, Franz E./ Zielinski, Werner（1977）: Lernschwierigkeiten – Schwierigkeiten des Schülers oder der Schule? In: Unterrichtswissenschaft 5, S. 292-304.

Wellenreuther, Martin（2009）: Forschungsbasierte Schulpädagogik. Baltmannsweiler: Schneider Hohrengehen.

Weniger, Erich（1963）: Didaktik als Bildungslehre. Teil 1. Theorie der Bildungsinhalte und des Lehrplans. Weinheim: Beltz（5. Auflage）.

Wernet, Andreas（2000）: Einführung in die Interpretationstechnik der Objektiven Hermeneutik. Wiesbaden: VS Verlag für Sozialwissenschaften（3. Auflabe）.

Winkel, Rainer（1976）: Der gestörte Unterricht. Bochum: Kamp.

Winkel, Rainer（1986）: Antinomische Pädagogik und Kommunikative Didaktik. Düsseldorf: Schwann.

Winkel, Rainer（1987）: Die kritisch-kommunikative Didaktik. In: Gudjons, Herbert/ Teske, Rita/ Winkel, Rainer（Hrsg.）: Didaktische Theorien. Hamburg: Bergmann + Helbig, S. 79-93（4. Auflage）.

Zielinski, Werner（1998）: Lernschwierigkeiten. Stuttgart, Berlin, Köln: Kohlhammer（3. Auflage）.

和文文献

秋田喜代美（2004）「授業への心理学的アプローチ」心理学評論刊行会編『心理学評論』第47巻、318-331頁。

秋田喜代美（2012）『学びの心理学：授業をデザインする』左右社。

秋田喜代美・市川伸一（2001）「教育・発達研究における実践研究」南風原朝和・市川伸一・下山晴彦編『心理学研究法入門：調査・実験から実践まで』東京大学出版、153-190頁。

秋田喜代美・藤江康彦（2010）『授業研究と学習過程』放送大学教育振興会。

安彦忠彦（2014）『「コンピテンシー・ベース」を超える授業づくり——人格形成を見すえた能力育成をめざして——』図書文化。

育成すべき資質・能力を踏まえた教育目標・内容と評価の在り方に関する検討会（2014）「育成すべき資質・能力を踏まえた教育目標・内容と評価の在り方に関する検討会——論点整理——について」（2014.3.31）（http://www.mext.go.jp/b_menu/shingi/chousa/shotou/095/houkoku/1346321.htm）

石井英真（2015）『今求められる学力と学びとは——コンピテンシー・ベースのカリキュラ

ムの光と影──』日本標準ブックレット No.14、日本標準。

稲垣忠彦（1974）「『教授学研究の会』の発足」斎藤喜博、柴田義松、稲垣忠彦編『教授学研究 4』国土社、380-389 頁。

稲越孝雄・岩垣摂・根本橘夫編著（1991）『学習集団の理論と実践－教育学と教育心理学の統合的発展をめざして－』福村出版。

上田薫（1986）『人間の生きている授業』黎明書房。

小川太郎（1968）「広島県庄原・比婆地区における集団教育の展開」全国授業研究協議会編『授業の集団化』明治図書、9-42 頁。

小川太郎（1980a）『小川太郎著作選集第 3 巻　日本の子どもと生活綴方』青木書店。

小川太郎（1980b）『小川太郎著作選集第 5 巻　同和教育』青木書店。

小野瀬雅人（1996）「教授・学習研究の動向と課題」日本教育心理学会編『教育心理学年報』第 35 集、88-99 頁。

J.R. カーヴィ・N.H. ウィリアムス著, 田中道治・前川久男・前田豊編訳（2013[2011]）『学習の問題への認知的アプローチ── PASS 理論による学習メカニズムの理解──』北大路書房。

鹿毛雅治（2013）『学習意欲の理論－動機づけの教育心理学－』金子書房。

門眞一郎（2010）「自閉症スペクトラムに見られる視覚優位」『精神科治療学』25（12）、1619 頁 -1626 頁。

木原健太郎（1958）『教育過程の分析と診断──教育の生態と教育社会学──』誠信書房。

木原健太郎（1964）『授業診断』明治図書。

木原健太郎（1969）「授業研究に何が欠けているか」『現代教育科学』1969 年 6 月号、明治図書、5-24 頁。

H・グードヨンス著、久田敏彦監訳、深澤広明・竹内元・髙木啓訳（2005）『行為する授業──授業のプロジェクト化をめざして──』ミネルヴァ書房。

国立教育政策研究所編（2002）『生きるための知識と技能 OECD 生徒の学習到達度調査（PISA）2000 年調査国際結果報告書』ぎょうせい。

国立教育政策研究所編（2013）『生きるための知識と技能 OECD 生徒の学習到達度調査（PISA）2012 年調査国際結果報告書』明石書店。

国立教育政策研究所編（2014）『教員環境の国際比較──OECD 国際教員指導環境調査（TALIS）2013 年調査結果報告書──』明石書店。

駒林邦男（1966）『思考力形成の授業──思考力形成の授業──』明治図書。

斎藤喜博（1970）「科学的に教えるということ」『斎藤喜博全集 第 6 巻 授業の展開・教育学のすすめ』厚徳社、24-28 頁。

佐藤康司（2002）「第 4 章 授業を創る教育評価」宇野忍編『授業に学び授業を創る 教育心理学 第 2 版』中央法規、279-307 頁。

佐藤学（1996）「授業研究の課題と様式──観察と記録と批評──」稲垣忠彦、佐藤学『授業研究入門』岩波書店、115-140 頁。

佐藤学（2003）『教師たちの挑戦──授業を創る 学びが変わる──』小学館。

佐藤学（2012）『学校を改革する——学びの共同体の構想と実践（岩波ブックレット）——』岩波書店。
重松鷹泰（1961）『授業分析の方法』明治図書。
重松鷹泰・上田薫・八田昭平（1963）『授業分析の理論と実際』黎明書房。
エリザベス・A・シティ、リチャード・F・エルモア、サラ・E・フィアマン、リー・テイテル著、八尾坂修監訳（2015）『教育における指導ラウンド——ハーバードのチャレンジ——』風間書房。
柴田義松（2010a）『柴田義松教育著作集5　授業の基礎理論』学文社。
柴田義松（2010b）『柴田義松教育著作集6　授業の原理』学文社。
末吉悌次・信川実編（1965）『自発協同学習』黎明書房。
杉山明男（1984）『はぐるまの授業』部落問題研究所。
鈴木秀一（1975）「砂沢喜代次教授について」『北海道大學教育學部紀要』第25巻、221-224頁。
鈴木秀一（2015）「教育方法学研究の課題——原点に立ち返って——」北海道大学大学院教育学研究科教育方法学研究室編『教授学の探究』第29号、1-9頁。
砂沢喜代次編（1959）『学習過程の実践的研究』明治図書。
砂沢喜代次編著（1962）『子どもの思考過程』明治図書。
全国授業研究協議会編（1965）『授業研究入門』明治図書。
R.K. ソーヤー編、森敏昭・秋田喜代美訳（2009）『学習科学ハンドブック』培風館。
高橋英児（2016）「ドイツにおけるコンピテンシー志向の授業論に関する一考察」山梨大学教育人間科学部附属教育実践総合センター編『教育実践学研究』No.21、11-24頁。
立木徹・荒井龍弥（2002）「第3章1節　学習援助のストラテジー」宇野忍編『授業に学び授業を創る　教育心理学　第2版』中央法規、161-206頁。
中央教育審議会（2008）「幼稚園、小学校、中学校、高等学校及び特別支援学校の学習指導要領等の改善について（答申）」。
筑波大学特別支援教育研究センター・前川久男編（2006）『講座　特別支援教育　特別支援教育における障害の理解』教育出版。
百々康治（1977）「『心理学の教育学への適用についての書簡』に関する一考察－ヘルバルト教授理論の心理学的な基礎づけの検討のために－」『名古屋大学教育学部紀要（教育学科）』第24巻、195-203頁。
中野和光（2016）「グローバル化の中の学校カリキュラムへの一視点」日本カリキュラム学会編『カリキュラム研究』第25号、117-123頁。
中山あおい（2013）「PISA以降のドイツの移民と学力向上政策」久田敏彦監修、ドイツ教授学研究会編『PISA後の教育どうとらえるか——ドイツをとおしてみる——』八千代出版、181-200頁。
J.A. ナグリエリ著、前川久男・中山健・岡崎慎治訳（2010）『エッセンシャルズ：DN-CASによる心理アセスメント』日本文化科学社。
日本教育方法学会編（2009）『日本の授業研究　下巻　授業研究の方法と形態』学文社。
日本教育学会編（2015）『教育学研究』第82巻第2号。

日本教育方法学会編（2016）『教育方法 45 アクティブ・ラーニングの教育方法学的検討』図書文化。

馬場四郎・上田薫・沼野一男・片岡徳雄・木原健太郎・吉本均・鈴木秀一・細谷純・大野連太郎（1965）『授業の探究』東洋館出版。

原田信之（2016）『ドイツの協同学習と汎用的能力の育成――持続可能性教育の基盤形成のために――』あいり出版。

原田信之、ヒルベルト・マイヤー編著（2015）『ドイツ教授学へのメタ分析研究の受容――ジョン・ハッティ「可視化された学習」のインパクト――』デザインエッグ株式会社。

樋口裕介（2013）「『スタンダード化』する教育におけるテストの役割と課題」久田敏彦監修、ドイツ教授学研究会編『PISA 後の教育どうとらえるか――ドイツをとおしてみる――』八千代出版、63-82 頁。

樋口裕介・熊井将太・渡邉眞依子・吉田成章・髙木啓（2015）「PISA 後ドイツにおける学力向上政策とカリキュラム改革――学力テストの動向と Kompetenz 概念の導入に着目して――」中国四国教育学会編『教育学研究紀要』（CD-ROM 版）第 60 巻、368-379 頁。

久田敏彦（2013）「ポスト『PISA ショック』の教育」久田敏彦監修、ドイツ教授学研究会編『PISA 後の教育どうとらえるか――ドイツをとおしてみる――』八千代出版、1-30 頁。

日比裕（1985）「授業分析の課題と方法」『名古屋大学教育学部附属中・高等学校紀要』第 30 集、7-10 頁。

深澤広明・黒谷和志（2003）「第 2 章　全国授業研究協議会の発足と授業研究運動－学習集団づくりによる授業研究の系譜と課題－」松下佳代研究代表『日本における授業研究の方法論の体系化と系譜に関する開発研究』（平成 12 ～ 14 年科学研究補助金　基盤研究（B）（1）研究報告書）、25-35 頁。

深澤広明（2004）「ドイツ教授学の研究動向」日本教育方法学会編『教育方法 33 確かな学力と指導法の探究』図書文化、134-142 頁。

フランクフルト大学 APAEK（2016 年 8 月 1 日最終アクセス）:http://www.apaek.uni-frankfurt.de/

文学読本『はぐるま』編集委員会（1982）「文学読本『はぐるま』のめざすもの――決定版発刊にあたって――」同編『はぐるま　指導の手引（全）』部落問題研究所、4-25 頁。

J・F・ヘルバルト著、是常正美訳（1968）『一般教育学』玉川大学出版。

J・F・ヘルバルト著、是常正美訳（1974）『教育学講義綱要』協同出版。

細谷純・宇野忍・阿部康一（1974）「展望　日本心理学界における授業研究の現状」日本教育心理学会編『日本教育心理学年報』第 13 集、85-94 頁。

細谷俊夫、大橋精夫（1959）「訳者のあとがき」W・オコン著、細谷俊夫、大橋精夫訳『教授過程』明治図書、328-331 頁。

ヒルベルト・マイヤー著、原田信之、牛田伸一訳（2006）「すぐれた授業のスタンダード」『岐阜大学教育学部研究報告人文科学』55 号 1 巻、183-194 頁。

的場正美（2009）「終章　授業研究方法論の課題と展望」日本教育方法学会編『日本の授業研究　下巻』学文社、189-199 頁。

松田充（2015）「A. グルーシュカの理解志向の授業理論に関する研究」『広島大学大学院教育学研究科紀要 第三部』第64号、85-94頁。

三宅なほみ・三宅芳雄・白水始（2002）「学習科学と認知科学」日本認知心理学会編『認知科学』第9巻、328-337頁。

三宅なほみ・東京大学CoREF・河合塾編著（2016）『協調学習とは－対話を通して理解を深めるアクティブ・ラーニング型授業──』北大路書房。

吉崎静夫・田中道治（1989）「授業研究の動向と課題」日本心理学会編『教育心理学年報』第28集、8-12頁。

吉田章宏（1975）『授業の心理学をめざして』国土社。

吉田成章（2013）「ドイツにおけるコンピテンシー志向の授業論に関する一考察」広島大学大学院教育学研究科教育学教室編『教育科学』第29号、44-67頁。

吉田成章（2014）「授業の計画可能性に関する一考察──教授学モデルとH. キーパーの授業論を手がかりに──」『広島大学大学院教育学研究科紀要　第三部（教育人間科学関連領域）』第63号、31-38頁。

吉田成章（2015a）「教科書における『学習課題』の教授学的機能に関する研究──日本とドイツの教科書比較を通して──」日本カリキュラム学会編『カリキュラム研究』第24号、27-40頁。

吉田成章（2015b）「エブリ（H.Aebli）の認知心理学に基づく教授学構想」『広島大学大学院教育学研究科紀要　第三部（教育人間科学関連領域）』第64号、21-28頁。

吉田成章（2016）「PISA後ドイツのカリキュラム改革におけるコンピテンシー（Kompetenz）の位置」『広島大学大学院教育学研究科紀要　第三部（教育人間科学関連領域）』第65号、印刷中。

吉田成章・松尾奈美・佐藤雄一郎（2016）「『論理的思考力及び表現力の育成』に向けたカリキュラム改革の意義と課題──『評価』のあり方に着目して──」広島県立庄原格致高等学校編『研究紀要──平成27年度文部科学省研究指定【論理的思考】実践報告書──』136-155頁。

吉本均（1964a）「授業分析の視点をどこにすえるか」『授業研究』1964年9号、明治図書。

吉本均（1964b）「世界の授業研究の現状──西ドイツおよび東ドイツ──」砂沢喜代治編『講座　授業研究Ⅰ　授業研究の基礎理論』明治図書、225-240頁。

吉本均（1974）『訓育的教授の理論』明治図書。

吉本均（1975）「教育方法の今日的問題──『教授学研究』3・4によせて──」『教育』312号、国土社、63-71頁。

吉本均（1979）『学級で教えるということ』明治図書。

吉本均（1995）『思考し問答する学習集団──訓育的教授の理論（増補版）』明治図書。

吉本均・広島県比婆郡森小学校（1966）『集団思考の態度づくり』明治図書。

ライチェン・サルガニク編著、立田慶裕監訳（2006）『キー・コンピテンシー』明石書店。

索　引

【あ行】

秋田喜代美　151-154, 157, 162
アクション・リサーチ　151, 153, 154, 157, 158, 159
アクティブ・ラーニング　25-26, 30, 32, 183, 184
足場かけ（Scaffolding, Gerüst bauen）77, 94-95, 101, 123, 132-133, 171, 181
アセスメント　95, 163, 168, 169, 171
ApaeK（Archiv für pädagogische Kasuistik）121, 146, 147
アドルノ（Theodor Wiesengrund Adorno）147
安東小学校　51
育成すべき資質・能力　25-26
異質な学習グループ　15, 99
板倉聖宣　49
一般教授学　13, 33, 35, 57, 143, 173, 175, 176, 177, 180
岩垣攝　ⅰ, 159, 160
インクルーシブ　2, 3, 11
フランツ・E・ヴァイネルト（Franz E. Weinert）23, 45-46, 177
ヴィゴツキー（Lev Semenovich Vygotsky）152, 153, 156
ライナー・ヴィンケル（Rainer Winkel）40-42, 177
ウェクスラー式知能検査　168
上田薫　51-52, 166, 167
エーリッヒ・ヴェーニガー（Erich Weniger）35
ウェンガー（Etienne Wenger）152, 153
ヴェルネット（Andreas Wernet）148
エスノグラフィー　ⅵ, 11, 111, 113-115, 144
エビデンス　3, 10, 30, 32, 144, 147
エピソード的知識　78-79
エファーマン（Ulrich Oevermann）147
ハンス・エブリ（Hans Aebli）44-46, 84, 177, 181-183
エンゲストローム（Yrjö Engeström）153
応用補助カード（Anwendungskarte）96-97
大野連太郎　167
小川太郎　52-54, 140
オコン（Wincenty Okoń）140
フリッツ・オーザー（Fritz Oser）84, 90
グンター・オットー（Gunther Otto）37

【か行】

改革教育学　34
解釈学　147, 148, 165, 166
解放　7, 40, 177
概念階層分析（Begrifftshierarchieanalyse）93
概念形成　45, 72, 86, 87, 102, 182
概念ネットワーク　72, 73, 81, 93
乖離・ディスクレパンシー（Diskrepanz）90, 182
科学（Wissenschaft）35
学士制度　1, 3, 67
学習アレンジメント（Lernarrangement）14, 58, 72, 74-76, 77, 92-99, 111, 116-118, 121-124, 181, 185, 186, 187
学習援助ストラテジー　154, 155
学習科学　150, 153, 157, 158
学習課題（Lernaufgaben）16, 24, 46, 50, 60, 62, 72, 76
学習規律　55, 161
学習行為（Lernhandlung）ⅴ, 9, 45, 60-61, 66, 82, 91, 121, 125, 128, 131, 178
学習構造の分析　9, 10, 58, 61, 80, 84, 100-101, 134, 183, 184
学習困難（Lernschwierigkeit）91-92, 101
学習材　15, 16, 26, 29, 34, 66, 69, 70, 77, 132, 133, 135, 175
学習指導要領　17, 23-26, 30, 42, 59, 177

学習集団　32, 55-56, 141, 174, 179, 184, 185, 189
学習障害（LD）　169
学習状況調査（Vergleichsarbeiten: VERA）　2, 24, 70, 135
学習ストラテジー（Lernstrategie）　42, 58, 60, 66, 78-81, 99, 143
学習前提　16, 45, 46, 60
学習提供（Lernangebot）　6
学習の基礎モデル（Basismodell des Lernens）　14, 16, 61, 77, 78, 84-91, 132-133, 181-183
学習目標志向の教授学（Die lernzielorientierte Didaktik）　42-44
学習目標のタキソノミー　43, 46, 95-96
学習問題（learning problem）　170
各州文部大臣会議（Ständige Konferenz der Kultusminister der Länder in der Bundesrepublik Deutschland: KMK）　4, 19
学習理論的教授学　37-40, 177
「学力の三要素」　19, 25
鹿毛雅治　158
梶田叡一　152
「仮説実験授業研究会」　49
課題設定（Aufgabenstellung）　60, 76, 84, 92, 120, 122, 131
片岡徳雄　54-56, 207
価値（Wert）　36, 37, 43, 49, 51-52, 59, 60, 87, 97, 119, 126, 137
学級経営　8, 15, 63, 72, 122, 134
学校教育学（Schulpädagogik）　3, 5, 9, 11, 13, 68
学校経営（Schulleitung）　36, 137, 164
学校の雰囲気（Schulkima）　137
「活用」　19, 24
過程関連的コンピテンシー（prozessbezogene Kompetenz）　24
過程理論（Prozesstheorie）　v, 57, 61-62
カノン　14
カリキュラム　ix, 2, 9, 17, 19, 22-28, 30-32, 42, 46, 49, 69-71, 77, 78, 91, 127, 128, 129, 136, 137, 141, 173, 174, 177, 180, 181, 182, 183, 189
カリキュラム的教授学（die Curriculare Didaktik）　42-44, 177
カルテ　52
キー・コンピテンシー　17, 18, 24
ヘルマン・ギーゼッケ　6, 11
技能（Können）　59
木原健太郎　51-52, 142
規範（Norm）　59
客観的解釈学（Objektive Hermeneutik）　147, 148
逆方向のリフレクション（gegenläufige Reflexionen）　5
既有知識（Vorwissen）　15, 26, 30, 60, 76, 86, 91, 95, 100, 113
教育科学（Erziehungswissenshaft）　1, 10-11
教育諸科学（Bildungswissenschaften）　4, 68
教育スタンダード（Bidungsstandards）　2, 19, 24, 27, 69, 100, 136, 137
教育大学（Pädagogische Hochschule）　33
教育的知識（das pädagosiche Wissen）　1, 10
教育と科学との結合　50, 56, 57
教育と生活との結合　53, 56
教育の質開発研究所（Institut zur Qualitätsentwicklung in Bildungswesen: IQB）　19, 24
教員養成　ix, 1, 3, 4, 5, 13, 33, 35, 37, 67, 68, 69, 75, 111, 126, 144, 145, 173, 174, 177, 185
教科横断的コンピテンシー　137
教科会議（Fachkonferenz）　69, 127
教科教授学（Fachdidaktik）　33, 68, 75
教科教授学スタンダード　4, 68
教科書　29, 34, 50, 69, 70, 120, 127, 128, 132, 133, 174, 175
「教科の論理」と「生活の論理」　48
教材研究　48, 54
教師教育　iv, 3, 11, 32, 68, 164, 175, 176,

179
教師教育スタンダード：教育諸科学（Standards für die Lehrerbildung: Bildungswissenschaften） 4, 68
教授学 iii, iv, v, vi, vii, ix, x, 1-16, 30-36, 47, 49, 50, 55, 56, 57-62, 63, 67, 68, 72, 73, 75, 77, 92, 93, 117, 134, 139, 140, 142, 143, 144, 145, 146, 147, 149, 150, 159, 160, 161, 162, 167, 171, 173, 174, 175, 176, 177, 178, 179, 180, 181, 182, 183, 184, 189, 190
「教授学研究の会」 49-50
教授-学習研究（Lehr-Lernforschung） 57, 144
教授学的思考 ix, 1, 4, 13, 33, 35, 46
教授学的分析（Didaktische Analyse） 36, 92-93
教授学モデル（Didaktische Modelle） v, 9, 14, 33-46, 47, 56-57, 145, 176, 177, 178, 179, 180
教授行為（Lehrhandlung） v, 9, 132, 143
教授提供（Lehrangebot） 59, 84
教職修士（Master of Education） 4
協働（Kooperation） 61, 127
共同構成過程（Ko-Konstruktionsprozess） v, 10, 66
グードヨンス（Herbert Gudjons） 183
ヴォルフガング・クラフキー（Wolfgang Klafki） 35-37, 92, 177
エッカート・クリーメ（Eckhard Klieme） 143
アンドレアス・グルーシュカ（Andreas Gruschka） 71, 146-149
グループ・ダイナミクス研究 55
グループパズル 122
訓育 3, 14, 55, 71, 136, 179, 189
計画課題 74
計画理論 15, 174, 176, 178, 179, 180, 181, 183
経過計画（Verlaufsplan） 37, 74-75
経験 iv, 5, 6, 7, 26, 31, 36, 39, 41, 42, 45, 47, 50, 51, 54, 62, 64, 66, 67, 72, 79, 80, 82, 85-86, 87, 88, 90, 95, 96, 114, 117, 119, 127, 128, 167, 178, 181
経験知（Erfahrungswissen） 64
経済協力開発機構（Organisation for Economic Co-operation and Development: OECD） 17
継続教育（weiterbildung） 69, 111, 128, 134-136
ルドルフ・ケック（Rudolf Keck） 42-44, 177
健康教育 28, 33
「言語活動の充実」 iv, 26, 30, 182
検証課題 16, 60, 76, 77, 98, 99
行為科学（Handlungswissenschaft） 1, 10-11
行為計画（Handlungsplan） 72, 123
行為志向 76
行為性向（Handlungsdisposition） 82
行為理論（Handlungstheorie） 57, 63, 178
構成主義 24, 151, 153
構想的知識 79
構造モデル（Strukturmodell） v, 38, 125
構造理論（Strukturtheorie） 57-58, 73
行動主義心理学 151, 152, 177
校内研修 29, 141, 184, 185
国際学力調査 iii
五大学共同授業研究 47, 56, 57, 139
個と集団との関係 57, 179, 184, 187
個別化（Individualisierung） 46
駒林邦男 172
コミュニケーション 39, 40-42, 48, 51, 55, 59, 61, 120, 135, 137, 140, 144, 151, 177
コミュニケーション的教授学（die Kommunikative Didaktik） 40-42, 177
ヨハン・アモス・コメニウス（Johann Amos Comenius） 34
コンピテンシー（Kompetenz, competency, competence） iv, 1, 7-9, 14, 17, 22-27, 40, 58-61, 68, 71, 73, 77, 93, 94, 98-99, 100, 118, 127, 134-135,

138, 145
コンピテンシー志向の授業
　（kompetenzorientierter Unterricht）
　27-30
コンピテンシー段階モデル
　（Kompetenzstufenmodell）　24
コンピテンシー発展モデル
　（Kompetenzentwicklungsmodell）　8
コンピテンシーモデル　3, 8

【さ行】

斎藤喜博　49
佐伯胖　153
座席表　52, 140, 147, 148
佐藤正夫　55-56
佐藤学　153, 158, 168
参与観察　iii, 114
重松鷹泰　51-52
自己調整学習（selbstreguliertes Lernen）
　15, 60, 137
自己統制学習（selbstgesteuertes Lernen）
　60, 76, 137
事実的知識　152
自主協同学習　56
実証的教育研究（empirische
　Bildungsforschung）　iv, 2-4, 11, 142,
　144, 145
質的研究　157, 159
指導案（Unterrichtsentwurf）　75, 184
柴田義松　49
事物（Sach）　9, 13-15, 39, 76
事物関連（Sachverhalt）　iv, 36, 44, 60,
　64, 85, 86, 89, 127
事物構造（sachliche Struktur）　9, 75, 126
事物分析（Sachanalyse）　60, 93, 100
試補学生　4, 68, 69, 184
試補勤務　4, 69, 184
島小学校　49
社会学　3, 4, 6, 11, 51, 52, 55, 56, 59, 63,
　68, 142, 143, 144, 147, 153, 180
社会的形態　39, 74, 75, 76, 92, 120, 122,
　129, 135

社会的構成主義　153
社会的コンピテンシー　61, 175, 189
社会批判　53, 56, 147, 177
修士制度　1, 3, 67
習熟　36, 39, 44, 67, 73, 78, 79, 80, 82, 8
　3, 85, 87, 88, 91, 93, 95, 118
集団過程　54-57, 141
集団思考　48, 54, 55, 140
修了証　iv, 22, 138, 185
修了証明書（Abschlusszeugnis）　138
主観的な理論（subjektire Theorie）
　64, 70, 178
授業研究　v, vi, vii, ix, x, 26, 30,
　47-57, 71, 111, 139, 140, 141, 142, 143,
　144, 145, 146, 147, 149, 150, 151, 152,
　153, 154, 155, 156, 157, 158, 159, 160,
　161, 162, 163, 164, 165, 166, 167, 171,
　173, 176, 177, 179, 180, 184, 185, 189,
　190
「授業書」方式　49
授業単元（Unterrichtseinheit）　42
授業デザイン研究　157
授業プランニング（Unterrichtsplanung）
　iii, 35, 63-109, 173-174, 178, 180
授業分析　vi, ix, 37, 47-57, 72, 111, 115,
　116, 118, 119, 120, 123, 126, 127, 134,
　136, 139, 141, 144, 145, 146, 147, 148,
　149, 163, 185
授業妨害（Unterrichtsstörung）　40-41
授業モデル　128
授業理論　v, ix, 6, 26, 32, 33, 49, 128,
　142, 144, 145, 146, 174, 175, 177, 178,
　179, 180
ヴォルフガング・シュルツ（Wolfgang
　Schulz）　37-40, 177
情緒的学習目標（affective Lernziel）　42
庄原格致高等学校　31
情報処理アプローチ　151
情報処理分析（Informationsverarbeitungs
　analyse）　93-94
情報の受け取り（Informationsaufnahme）
　10, 61

情報の応用（Informationsanwendung）61
情報の処理（Informationsverarbeitung）10, 61
情報の蓄積（Informationsspeicherung）10, 61
ドナルド・ショーン（Donald A. Schön）153
深層構造（Tiefenstruktur）84, 92, 182
診断（Diagnoszieren Diagnose）16, 26, 30, 40, 46, 60, 95, 96, 188
心理アセスメント　163, 168, 169, 171
心理学　iii, iv, vi, ix, x, 3, 4, 7, 10, 11, 23, 40, 45, 46, 49, 57, 63, 66, 68, 78, 80, 85, 119, 139, 143, 144, 149, 150, 151, 152, 153, 154, 155, 157, 159, 160, 161, 162, 168, 170, 171, 172, 173, 174, 176, 177, 178, 179, 180, 181, 182, 189
心理学的教授学（Die Psychologische Didaktik）44-46
心理動機的学習目標（psychomotorishe Lernziel）42
末吉悌二　54-56
菅野小学校　52
杉山明男　52-54, 140
「すぐれた授業」160, 165
鈴木秀一　47
砂沢喜代治　47-49, 141
生活指導　49, 140
生活綴方　53, 204
省察（Reflexion）15, 62, 86, 87, 89, 90, 128
精神科学的教育学　14, 35
生徒志向の授業　8, 76
正統的周辺参加論　152
宣言的知識　14, 73, 78, 79, 88
全国学力・学習状況調査　19, 24, 26
全国授業研究協議会　49, 139-142
相互作用　vi, 6, 15, 18, 42, 55, 56, 57, 59, 61, 67, 71, 72, 73, 74, 83, 116, 118, 135, 143, 152, 156, 157, 170
操作（Operation）9
測定　2, 3, 5, 8, 19, 143, 155, 168, 170, 171
ソーヤー（R. Keith Sawyer）153
存在＝であること（Ist）61

【た行】
高村泰雄　49
単元テスト（Klassenarbeit）27, 135
談話分析　156
知識構成型ジグソー法　158
抽出児　52
つまずき　48, 113, 169, 171, 182
テアハルト（Ewald Terhart）144
提供-利用モデル（Angebots-Nutzungs-Modell）7, 143
T-C記録　55, 140, 146
TIMSS調査（Trends in International Mathematics and Science Study）17-18, 146
手続き的知識　14, 73, 79, 96, 152
当為＝べきこと（Soll）61
東井義雄　48
動機づけ　45, 46, 81, 158
統合的教授学（die Integrative Didaktik）v, 1, 9, 15-16, 57-62, 72, 173, 176-180
陶冶（Bildung）7, 35-37
陶冶と訓育の統一　55
陶冶内実（Bildungsgehalt）14, 36
陶冶内容（Bildungsinhalt）35
陶冶履歴（Bildungsgang）9
陶冶理論的教授学（Die bildungstheoretische Didaktik）35-37, 40, 177
同僚による授業参観（Kollegiale Hospitation）vi, 69, 70, 127-136
同和教育　53, 55, 56
常呂小学校　47
杜陵小学校　140

【な行】
内的分化（innere Differenzierung）30, 72, 98-99, 122, 189
内容関連コンピテンシー（inhaltsbezogene

Kompetenz） 24
中野和光　23, 174
二段組みノート（Journal mit doppeltem Eintrag） 96
認識過程　47-49, 56-57, 140, 141, 146, 179
認知革命　151, 152
認知心理学　10, 46, 78, 150, 151, 152, 154, 157
認知的学習目標（kognitive Lernziel） 42
認知的活動（kognitive Aktivität） 61
認知的能動化（kognitive Aktivierung）　8, 16, 113
認知負荷理論（Cognitive Load Theory）　61, 182
沼野一男　167

【は行】
媒介（Vermittlung）　ⅴ, 40-41, 66, 72, 147
パウル・ハイマン（Paul Heimann）　37, 145
『はぐるま』 53-54
PASS理論　168
パーソナリティー特性　75-76, 101
ヴィンフリート・ハッカー（Winfried Hacker） 12
八田昭平　164
発達（Entwicklung） 59
ジョン・ハッティ（John Hattie） 30, 71
発問　48, 54, 55, 151
発話記録（Transkription）　ⅵ, 74, 117, 118, 121, 130, 131, 146, 148
馬場四郎　165
パフォーマンス課題　31, 32
バーンスタイン　4, 6, 144
範疇的（exemplarisch） 36, 37
ハンブルク教授学（die Hamburger Didaktik） 39-40
ピアジェ（Jean Piaget） 151, 153, 182
「PISAショック」 ⅸ, 17, 22-26, 143, 144
PISA調査（Programme for International Student Assessment: PISA） 1-3, 13, 17-22, 146
表層構造（Oberflächenstruktur） 61, 84, 92
評点（Noten） 29, 69, 138, 185
フィードバック　8, 26, 28, 29, 46, 95, 97, 101, 113, 119, 126, 128, 130, 131, 133, 135
深澤広明　173
フーコー　4, 6
藤江康彦　154
付随的学習（Beiläufiges Lernen）　59, 78, 83-84
ブライデンシュタイン（Georg Breidenstein） 144
ブランケルツ（Herwig Blankertz） 145
ブルデュー　4
ブルーナー　156
プロジェクト　4, 34, 37, 39, 68, 127
プロスケ（Wolfgang Proske） 146
文化財　36
「べき」と「である」の比較（SOLL-IST-Vergleich） 12, 61
ヘルスプロモーション 23
アンドレアス・ヘルムケ（Andreas Helmke） 71, 143
ヘレーネ・ランゲ総合制学校（Helene-Lange-Schule） 27, 174
フランツ・ベリスヴィル（Franz Baeriswyl） 84, 90
ヨハン・フリードリッヒ・ヘルバルト（Johann Friedrich Herbart） 34, 150
ベルリン教授学（die Berliner Didaktik） 37-40
方法（Methode） 83
補助的ストラテジー（Stützstrategie） 80
細谷純　151, 152, 154, 155, 162
細谷俊夫　49, 140
堀川小学校 51
ポルマンス（Marion Pollmans） 146

【ま行】
ヒルベルト・マイヤー　71, 145, 173

的場正美　154, 162
学びの共同体　153, 158
「見とり」　x, 163, 166, 168, 172
三宅なほみ　158
宮坂哲文　49, 140
民主主義　36
メタ認知　78-82, 91, 152
メタ認知的ストラテジー（metakognitive Strategie）　81
メタ認知的知識　73, 78, 81, 96
メディア　23, 38-39, 74, 76, 85, 89, 91, 92, 116, 117, 120, 122, 142, 182
クリスティーネ・メラー（Christine Möller）　42-44, 177
メンタルな行為　67, 72-74, 85, 87-88, 101, 103
メンタルモデル（mentales Modell）　58, 79
目標主導的　v, vi, 9, 14, 15, 57, 61, 74, 87, 118, 121, 132, 134, 135, 137, 181, 184
目標－内容－方法－評価　26, 30, 32, 150
モニタリング　ix, 2, 15, 24, 58, 77, 89, 95-98, 123, 132-133, 135, 181
森小学校　55
問題解決　7, 18, 34, 42, 44, 45, 80, 85, 88-89, 113, 127, 154, 161, 162, 181, 182
問題解決学習　52

【や行】
優先的なストラテジー（Primärstrategie）　80
ゆびさし（Zeigen）　9
「よい授業（guter Unterricht）」　13, 70, 145, 174, 178
吉田章宏　49, 152, 160, 162
吉田甫　152
吉本均　55-56, 161, 165, 174, 179
予備知識（Vorkenntnis）　14

【ら行】
リテラシー（Literacy）　18, 23, 25

領域教授学（Bereichsdidaktik）　33
ルーマン　4, 6
レーアプラン　33, 34, 35
レイブ（Jean Lave）　152, 153
練習　44, 46, 73, 74, 82, 88, 113, 182
労働（Arbeit）　34
ハインリッヒ・ロート（Heinrich Roth）　23
論理的知識　79

【わ行】
ワーチ（James V. Wertsch）　156

執筆者
ヴォルフガング・ミーシュケ（Wolfgang Mischke）　元・オルデンブルク大学
　　第2章、第3章、第4章、第5章
深澤広明（ふかざわ　ひろあき）　広島大学 教授
　　序
松田充（まつだ　みつる）　広島大学大学院博士課程後期・院生
　　第3章2、第6章1
佐藤雄一郎（さとう　ゆういちろう）　広島大学大学院博士課程後期・院生
　　第3章2、第6章2
松尾奈美（まつお　なみ）　広島大学大学院博士課程後期・院生
　　第3章2、第6章3

訳　者
早川知宏（はやかわ　ともひろ）　広島大学大学院博士課程前期・院生
　　第4章1・2・4・5
宮本勇一（みやもと　ゆういち）　広島大学大学院博士課程前期・院生
　　第4章3・4、第5章2・3
片岡倫崇（かたおか　みちたか）　広島大学大学院博士課程前期・院生
　　第3章3
松浦明日香（まつうら　あすか）　広島大学大学院博士課程前期・院生
　　第3章1
東岸彩（ひがし　あや）　広島大学・研究生
　　第3章3

索引作成
廣中真由美（ひろなか　まゆみ）　広島大学大学院博士課程前期・院生

編 者

ハンナ・キーパー（Hanna Kiper） オルデンブルク大学 名誉教授

1954年にハノーファーに生まれ、ハノーファー教育大学での学修（1974-1977年）ののちに、ベルリンの基礎学校・基幹学校にて8年間（1978-1985年）教師を勤め、リューネブルク大学にてユルゲン・エルカース教授（現・チューリッヒ大学）のもとで学位取得（1987年）、1993年にビーレフェルト大学にて教授資格論文（Habilitation）を執筆し、1994年からブランシュヴァイク工科大学にて学校教育学・一般教授学の教授職に就任、1998年秋から2015年秋までオルデンブルク大学の教授を勤めた。主な単著としては、"Theorie der Schule"（Beltz, 2015）や"Unterrichtsentwicklung"（Kohlhammer, 2014）など多数ある。ミーシュケ氏との共著としては、"Einführung in die Allgemeine Didaktik"（Beltz, 2004）"Einführung in die Theorie des Unterrichts"（Beltz, 2006）"Unterrichtsplanung"（Bertz, 2009）などがある。

　執筆：まえがき、第1章、第2章、第3章、第4章、第5章2・3

吉田成章（よしだ　なりあきら）　広島大学 准教授

1980年に福岡県太宰府市に生まれ、2008年に広島大学大学院教育学研究科博士課程後期修了、同年より広島大学大学院教育学研究科の助教、翌年より同講師を勤め、2014年より現職。専門は、教育方法学。主な著書に、『ドイツ統一と教授学の再編——東ドイツ教授学の歴史的評価——』（単著、広島大学出版会、2011年）、『学習集団研究の現在1　いま求められる授業づくりの転換』（共編、溪水社、2016年）、『PISA後の教育をどうとらえるか——ドイツをとおしてみる』（共著、八千代出版、2013年）『教育方法学研究ハンドブック』（共著、学文社、2014年）などがある。

　執筆：第2章、あとがき　　訳：まえがき、第1章、第5章1

教授学と心理学との対話
-これからの授業論入門-

2016年9月30日　発　行

編　者　ハンナ・キーパー、吉田成章
発行所　株式会社　溪水社
　　　　広島市中区小町1-4（〒730-0041）
　　　　電話082-246-7909　FAX082-246-7876
　　　　e-mail：info@keisui.co.jp
　　　　URL：www.keisui.co.jp

ISBN978-4-86327-365-8 C3037